新编21世纪
高等职业教育精品教材

市场营销系列

浙江省高职院校“十四五”重点立项建设教材

中国特色高水平高职学校建设项目成果
教育部骨干专业配套教材
浙江省重点建设高职院校成果
浙江省高职高专市场营销优势专业建设成果

# 商业文化伦理

Ethics Issues across Commercial Culture

（第3版）

主　编／章金萍
副主编／陈　亮

中国人民大学出版社
·北京·

# 前言

商业文化伦理研究是在继承传统文化的背景下，研究商业活动中人与人的伦理关系及其规律，研究如何借鉴中国优秀的商帮文化和西方商业文化中的合理成分，在商业道德冲突面前作出理性的道德选择，进而研究商业主体应该遵守的商业行为原则和规范、应当树立的优良商业精神等商业道德问题。

动画

课程导读

随着我国经济的蓬勃发展，在市场经济领域中的商业伦理已成为社会关注的焦点。一些企业在市场竞争中采用不正当的手段，制造和销售假冒伪劣产品，发布虚假广告，实行欺诈和暴利价格等，严重损害了广大消费者的合法权益，导致商业领域道德失范的现象。商业道德的缺失一方面源于中国优秀的传统文化在商业领域的流失，另一方面也是企业营销和管理过程中缺乏商业伦理规范约束的结果。商业伦理的缺失对企业的可持续发展是十分不利的。因此，在社会主义市场经济条件下，尤其应重视商业文化伦理的研究和教育，这对于企业加强社会责任意识，提高企业核心竞争力，培养一批具有正确义利观和战略眼光的未来企业经营管理人才是十分必要的。在以培养高素质技术技能型人才为主的高等职业院校，在社会普遍强调职业素养、职业伦理教育的视阈下，在商科类专业开设这门课程的重要性已不言而喻。

党的二十大报告指出，“坚持和发展马克思主义，必须同中华民族优秀传统文化相结合”，“中华优秀传统文化源远流长、博大精深，是中华文明的智慧结晶”。中华优秀商贸文化是中华优秀传统文化的重要组成，学习和传承中华优秀商文化有利于我们“坚持历史自信、文化自信，坚持古为今用，推陈出新”。同时，正确把握商业伦理，也是商科类专业解决“培养什么人、如何培养人以及为谁培养人”这个人才培养根本问题及强化课程思政的关键，是“深入开展社会主义核心价值观宣传教育”“弘扬诚信文化”的重要途径。

目前，国内外诸多商科类学校、专业都开设了与商业伦理内容有关的课程，如企业伦理学、管理及商业伦理道德、企业伦理与职业道德等方面的课程。重视企业伦理教学正成为世界各地商学院或管理学院 MBA 教育的一大特色。对以培养应用型人才为主的高职院校商科类专业，如何为社会主义市场经济建设培养具有正确义利观的一线经营管理人才，以商业文化的熏陶和商业伦理的教化培养人，发挥立德树人的功效，是摆在我们面前的重要课题，也是财经商贸类高校文化传承职能的重要体现。

作为国家第一批示范性高职院校、浙江省重点建设高职院校、中国特色高水平高职学校之一的浙江金融职业学院，早在 2012 年就在当时的经营管理系（现为工商管理学院）开设了系本课程“商业文化伦理”，覆盖市场营销、工商企业管理、电子商务、房地产经营与管理等专业，并于 2013 年 7 月由中国人民大学出版社出版发行《商业文化伦理》教材。教材以较为通俗的语言，依据伦理学原理，首先提出了道德冲突和道德选择的问题，在此基础上介绍东西方商业文化的优秀成果以及中国的商帮文化，在中国社会主义市场经济的文化语境中，再进一步引导学生认识和理解商业企业营销和管理中的伦理规范。该教材成为高职商科类专业商业文化伦理教育教学的首创。教材自出版以来广受高职院校欢迎。2017 年 8 月，我们修订出版了第 2 版教材。为了更深入地贯彻党的十九大精神，以习近平新时代中国特色社会主义思想铸魂育人，将全国高校思想政治工作会议、全国教育大会精神和近年来商业领域出现的新形势、新变化融入高职商科学生的商业文化伦理教学中，在中国人民大学出版社的支持下，《商业文化伦理》（第 3 版）应运而生。

全书共分九章，每一章先设置一个小案例引发学生思考，并导入教学内容；每章最后再设置一个案例，既是对前面重点知识的回顾，又能引导学生进行拓展性思考、分析。同时，在每章的教学内容安排上，除较为系统的理论阐述外，还穿插了大量的实例和图片，使学生读来不觉枯燥，既能培养学生的逻辑思维能力，也增加了学生阅读和学习的趣味性。与前一版相比，第 3 版更新了大部分案例，并增加了大量的微课资源、图片和人物介绍以及思考题，同时也建立了教材的素材库，使本教材更加符合当前新形态教材建设的需要。

在本书的编写过程中，我们得到了中国人民大学出版社的支持，特别是陈冰梅编辑为本书的出版做了巨大的努力。她对我们的编写大纲进行了认真的审阅，并提出了宝贵的建议，正是她的努力，才能使我们有机会将我们的想法付诸实施。

本书由浙江金融职业学院章金萍教授主编并撰写第一章、第二章、第四章、第六章，浙江金融职业学院陈亮副教授担任副主编并撰写第五章、第七章、第八章、第九章，浙江金融职业学院罗怀中副教授撰写第三章。全书由章金萍统纂、修改和定稿。

在编写过程中，我们也汲取了众多专家、学者的最新研究成果，得到了诸位行业业务能手的悉心指导，在此谨表衷心的感谢！但限于编者水平有限，书中难免有疏漏不妥之处，敬祈读者批评指正！

编者

2023 年 8 月于杭州

# 目录

# 第一章 道德冲突与道德选择

**素质目标**

确立正确的法律意识、树立正确的义利观，培养公平、诚信等职业意识。

**知识目标**

理解商业人和道德人的两种角色冲突表现及其产生原因；明确商业道德选择的原则，熟悉商业道德评价的形式；掌握商业伦理规范的主要内容。

**能力目标**

具有评析商业伦理事件的思辨能力，能够进行正确的商业道德选择和道德评价。

**大家来讨论**

### 电车难题

“电车难题”（Trolley Problem）是伦理学领域最为知名的思想实验之一：一个疯子把五个无辜的人绑在电车轨道上。一辆失控的电车朝他们驶来，并且片刻后就要碾压到他们。幸运的是，你可以拉一个拉杆，让电车开到另一条轨道上。然而问题在于，那个疯子在另一条电车轨道上也绑了一个无辜的人。

**请思考：**

你会做何选择？做这样选择的依据是什么？这样之后可能会产生怎样的评价？

# 第一节 “经济人”与“道德人”

## 一、“经济人”

“经济人”的概念源自亚当·斯密《国富论》中的一段话：每天所需要的食物和饮料，不是出自屠户、酿酒家和面包师的恩惠，而是出于他们自利的打算。不说唤起他们利他心的话，而说唤起他们利己心的话，不说自己需要，而说对他们有好处。之后，英国经济学家纳索·威廉·西尼尔定量地确立了个人经济利益最大化公理，另一位英国经济学家约翰·穆勒在此基础上总结出“经济人假设”，最后意大利经济学家维弗雷多·帕累托将“经济人”这一专有名词引入经济学。[①] “经济人”理论假设人的行为动机就是满足自己的私利，工作是为了得到经济报酬，认为人都希望以尽可能少的付出，获得最大限度的回报，并为此可以不择手段。

亚当·斯密（Adam Smith，1723—1790），英国人，经济学的主要创立者。著有《国富论》《道德情操论》。

约翰·穆勒（John Stuart Mill，1806—1873），英国著名哲学家和经济学家。

维弗雷多·帕累托（Vilfredo Pareto，1848—1923），意大利经济学家、社会学家，提出帕累托法则。

首先，“经济人”作为商品交换的主体和商业经济活动的承担者，以追求利益最大化为目标，把对自身利益的追求和满足视为人们从事经济活动的原始驱动力。在市场经济条件下，生产者为社会提供各种产品和劳务并不是出于仁慈的考虑，而是为了满足自身对物质利益的追求，正是这种对利益的追求，导致了社会分工和交换的出现，并创新出商品经济这种形式以满足人类对更多物质利益的追求。

---

① 经济人简述参见财安网，http://www.caian.net/cjyw/zhxw/30983.html。

其次，“经济人”面对市场经济的利益抉择，在理性权衡的基础上，把个人及其利益视为市场行为取向的最后决定者和判断者。也就是说，当一个人在经济活动中面临若干不同的选择机会时，他总是倾向于选择能给自己带来更大经济利益的那种机会，即总是追求利益最大化。自利，作为人们在经济活动中滋生的一种行为意向，是“支配个人的一切行动，使其在某一问题上根据利害观点采取某一行动的原则”①。

最后，“经济人”以自利为出发点的经济活动，向人们展示了发展物质生产、改善物质条件、满足物质需要的巨大力量，激发人们去创造财富，获取尽可能多的利润。

然而，随着市场经济的发展，“经济人假设”逐渐显示出其不合理的成分。一些企业为了追求利润最大化，生产了大批有害于社会的产品，因此，企业只有“经济人”观念、“经济人”意识是远远不够的。“经济人”的成长必须有道德的支持，需要依靠道德规范。没有道德准则的“经济人”，最终是会被社会抛弃的。

## 二、“道德人”

“道德人”是指人不同于“经济人”之外的道德性体现。著名经济学家亚当·斯密在《道德情操论》中阐述了人性不同于“经济人”的另外三个方面：同情心、正义感（合宜感）、行为的利他主义倾向。这些是人的道德性的体现。亚当·斯密的这种伦理思想后来被发展成“道德人”理论。《道德情操论》中有这样一段话：人们不应该把自己看成某一离群索居的、孤立的个人，而应该把自己看成世界中的一个公民，是自然界巨大国民总体中的一员。不仅如此，为了这个大团体的利益，人人应当随时地心甘情愿地牺牲自己的微小利益。德国政治经济学家和社会学家马克斯·韦伯在他的名著《新教伦理与资本主义精神》一书中指出，近现代市场经济作为不再是建立在暴力掠夺基础上的经济，是以社会的道德进步为前提的。他总结了“道德人”的特征：

马克斯·韦伯（Max Weber，1864—1920），德国政治经济学家、社会学家，著有《新教伦理与资本主义精神》等。

（1）“道德人”强调合乎理性的伦理精神是推动社会经济发展的巨大动力。社会经济发展的根本动因在于人们对物质利益的追求。但市场经济的发展，除了依赖于经济活动中人的能力和气质，以及依赖于科学技术和法律制度外，合乎理性的伦理精神和价值观念是市场经济发展的精神动力。

（2）“道德人”追求经济活动的社会目标，认为只有合理的获利行为，才是道德的行为。现代生产是一种社会化的经济活动，个体行为不仅关系自身，而且直接影响他人和社

① ［英］亚当·斯密．关于法律、警察、岁入及军备的演讲［M］．北京：经济科学出版社，1980：260.

会。因此，“道德人”并非把获利看成绝对的坏事，而是认为，赚钱是人人都必须追求的自身目的，是一种职业，有效的经济行为本身具有伦理性。同时，人们对物质财富的追求，应当通过人们自身的能力和主动性去合乎理性地、合法地进行，做到取之有道、得之有道，从而使获利的行为按照理性来追求，根据资本核算来调节。

（3）“道德人”把促进经济与道德的同步发展看成社会发展的客观要求和自身肩负的历史使命。在资本主义上升时期，诚实、信誉、守时、勤劳、节俭等体现现代经济合理性的道德精神，把获利行为从宗教伦理的禁锢中解放出来，使经济冲动合法化，给市场经济的发展注入生机和活力。

## 三、“经济人”与“道德人”的统一

经济活动的本质决定了经济与道德是内在融合在一起的。这是因为经济是主体通过供给实现增值的活动。只有有利于他人和社会的供给，才能满足他人和社会的需要，从而实现增值的目的。在经济活动中，利己和利他应该是内在统一的，利己的“经济人”和利他的“道德人”是紧密结合在一起的，而不是相互分离的。尽管在社会主义市场经济条件下，不可避免地存在竞争关系，但这种竞争不是弱肉强食、你死我活的对抗关系，而是在根本利益一致的前提下的竞争，竞争之中有互助合作。

诚然，在经济社会中也存在“道德人”与“经济人”分离的现象，如欺行霸市、假冒伪劣、坑蒙拐骗等丑陋行径，这些不道德现象破坏了社会的经济秩序，是社会转型、体制转轨的伴生物。从本质上看，社会主义市场经济条件下，“经济人”与“道德人”在共同的经济基础上应该是融合的。

总之，“经济人”从自利原则出发，为整个社会创造物质财富，同时为“道德人”提供发挥调控功能的空间；“道德人”为“经济人”的活动提供导向和伦理支持，而利益则是两者互相作用的支撑点。“经济人”和“道德人”合则两利，使经济得以繁荣，社会走向进步；分则两损，使经济停滞或衰退，社会倒退。因此，我们应在共同利益的基础上，将“经济人”与“道德人”的角色融合统一，以推进经济社会的可持续发展。

在商业领域，市场经济承认经济主体追求最大化利益的合理性，但同时要求经济主体的求利行为具有合理性。为防止经济主体在追求最大化利益时侵害他人利益或公共利益，除了依靠市场经济的各种法规维护公平竞争外，“经济人”在经济活动中也要遵循商业道德。因此，经济主体的经济活动，不仅仅是追逐利润的经济行为，也是一种自觉正当获利的道德行为，这体现的是“经济人”和“道德人”的统一。

### 课堂活动：分析“经济人”与“道德人”统一的企业经营行为

**背景资料：**在家电、快消品、通信、房地产、旅游、娱乐、IT等行业任选一成功企业，搜集该企业的成长发展资料，分析其“经济人”与“道德人”统一的经营行为。

**分析执行：** 首先是团队讨论确定拟分析的企业，然后从该企业经营行为的“自利”和“利他”两个方面加以分析。

**活动记录：**

表 1-1　公司经营行为分析

| | |
|---|---|
| 自利行为 | 1. |
| | 2. |
| | 3. |
| 利他行为 | 1. |
| | 2. |
| | 3. |

## 第二节　商业道德冲突

### 一、道德冲突

在市场经济条件下，“经济人”与“道德人”在利益不一致的情况下，也会存在角色之间的道德冲突。个人所承担的社会角色的复杂性与多样性在某种情况下会引起道德义务的冲突。当行为者遵守某种道德原则或规范时，就会背离其他道德原则或规范；当行为者实现某种道德价值时，很可能会牺牲其他道德价值。

动画

道德冲突：丛林兄弟情

道德冲突是指在道德行为选择中因价值观和价值量的不同而发生的善恶矛盾和对立状态。道德冲突包括同一社会不同道德价值体系之间的对立冲突和同一道德价值体系内部不同价值量之间的冲突两种形式。前者表现为善与恶、正与邪的冲突，后者则表现为大善与小善、高层次的义务与低层次的义务之间的冲突。由于人们在不同道德体系中需要进行取舍，即使在同一道德体系内部，往往也存在由低到高不同层次的道德要求，这些要求在本质上是一致的，但在特定情景中又会出现矛盾，要求人们在大善与小善之间进行取舍，从而构成道德冲突，因此道德冲突的解决要求人们有明确的善恶观念和较强的选择能力。当前社会的道德冲突的一个很重要的表现就是社会角色的道德冲突，其冲突形式主要有下列几种：

### （一）不同社会角色对应的不同道德义务之间的冲突

个人在社会中扮演的具体角色，不仅定义了人的一定的社会地位，还提出了承担某些义务的相应要求。但社会角色具有空间相对性，即相对一定的社会关系存在。个人在这种社会关系中扮演的是一种特定的角色，而在另一种社会关系中就扮演另一种社会角色，人们实际上同时在各种不同的社会关系中扮演着不同的社会角色，并且这些社会角色还存在相对性和变动性，使人们处在不断变化的、多种并存的道德义务和要求之中。这些变动的、并存的道德义务难免存在矛盾，引起个人在道德选择中的冲突。如一个商业从业人员可能既是业务管理员，又是单位工会负责人；在家里，既是丈夫或妻子，又是父亲或母亲，还是儿子或女儿，同时集几个角色于一身。

### （二）由于个人角色改变而形成的新旧角色所承担的义务之间的冲突

在社会生活中，通常一个人会经常变换自己的角色，比如说下班回家，就要从职业角色变换为家庭成员角色。从事职业（或中心任务）的变化、职务的升迁、家庭成员的增减等，都会产生新旧角色的转换。在新旧角色转换的过程中，一个人改变了旧角色，担任了新角色，如果新角色与旧角色有本质区别，就会产生新旧角色的冲突。如从单身到为人父母的角色转变，从普通企业员工到知名企业员工的角色变化等，都有可能使人不适应。

### （三）社会对同一角色的期待或要求不一致而引起该角色内心的冲突

社会对同一角色的期待或要求不一致，或者角色承担者对这个角色的理解不一致，往往会使角色承担者的内心产生一种矛盾与冲突。角色承担者内心的矛盾主要是角色定位与要求所具有的人的特质之间的冲突。这些内心矛盾和冲突常常外化为人们的职业压力。职业压力指数是衡量这种内心矛盾大小的依据之一。如 2018 年美国福布斯根据就业公司 CareerCast.com 的数据整理得出，压力最大的十大职业包括现役军人、消防员、航空公司飞行员、警务人员、活动策划师、报刊记者、广播员、公共关系主管、资深企业高管、出租车司机。

## 二、商业道德冲突及其表现

商业道德冲突，又称商业价值冲突，是指商业从业人员在面临某种道德境遇时，往往会依据不同的道德原则或规范，作出不同的选择。商业道德冲突主要表现为以下几种：

微课

道德冲突及其实质

## （一）义与利的冲突

首先，义与利的冲突是义与不义之利的冲突，表现为经济价值与道德价值的冲突，即一方面人们在心理上对“唯利是图”的言行表示反感，另一方面在商业经济活动中，市场竞争又不得不迫使人们把追求和实现利益最大化作为最重要的目标，而这个目标的实现并不一定符合伦理要求；其次，义与利的冲突不仅表现为商业价值与道德价值的冲突，也直接表现为在商业活动中，一些商业活动者通过假冒伪劣、违法经营的手段牟取不正当利益，扭曲了商业道德中的效益准则。

义与利的冲突有两种比较典型的表现形式：一种是为了道义而丝毫不顾个人利益，我国古代程朱理学中强调的“存天理，灭人欲”就是这种形式的表现；另一种是为了实现利益而丝毫不顾道义。当前的义与利冲突主要偏向的是后一种情况，并主要表现为拜金主义。

## （二）公与私的冲突

在社会主义市场经济条件下，一方面，个人利益和私人财产权利受到社会的尊重和法律的保护；另一方面，维护个人权益还需在合法合规的前提下。同时，随着社会经济体制的转轨，公与私这两种道德体系的冲突会自然反映到商业道德中。

公与私冲突的后果，一是出现忽视国家和集体利益，损公肥私或者过分追求小集团利益的违法犯罪行为，如前几年国家严厉查处的“小金库”就是借“公”之名，化“大公”为“小公”的违法犯罪行为；二是在商业活动中出现通过获取不正当回扣、行贿受贿以及以官商勾结形式来牟取私利等违法现象。

## （三）公平竞争与等级秩序的冲突

在社会主义市场经济条件下，一方面，提倡公平竞争，优胜劣汰；另一方面，等级观念、官商勾结的现象依然存在。这是由于中国小农经济社会条件下，与自然经济秩序相适应的等级秩序在当前的商业道德观念中仍然有所表现。这种商业观念本能地排斥平等和公平竞争，中小商人尤其是小商人地位低下，在商业活动中，欺行霸市，哄抬物价，与官僚等级制度类同，以大欺小，即使是商人之间也互相以后台大小为支撑。

公平竞争与等级秩序的冲突主要表现在：一是一些国有企业利用行政权力和等级秩序，以官商勾结的形式，与同行进行不公平竞争；二是一些商业活动者以各种形式将自己的公司或机构挂靠在上级主管部门，想尽办法通过利用各种机会制造不平等条件或破坏平等竞争的制度来达到牟取不正当利益的目的；三是上级主管部门内部个别以权谋私者通过自己的纸条和电话来干涉下属单位的各种经济活动，参与利益分配。

# 第三节 商业道德选择与评价

## 一、商业道德选择的内涵

有道德冲突，必然也存在道德选择。道德选择是人类有目的活动的一定形式。当某一个人在特定场合面临几种可供选择的行为方案时，依据某种道德标准在不同的价值准则或善恶之间进行自觉、自愿的选择，作出符合一定阶级或社会道德准则的决定，这就是道德选择。

商业道德选择是一种特殊的社会选择，是人们在商业道德意识支配下，根据某种商业道德标准，在不同价值准则或冲突的义务之间所作的自觉、自愿的抉择；是通过人的一系列心理活动达到的一种价值取向，是人们为达到某一种商业道德标准而主动作出的取舍，是人们的内在价值观、商业道德品质、商业道德情操和行为活动的综合体现。

商业道德选择的先决条件有两点：一是客观上存在若干种商业行动方案，这是进行商业道德选择的前提；二是商业行为主体必须具有行为选择的能力，这是进行商业道德选择的基础。商业活动者必须信守一定的价值准则和商业道德标准，必须理解特定的商业行为与这些准则和标准的联系，必须有能力自主且自愿地作出选择。究竟选择哪一种特定的商业行动方案，取决于商业行为主体自身的特点，包括商业活动者的道德观、价值观以及将商业行为与道德联系起来的方式等。总之，商业道德选择是一种价值取向，是达到某一商业道德目标而主动作出的取舍。

## 二、影响商业道德选择的因素

商业道德选择同其他道德选择一样，都不是孤立存在的，受到各种因素和条件的制约。影响商业道德选择的因素主要有以下几个：

### （一）企业利益

企业是从事生产、流通、服务等经济活动，以生产或服务满足社会需要，实行自主经营、独立核算、依法设立的一种营利性的经济组织。企业的存在和商业活动离不开对自身利益的追求，企业作出的商业决策和从事的商业活动要受到自身利益的决定和制约，一个没有自身利益追求的企业就不能称其为企业。但这并不意味着企业可以置服务对象的利益和社会整体利益于不顾，甚至为了追求自身利益而损害整个社会的利益。因此，在商业道德选择上，既要承认企业的利益，但又不能完全以企业个体利益为中心，而是以企业利益、他人利益和社会利益的和谐为着眼点。

### （二）市场交易规则

企业在市场中从事商业交易活动，是在市场竞争中进行和实现的，市场交易规则必然不断影响商业道德选择。市场交易规则是指各市场主体在市场上进行交易活动所必须遵守的行为准则与规范。这些准则和规范主要体现在以下三个方面：

1. 公开交易原则

除涉及商业秘密外，一般商业交易活动都要在市场上公开进行，明码标价，禁止黑市交易。

2. 公平交易原则

企业销售的商品必须实行明码标价，一切交易都必须在自愿、等价、互惠的基础上进行，严禁欺行霸市、强买强卖、囤积居奇、哄抬物价等行为。

3. 合同自愿原则

现代市场经济的重要特征之一，就是经济关系合同化。在市场交易活动中，交易双方必须签订并保证履行合同，违约必须赔偿经济损失。市场经济是契约经济，契约本身具有法律约束力，也需要法律确认与保障。

### （三）市场法律和法规

市场法律和法规是国家根据市场交易规则，为维护市场公平竞争和正常交易秩序，以法的形式制定的法律制度。由于市场法律和法规具有强制性，因此，它在企业的商业道德选择中起着重要的制约作用。

### （四）社会舆论导向

社会舆论导向是一种运用舆论操纵人们的意识，引导人们的意向，从而控制人们的行为，使其按照社会管理者制定的路线、方针、规章从事社会活动的传播行为。社会舆论赞成什么、反对什么，往往会对企业商业活动形成强大的压力和动力，引导企业的商业道德选择。

### （五）企业文化

企业文化是一个组织由其价值观、信念、仪式、符号、处事方式等组成的特有的文化形象。企业文化的内容广泛，主要包括企业经营哲学、价值观念、企业精神、企业道德、团体意识、企业形象、企业制度、企业使命等。具有不同价值观念和信念的企业，会作出不同的道德选择，产生不同的商业行为。例如：海尔企业文化的核心价值观是创新，具体表现为以观念创新为先导、以战略创新为方向、以组织创新为保障、以技术创新为手段、以市场创新为目标，正是这种创新的价值观，使海尔从无到有、从小到大、从大到强、从中国走向世界，并且伴随着企业的发展，海尔文化本身也在不断创新、发展。

## 三、商业道德选择的原则和手段

商业道德的选择，本质上是在商业冲突中，根据一定的规则进行的一种道德取舍。这种道德取舍的正确与否首先在于是否遵循正确的道德选择原则。在我国的商业实践中，要选择符合社会主义商业道德和其他社会道德的商业行为，摒弃与社会主义核心价值观相背离的封建主义、资本主义的商业行为，需要遵循的商业道德选择的总原则是：两利相权取其重，两弊相权取其轻；不因善小而不为，不因恶小而为之。在商业道德选择的总原则指导下，具体到商业活动领域，应遵循下列具体的原则：

（1）商业道德义务高于一般公民义务；

（2）国家利益高于商业部门利益和商业从业人员个人利益；

（3）保守商业秘密高于诚实的规范；

（4）接待顾客的义务高于接待朋友的义务。

此外，商业道德选择的正确与否，还体现为商业道德手段选择的正确与否。在道德选择中，需要选择正当的商业手段去实现商业目的。手段本身的道德价值及其对目的的价值影响作用是不容忽视的。正确的道德手段选择可以尽快实现选择目的，强化人们进行道德选择的责任，扩大人的自由。商业效益、商业信誉的获得必须依靠诚实劳动、公平交易等道德方式和手段来实现。

## 四、商业道德选择的形式

商业道德选择是价值观的表现形式，它把人们内在的价值观念、商业道德品质、商业道德情操以心理活动和行为活动的形式呈现给自己和别人。商业道德选择有多种形式，主要表现为：

### （一）多种商业行为可能性之间的选择

商业企业在与顾客、社会其他成员和组织发生联系的过程中，在从事商业经营活动的过程中，会存在不同的商业行为可能性，企业需要在多种可能性中加以选择，而选择的前提应是不损害顾客和社会其他成员的利益。如一些房地产开发商针对拆迁户的住房安置，往往会有三种不同的选择方案：一是在原地进行安置，二是异地安置，三是实行货币安置。最终选择哪一种或是哪几种方案，需要与拆迁户协商决定，并在保障拆迁户利益不受侵害的基础上进行正确的选择。

### （二）多种商业道德标准或义务之间的选择

商业道德标准是判断商业行为善恶的价值尺度，是一定社会、阶级或集团所倡导或实际通行的商业道德原则和规范。凡是符合这种原则和规范的行为，就被判断为善的商业行为，否则，就被判断为恶的商业行为。如国内一些企业倡导的“企业自律准则”就是商业企业以较高的道德标准约束自身商业行为的做法。

商业义务是指一定社会关系中企业应该对社会或他人所承担的道德责任，它同时表明一定社会、阶级或集团对企业商业行为的道德要求，也指企业在实践道德原则和规范时所产生的一种强烈的责任心。

不同商业领域的道德标准和道德义务具有差异性，也使得处于不同行业的企业作出的道德选择会不一致。在社会主义市场经济条件下，反映商业道德行为的准则有很多，但各行各业往往也有一些统一的道德标准。例如：不收受礼物和金钱；对所有顾客以诚相待，一视同仁；时刻维护顾客的名誉；尊重顾客的隐私权；不进行内部交易的承诺；等等。

### （三）多种商业动机或目的之间的选择

动机是行为的开端，道德选择最先是从动机选择开始的。从道德角度探讨，动机可分为三类：第一类是符合道德的善的动机；第二类是不符合道德的恶的动机；第三类是介于两者之间，善恶需要视具体情况具体分析的动机。动机在行为上表现为：获取短期利益最大化，提高知名度和美誉度，体现社会责任。作为行为的出发点，动机的好坏对道德行为的选择具有决定性的意义。动机和行为并不是一一对应的，同一行为可能来自不同的动机，甚至是几种不同动机的共同作用。这时就需要关注在其中起支配作用的主导动机，道德选择就表现在对主导动机的选择上。同时，同一动机还可能产生不同的行为，这时动机选择只起到对道德行为的推动作用，而并未选定明确的方向，道德选择必须从选择动机过渡到选择目的的环节。

目的是人们预定通过行为所要达到的结果，是行为主体主观欲求的指向，规定着行动的方向。因此，道德目的选择是道德选择最重要的环节，选择正确的目的是道德选择的主要使命，是道德责任的主要依据。

### （四）多种商业行为方式、过程、结果之间的选择

商业道德选择是商业行为方式的前提，又通过商业行为体现出来。因此，道德选择的过程也就是商业行为方式形成的过程。这一过程包括商业道德动机的选择、目的的选择以及手段的选择。道德选择过程中对上述三个环节作出的不同选择，必然导致选择结果的差异。这种差异突出表现在道德责任的不同。一种是道德选择指向与选择效果相一致，这是一种负责任的选择；另一种是道德选择不当所导致的偏差和错误，这就要求企业对由此而

造成的不良后果承担负责。

## 五、商业道德评价

商业道德评价是指人们依据一定的道德原则、道德规范、准则体系，运用相应的方式方法，对商业活动参与主体的道德活动或行为进行善恶的判断。商业道德评价是商业道德活动的重要组成部分。从某种意义上说，商业道德评价是商业道德活动的核心部分，体现着商业道德活动的特点，指导着商业活动的道德方向。商业道德评价对于商业活动主体道德品质的形成、商业人际关系的协调、行业风气及社会风气的改善，都具有重要的理论和现实意义。

### （一）商业道德评价的作用

商业道德评价是一种在商业道德活动中人人都感觉到的巨大力量，是商业道德规范向从业者个体良心或信念转化的重要杠杆，是商业道德意识转化为商业道德行动的重要推动力量。其作用表现在：

#### 1. 促进社会主义市场经济健康发展

通过商业道德评价，可以树立正面的商业道德规范和道德形象，贬斥不道德的思想和行为，启发个体的道德自觉。在市场经济条件下，可以帮助人们超越“经济人”的局限性，使人们在市场经济的大海中畅游而不致被浪涛吞没，顺利抵达彼岸；可以促进商业主体的自由、全面发展，同时促进市场经济的健康发展。

#### 2. 引导商业主体作出正确的判断

商业道德评价的特点是借助人们的内心信念或社会舆论，深入人们的内心世界，作用于人们的良知。进行商业道德评价，首要任务就在于判明主体行为的善恶属性，唤起主体的普遍道德良知和社会责任感。道德评价所肯定的行为会受到社会舆论和内心信念的赞许；而一种不道德的行为在道德评价的裁决下，会使行为者感受到来自舆论的压力和内心的不安、羞愧以及长期的痛苦。商业道德评价对负面现象的否定，本身就是对正面道德的弘扬。同样，商业道德评价对高尚行为的肯定，本身也是对负面价值的鞭挞。

#### 3. 协调商业人际关系

商业道德评价是调节和完善商业人际关系的重要手段。正确的商业道德评价可以使人们认识到，哪些行为是允许或认可的，哪些行为又是禁止或否定的，从而不断按照商业道德要求调整自己的行为方式，使人际关系在良好的轨道上得以协调和完善，为社会经济的发展和人们生活水平的提高提供一个良好的商业环境。

#### 4. 激励商业主体

商业道德评价通过作用于人们的内心世界，能够激发商业主体的道德责任心和道德荣誉感，唤起商业主体的强大道德动力。常言道："知耻而后勇。"在良心机制的作用下，商业道德评价将促使商业主体发挥最大的道德主体能动性。

## （二）商业道德评价的形式

### 1. 商业道德的自我评价

商业道德的自我评价，是指商业活动的参与主体对自身行为所作的一种善恶上的认识，是依据自身的价值取向对自身行为所作的道德判断。它依赖于商业主体的内在约束力量，即主体的理性自觉、良心机制、积极主动性。其主要特点是：行为当事人既是评价的客体，又是评价的主体。主体要评价的客体就是主体自身。自我评价的目的主要是正确地认识自己，了解自己的道德品质和道德行为，从而不断提高自己的道德品质。

商业道德自我评价的依据是商业活动主体的内心信念机制，即良心。良心在道德评价中总是同责任感、荣誉感和羞耻感结合在一起的，对于自己作出的符合社会道德规范要求的善的行为感到自豪，并带来精神上的欣慰感；对于自己作出的不符合社会道德规范要求的恶的行为感到羞愧，并对自己进行道义上的谴责。商业活动主体在用良心对自己的商业行为进行评价时，还总是伴随着对自身行为的一种价值导向。当对自己的某一行为感到道德满足时，就会对自己发出指令，今后遇到类似处境时，应当作同样的选择；反之，当对某一行为感到道德愧疚时，就会对自己提出告诫，在今后遇到类似处境时，应避免犯同样的道德错误。

### 2. 商业道德的社会评价

商业道德的社会评价，是指社会对商业活动的参与主体所作出的价值判断或道德判断。它依赖的是商业主体之外的外在客观约束力。商业道德社会评价的最主要方式就是社会舆论。社会舆论包括口头议论和大众传播媒介两个方面。商业道德的社会评价可以是评价人从善恶观点出发，通过口头议论的方式，对被评价的商业活动参与主体进行评论、指责、赞扬、贬斥，并通过人们彼此相传的形式，对被评价的行为施加影响；也可以通过报纸、杂志、广播、电视、网络等大众传播方式，对商业活动主体的行为进行善恶评价，并对被评价人施加影响，从而在更大范围内或全社会起到扬善抑恶的作用。商业道德规范之所以具有约束力，一个很重要的方面，就在于有社会舆论这一强大的力量。在日常生活中，人们随时随地都会感受到社会舆论所具有的特殊权威性，这种权威性就在于它代表着广大群众的一种意志、感情和价值取向，并能给人荣誉感和耻辱感，迫使人们在行为选择时，不得不考虑社会舆论对自己的评价。

加强商业道德的社会评价作用，特别是加强大众传播媒介的商业道德评价作用，对规范商业行为、纠正行业不正之风，以及改善社会风气、培养商业主体良好的道德品质、抵制不道德的商业行为，都具有十分重要的作用。

商业道德的自我评价和社会评价是统一的，需要互相补充、取长补短。商业道德自我评价要受社会评价的制约；商业道德的社会评价，只有被该社会成员的自我评价所认同，才能发挥有效的作用。在我国社会主义市场经济转型时期，商业领域存在大量的伦理道德问题。为规范商业行为，一方面，商业活动参与主体必须自觉接受社会商业道德评价，依据有关商业法规和道德要求从事商业活动；另一方面，在商业法规和道德还不够完善，甚至存在一些漏洞和空白的现阶段，商业活动参与主体还需要充分发挥自身的积极性、能动性、创造性，通过正确的自我道德评价规范来完善自身的商业活动。

## 第四节 商业行为的伦理规范

### 一、义利并重

如何对待义和利，是一个延续了几千年都争论不休的老问题。孔子说过："君子喻于义，小人喻于利。"在义和利发生矛盾的时候，我们似乎更看重的是义，更推崇重义轻利之举。因此，一个人或一家企业如果利字当头，太看重利，往往会被人不齿。但事实上，义和利从来都不是对立的。南宋思想家朱熹说："义者，天理之所宜；利者，人情之所欲。"追求利源于人共同的天性，崇尚义则取决于人后天的修养，利与义是人们在物质与精神两方面的追求。当然，取利应合乎常理、合乎法度，不悖"天理之所宜"。我们所要反对的，是那种不择手段、巧取豪夺或者唯利是图、锱铢必较的逐利行为。正当的、合理合法的利应该得到保护。

市场经济的发展冲破了传统的"重义轻利"的观念，反对义利分离或义利失衡，而明确主张义利统一或义利并重，要求企业在遵循商业发展规律、法则、秩序的基础上，通过优质的服务赚钱营利，既要追求利润，又要处处为消费者着想。企业既应摒弃"重利轻义"的观念，也不提倡"重义轻利"。办企业做生意，就是要讲利；赚了钱后回报社会、帮贫助困，这就是义，应该大力提倡。只有义利并重，才能使更多的人共享发展成果，使我们这个社会变得更加和谐。

倡导义利并重的商业伦理规范的意义在于：第一，彻底抛弃封建道学家所崇尚的空谈性命、空谈道德、利字不出口、君子不言钱的虚伪说教，鼓励和保障企业追求正当的合法利益；第二，充分尊重企业的合法利益，鼓励和引导每一个企业维护和争取自己的合法利益，每一个企业的合法利益增加了，国家和人民的利益也就增加了；第三，在以义导利、以义取利、见利思义等价值观的引导下，能更大限度地发挥企业的获利能力，并保证经济可持续发展。

因此，只有实现义利并重，企业才能处理好自身与社会的关系、与消费者的关系、与股东的关系、与其他企业的关系、与雇员的关系。在追求自身利益的同时，要考虑到交易方的利益获取，以达到和谐、共赢的目的。只有这样，才会有利于社会物质利益和精神利益的同步发展。

## 二、公私兼顾

商业伦理提倡在肯定个人价值、个人利益的基础上，引导人们为集体、为社会谋福利，推动社会发展。在市场经济条件下，我们虽然不强调人人都要“公而忘私”，但也不能“损公肥私”。“君子爱财，取之有道”是我们的祖先留给我们的宝贵遗产和忠告，它告诫后人取财必须靠自己的辛勤劳动和汗水，要遵纪守法，符合道德伦理纲常。

孔子说过：“富与贵，是人之所欲也，不以其道得之，不处也；贫与贱，是人之所恶也，不以其道得之，不去也。君子去仁，恶乎成名？君子无终食之间违仁，造次必于是，颠沛必于是。”意思是说，有钱有地位，这是人人都向往的，但如果不是用仁道的方式得来，君子是不接受的；贫穷低贱，这是人人都厌恶的，但如果不是用仁道的方式摆脱，那宁可不摆脱它。君子一旦离开了仁道，还怎么成就好名声呢？所以，君子在任何时候，哪怕是在吃完一顿饭的短暂时间里也不离开仁道，仓促匆忙的时候是这样，颠沛流离的时候也是这样。

因此，公私兼顾要求商业企业以追求正当利益为目的，以不违背国家法律和商业法规为原则，主张通过勤奋工作、积极进取、尊重他人的利益和人格来实现自身利益，而不是以侵害他人和社会的利益作为获取自身利益的手段。同时，要为社会多作贡献。总之，商业伦理在肯定个人价值、个人利益的基础上，引导人们为集体、为社会谋福利，推动社会的发展。

## 三、依法办事

严格依法办事是依法治国的基本要求，也是法治区别于人治的重要标志。对从事商业活动的各个经济主体来说，依法办事主要是从自觉守法的角度来讲。依法办事要求商业企业遵循权利义务相一致原则。有权必有责，一方面，商业企业行使权利要对所引起的法律后果负责。法律赋予了企业权利，同时意味着赋予了责任。行使法定权利，就必须对行使权利的过程和结果承担法律责任。另一方面，被法律赋予了权利而不去行使或者行使不到位，就是不尽职、不作为，就是失职渎职，也要承担相应的法律责任。

从商业活动的角度看，如果商业活动的主体都能自觉守法、依法办事，经济秩序就会比较正常，多数市场主体就不会受到损害，社会整体效益也会增加。所以，依法办事也是一条重要的商业伦理规范。

## 四、公平买卖

公平买卖是指买或卖公平合理，互不相欺。公平买卖既是由商业本身的客观规律决定的，又是市场经济的客观要求。公平买卖包括以下三个方面的内容。

### （一）自愿交易

在商品交换中，交易双方具有独立自主、自由选择的权利，任何一方均不得将自己的意志强加给对方。经营者在销售商品时，应当遵循自愿原则，不得违背购买者的意愿，搭售商品或附加其他不合理条件；消费者有权选择商品品种或服务方式，选择提供商品或服务的经营者。在商品交换中，经营者限制消费者自己选择、比较鉴别、强买强卖的行为，都是违反商业伦理的行为。

### （二）等价交换

等价交换原则是商品交换的基本原则。它保证各物质部门的生产耗费从商品的出售价格中得到补偿，并获得平均利润，从而使社会再生产得以顺利进行。如果价格长期低于价值，企业出售产品所得不足以弥补原材料和人工耗费，或不能取得利润，企业就无法扩大生产规模，甚至不能维持简单的再生产，社会再生产过程就将中断。如果价格长期高于价值，企业轻易获得超额利润，则会影响企业提高经营管理水平和发展生产。等价交换原则要求经营者在商业交易活动中，合理定价、明码标价、按质论价、秤准量足。

### （三）正当竞争

正当竞争是现代商业伦理的重要规范之一，是要求经营者采用符合国家法律、遵守社会公认的商业道德、信守诚实信用原则的商业正当手段进行竞争的行为。正当竞争包括公开、公平、公正三个方面。所谓公开，是指高度透明，接受社会监督；所谓公平，是指商业活动的各参与者机会平等；所谓公正，是指对商业活动各参与者的评价标准相同。在社会主义市场经济条件下，企业应通过提高质量、改进技术、降低成本、创立名牌、提高信誉来取得竞争的胜利。正当竞争保护了国家、集体和消费者的利益，提高了企业的劳动生产率，促进了技术进步，有利于促进社会主义市场经济的发展，因而受到法律的保护。

## 五、讲究诚信

诚信作为一种价值观和商业道德，在我国有着悠久的历史。早在 2 500 年前的春秋时期，我国商人就已奉行诚信经商原则。孔子的学生子贡和秦国后来的丞相吕不韦是当时的名商巨贾，很多史书都有他们经商诚实守信、质价相符的记载。此后，“童叟无欺”“货真价实”和“买卖不成仁义在”等一直成为商人从事商业活动的戒律。到了今天，诚信经商已经载入国家法律。《中华人民共和国消费者权益保护法》第 4 条明确规定：“经营者与消费者进行交易，应当遵循自愿、平等、公平、诚实信用的原则。”

讲究诚信是企业经营之本，包括诚实经商和讲求信用。诚实经商要求从业者在商业活动中以诚为本，不欺诈和坑蒙拐骗。经营者对商品和服务质量、使用方法应作出真实的说明，商业广告不得含有虚假成分，不得欺骗和诱导消费者。讲求信用要求从业者遵守诺言、实践成约。讲求信用包括企业与企业之间、企业与职工之间、企业与消费者之间、企业与政府之间都要遵守诺言、实践成约，“重合同，守信用”。

## 六、忠于职守

忠于职守就是要忠诚地对待自己的职业岗位，对待工作认真负责，坚守岗位，履行义务。一份职业，一个工作岗位，是一个人赖以生存和发展的基础保障。同时，一个工作岗位的存在，往往也是人类社会存在和发展的需要。忠于职守的商业伦理规范要求商业从业人员有强烈的事业心和责任心，对自己的职业忠心耿耿，并努力提高职业技能。同时，忠于职守不仅是个人生存和发展的需要，也是社会存在和发展的需要。

## 七、热诚服务

热诚服务是健康的、合情合理的人际关系在商业活动中的具体体现。热诚服务体现为在经营过程中讲求文明礼貌以及向顾客提供完善的售后服务，包括端正服务态度、讲求服务艺术、提高服务技巧、改善服务质量等方面。

## 八、保护环境

社会经济的快速发展，在为社会创造巨大物质财富，给广大消费者提供物质福利以及给企业带来巨额商业利润的同时，也严重地消耗了自然资源，破坏了生态平衡，污染了环境。工业生产排放的“三废”（废水、废气、废渣）、粉尘、放射性物质以及产生的噪声、振动、恶臭和电磁微波辐射，交通运输活动产生的有害气体、液体、噪声，海上船舶运输排出的污染物，工农业生产使用的有毒有害化学品及排放的烟尘、污水和垃圾等造成的大气污染、水污染、土壤污染等，已经日益危害人们的健康生活。因此，企业要从实施可持续发展战略的高度来开展经营活动，有意识地保护自然资源并使其得到合理的利用，防止自然环境受到污染和破坏，创造出适合人类生活、工作的环境，协调人与自然的关系，让人们做到与自然和谐相处。

案例分析

## 锦阳的"大爱"文化

浙江锦阳人力资源集团有限公司是一家位于杭州市钱塘区的民营企业。公司本着"为社会做贡献，为企业求发展，为客户创价值，与员工共成长"的初心，以"大爱"凝聚企业文化。

锦阳构筑的人力资源服务平台，年服务员工30万，不仅以一家企业改变了万千家企业，成为值得信赖和尊重的人力资源服务标杆；"大爱锦阳"，更是让每个人都绽放出人生的光彩。

公司不仅善待每一位员工，为突发疾病住院的员工及时送去慰问金，还关注员工子女的成长，设立"员工子女升学奖励制度"，奖励表彰集团员工的优秀学子，使员工因优秀的子女而自豪，也因优秀的企业而骄傲。而每年夏天高温日，集团送清凉慰问小组来到保洁、保安岗位现场慰问高温天奋斗在一线的员工，已成为雷打不动的惯例。每一位普普通通的锦阳员工，在高温天里得到了凉意，锦阳的"大爱"也驻进了他们的心田。

锦阳的"大爱"文化是一种"老吾老以及人之老，幼吾幼以及人之幼"的文化。2016年，他们积极参与杭州市"东西部协作、对口帮扶、脱贫攻坚"劳务输出对口扶贫工作，对口黔东南州开展"就业扶贫协作"，与黔东南州人社局下属单位贵康民生扶贫集团有限公司签订合作协议，设立联合办公站点，针对每户家庭实际情况匹配工作岗位。并专门成立了外来人员服务中心，派出专人驻厂跟踪服务、建立定期反馈机制。2021年10月，锦阳集团又主动参与杭州市钱塘区与四川甘孜藏族州理塘县的"县县结对"工作，开展"塘塘"爱心助学捐赠活动，向理塘县第二中学、城关第四完全小学的困难职工家庭捐赠助学金和学习用品；同时安排理塘县29名残疾人就业参保。

2020年1月至2022年12月的三年中，锦阳又是一次次地将"大爱"展现在抗击疫情中。疫情爆发之初，他们率先向辖区慈善总会捐献爱心专款30万元，向辖区与其他地区的中小学、疫情防控点捐送价值45万元的抗疫防疫紧缺物资；又陆续为辖区隔离点送上牛奶、面包、饼干等各种物资，向多家养老机构送去五百余份"爱心礼包"。锦阳正是以这种"大爱"文化诠释着新时代民营企业的责任与担当。

**问题**

1. 为什么我们将浙江锦阳人力资源集团有限公司的企业文化称为"大爱"文化？
2. 商业企业经营中如何实现义利并重？

## 自测题

### 一、判断题

1. "经济人"是以追求利益最大化为目标。（　　）
2. 在市场经济条件下，"经济人"与"道德人"在利益不一致的情况下，也会存在角

色之间的道德冲突。（　　）

3. 义利统一是中国当代商业伦理最起码的要求。（　　）

4. 商业道德选择，本质上是在商业道德冲突中，根据一定的法律条款进行的一种道德取舍。（　　）

## 二、单选题

1. 有理性、会算计、追求自身利益最大化的人，被亚当·斯密称为（　　）。

A. 自然人　　B. 道德人　　C. 经济人　　D. 社会人

2. 除涉及商业秘密外，一般商业交易活动都要在市场上公开进行，明码标价，禁止黑市交易，这属于（　　）原则。

A. 公平交易　　B. 公开交易　　C. 合同自愿　　D. 法律至上

3. 企业长久立足的必备条件包括（　　）。

A. 诚信　　B. 创新　　C. 资本　　D. A、B 两项

## 三、简答题

1. 简述商业道德选择应遵循的原则。

2. 列举商业行为的伦理规范。

# 第二章 中国传统文化与商业伦理

## 素质目标

树立爱国情怀和民族自豪感，确立中华优秀传统文化和商业文化自信，养成诚实守信的商业意识。

## 知识目标

描述中国古代、近代商业伦理思想产生、发展的历史条件及发展脉络，比较中国古代与近代"义商"及其商业思想，识别中国明清十大商帮的地域分布及共性文化特征。

## 能力目标

能从中国商业发展历史中提炼出中华优秀传统商文化的核心内涵，能多维度探索商帮产生的政治经济、历史文化原因。

## 大家来讨论

### 从传统文化出发，重建商业伦理

1916年5月，以张公权为领导的中国银行抗拒袁世凯的停兑令，坚持为民众的挤兑风潮买单，上海中国银行之钞票信用，从此名声大振。“顾客永远是对的”这句话耳熟能详，而它早就出现在1931年的南京路霓虹灯上，那是郭泉兄弟创办的永安纱厂的服务宗旨。一个人如何能够深刻地影响一个地方？可以从“张南通”“南通张謇”这些称呼中体会。卢作孚的北碚建设提出了“人的现代化”的口号，要求“忠实地做事，诚恳地对人”；荣氏企业为何蒸蒸日上？科学管理、劳工自治、文化学习，这些措施加惠于工人。而精神有寄托、能安居乐业的工人就真正成了工厂的生命线。无一例外，这些企业的文化都深植于儒家精神之中。仁义礼智信、忠孝廉耻勇，儒家的主流价值观“以人为本”沉淀于这些民族企业家的血脉之中，让他们在逐利的同时，从未忘却“义”的存在。

儒家肯定人们诉求利益、追求财富的合理性，同时要求重视获取利益手段的正当性。“义利之辨”是儒家的基本义法，在诚信更加重要的今天，重温这一点显然十分必要，中国企业急需建立自己的价值坐标。

资料来源：www. news. cqnews. net.

**请思考：**

案例中代表人物的经营理念体现了怎样的中国传统商业文化思想？这对当下的企业经营有何借鉴和启示意义？

# 第一节　中国传统文化及其特征

## 一、中国传统文化的内涵

文化是一种社会现象，是人们长期创造形成的产物，同时又是一种历史现象，是社会历史的积淀物。确切地说，文化是指一个国家或民族的历史、地理、风土人情、传统习俗、生活方式、文学艺术、行为规范、思维方式、价值观念等。狭义的文化是指意识形态所创造的精神财富，包括宗教、信仰、风俗习惯、道德情操、学术思想、文学艺术、科学技术以及各种制度等。

中国传统文化是中华民族几千年文明的结晶，它是指居住在中国地域内的中华民族及其祖先所创造的，为中华民族世世代代所继承发展的，具有鲜明民族特色的，历史悠久、内涵博大精深、传统优良的文化。它是在中国几千年文明发展史中，在特定的自然环境、经济形式、政治结构、意识形态的作用下，形成、积累和流传下来且至今仍在影响着当代文化的中国古代文化。中国传统文化以文献、文物、思想、观念等形式存在和延续，在社会不断发展的过程中逐渐内化于人，形成整个民族较为稳定的文化心理和性格，并且融入社会生活的各个领域，升华为民族的文化基因。

中国传统文化以自然经济、血缘宗族依附关系为根基，以维护皇权、神权、父权为中心的严酷等级秩序中的“礼”为基本范式，以崇尚和谐统一为最高价值原则，将中庸视为最高道德，注重人的内在修养并将其作为重要的价值指向。中国传统文化除了儒家文化这个核心内容外，还包含其他文化形态，如道家文化、佛教文化等，对中国文化产生了广泛而深刻的影响。

## 二、中国传统文化的形成

中国传统文化的形成有两个重要的基础：一是小农自然经济的生产方式，二是基于宗法血缘关系的高度集权的专制政治制度。

### （一）小农自然经济的生产方式

小农自然经济为中国传统文化的产生和发展提供了深厚的经济基础。中国古代社会的经济形式是典型的小农经济，又称自然经济，其特点包括：一是分散性，以家庭为单位经营；二是封闭性，农业和家庭手工业相结合；三是自足性，生产的主要目的是满足自己的消费需求或绝大部分用来自己消费，而不是进行商品交换，是一种自给自足的自然经济。小农经济经营规模狭小，生产条件简单，在比较贫瘠的自然条件下也可以存在和再生产；以家庭为生产和生活单位，容易通过勤劳节俭实现生产和消费的平衡，所以小农经济具有一定的稳固性。

小农自然经济的存在又以土地私有制为前提，但中国封建社会的土地私有制，从本质上说都不是纯粹的私有制形式，而是在国家最高所有权支配下的土地私有制。所谓“普天之下，莫非王土”，国家对土地拥有最高所有权。这种在国家最高所有权支配下的小农经济是中国封建社会经济结构的根本特征，也是全部封建政治、封建文化等上层建筑赖以建立和长期存在的深厚而坚实的基础。

### （二）高度集权的专制政治制度

基于宗法血缘关系的高度集权的专制政治制度为中国传统文化的产生和发展提供了深厚的社会政治基础。所谓宗法，就是以血缘关系为基础，推崇共同的祖先，规定继承的秩序及成员自身的身份和权利、义务的法则。家族宗法血缘关系本质上是一种人伦关系，这种关系的扩展就形成了社会伦理关系。一方面，家族本位的特点使得家族伦理关系的调节成为社会生活的基本准则，家族伦理成为个体安身立命的重要基础；另一方面，在家国一体的社会政治结构中，整个社会的组织系统是家族—村落—国家，文化精神的生长方向是家族—宗族—民族。家族的中心地位使得伦理在社会生活秩序的建构和调节中具有至关重要的意义。在传统社会中，人们的社会生活是严格按照伦理来调节君臣间、父子间、夫妇间、朋友间、兄弟间等的人伦关系，进而调节民族关系的。这种伦理秩序的扩充，便上升为中国封建社会政治体制的基础——家长制。家长制的实质就是用家族伦理的机制来进行政治统治，是一种伦理政治。这种家族本位主义的价值观后来被引申发展为国家为本、君权至上的社会本位主义，成为以政治伦理文化为主体、以等级制度为框架的封建专制文化。正如“三纲”中所规定的“君为臣纲，父为子纲，夫为妻纲”。

## 三、中国传统文化的特征

### （一）家族本位

中国农业经济的格局和聚族而居的社会生活方式使中国人形成以家族为单位，以“小家—宗族—大国”为链条的社会结构，因而尤其看重血缘、亲缘关系。可以说，2 000 多年的中国传统农业社会就是以血缘为纽带的宗法社会。中国的家就是社会的核心，家是小国，国是大家。

《礼记·丧服小记》有云：“亲亲，以三为五，以五为九。”以父、己、子三代为核心，由父亲往上推一代是祖父，由儿子向下推一代就是孙子，经过这样一次扩展，亲属关系就由原来的三代延伸为祖、父、己、子、孙五代。接着，再由祖、父、己、子、孙五代分别再向上、向下推两代，经过这一次扩展，亲属关系就延伸为高祖、曾祖、祖、父、己、子、孙、曾孙、玄孙九代，由此构成整个宗法制度的基本框架。在这个基本框架中，受宗法观念的影响，尊卑秩序是尤为重要的，每个人最先需要考虑的是个人的责任和义务，个人无法凌驾于家族之上，个人利益要绝对服从宗族利益。

### （二）以人为本

以人为本是相对于以神为本而言的。中国文化的普遍信念是“人为万物之灵”。虽然在古代，人们由于无法科学地解释一些自然现象而将神作为自己信仰崇拜的对象，但到了周公时代，人们开始从对神的崇拜回到现实，周公就曾说过“天不可信，天命靡常”，即天不可信，信得过的就只有人。而人之所以能称为“万物之灵”，就是因为有道德，中国文化特别重视人与人之间的“道”，以及遵循由这种“道”所形成的“德”。在古代，有资格被崇拜的人有六种，即圣人、成人、贤人、大人、善人和君子。儒家思想作为中国传统文化的主流思想，其核心便是“仁”。孔子说：“富与贵，是人之所欲也，不以其道得之，不处也；贫与贱，是人之所恶也，不以其道得之，不去也。”因此，中国人都以成德建业、厚德载物为理想。在此基础上，一种道德至上的价值取向和文化精神就逐渐形成了。

### （三）尊君重民

中国的农业经济是一种自给自足、相对比较独立的经济模式，这就要求国家的管理必须高度集权，这样才能将这种分散的社会加以整合以便于统治。正如法家学说的集大成者韩非子提出的“事在四方，要在中央，圣人执要，四方来效”，其认为国家的大权，要集中在君主一人手里，君主必须有权有势，方能治理天下。

与此相对应的是重民思想。古代有关民贵君轻的民本思想，认为只有重视人民的利益和生活，注重人民的根本需求，天下才得以保全，社稷才得以稳定。所谓“君舟民水，水可载舟，亦可覆舟”。

因此，中国传统文化既强调民以君为主，又强调国以民为本，是尊君与重民的对立统一。

### （四）中庸之道

中庸是中国传统文化中的一个重要概念，体现了崇尚和谐与统一的社会心理。所谓“中”，即不偏不倚；所谓“庸”，即用。中庸就是待人接物采取不偏不倚、调和折中的态度。它是中国古代的宗法制度和小农经济共同作用下的产物。

中庸之道作为经国之大道，它要求政治上刚柔并济，经济上予民以惠却又不铺张浪费，文化上和而不同；作为一种处世之法，它要求中正平和，至诚守信；作为中国人独有的审美情趣，则体现了一种中和之美，表现在中国古代社会生活的方方面面。

中庸不仅是一种抽象的思想原则，而且是一种修养境界。孔子将中庸视为最高的道德，认为它是超功利的，却又有着极大的功用，这种功用就是达到人、己、物的和谐，使人和事物的发展都能够保持均衡协调。

# 第二节 中国古代商业伦理思想

## 一、中国古代商业的产生和发展

### （一）原始商业的产生

原始社会末期，随着生产力的发展，人们有了剩余产品，开始了物物交换，这种物物交换行为，也就是原始商业。

### （二）职业商人与货币的出现

到了夏朝，商部落的第七任首领王亥积极发展农牧业，使商部落强大起来。他在商丘服牛驯马，发展生产，用牛车拉着货物，到外地与其他部落进行交易，开创了华夏商业贸易的先河。久而久之，人们就把从事贸易活动的商部落人称为“商人”，把用于交换的物品称为“商品”，把商人从事的职业称为“商业”，而王亥也被称为华商始祖。

### （三）商业管理政策的出现

周朝时期，出现了“工商食管”政策，对商业进行集中统一管理。“工商食管”是西周的官营手工业制度。当时的手工业者和商贾都是官府管的奴仆，他们必须按照官府的规定和要求从事生产和贸易。在这种制度下，周王室和诸侯都有官府管理的各种手工业作坊，属司空管辖。这些手工业作坊的各类生产者称为百工，他们既是具有一定技艺水平的工匠，又是从事手工业生产的管理者。所有百工由国家发工资养活，所有百工创造的价值由国家支配。

### （四）商品市场的出现

春秋战国时期，官府控制商业的局面被打破，各地出现许多商品市场和商人。当发现市场存在这样或那样的需求时，商人根据需求，结合当地情况，进行资源配置，再通过这些资源的优化配置，获取最大利润。以市场为中心，以市场为准则，完全遵循市场规律办事，使得私商逐渐成为商人的主体，出现了范蠡、管仲、子贡等大商人。随着商业的繁荣，还形成了许多著名的都会，如临淄、侯马、新郑、下都、咸阳等。

### （五）统一货币与商业初步发展

秦汉时期，由于国家的统一，秦始皇统一货币、度量衡，修建驰道；汉代“开关梁，弛山泽之禁”，并开通了海上和陆上丝绸之路，使得商业获得了初步发展。特别是西汉时期富商大贾周流天下，对外贸易发展，出现了许多中心商业城市，但这一时期的商业总体水平不高。

### （六）都市商业和农村集市的发展

农业经济的发展，手工业的进步，特别是隋朝时贯通南北的大运河的开凿，促进了商品流通范围的扩大。唐代时还出现了柜坊和飞钱。柜坊专营货币的存放和借贷，是我国最早的银行雏形。飞钱类似于后世的汇票。柜坊和飞钱是商品经济发展的结果，为商业提供了便利，也促进了商业的发展。

由此，出现了许多商业发达的城市，除黄河流域的长安、洛阳外，长江流域的扬州、益州也成为繁荣的商业城市。唐代长安城有市、坊，市有两个，即东市和西市。东市肆邸千余，货物山积，商贾云集。由于唐朝政府允许外商在境内自由贸易，因此西市有来自西域、波斯、大食等地的商人。市与坊用围墙隔开，白天定时开市、闭市。

与此同时，农村集市也有了进一步发展，尤其是在水陆交通要道附近，集市不断增多，有些还发展成重要的市镇。

### （七）纸币出现与商业繁荣

宋元时期，农业、手工业的高度发展，为商业的兴盛提供了坚实的物质基础。政府逐渐放松对商品交易的限制，同时水陆交通的便利进一步促进了对外贸易的发展。城市的繁荣，打破了市、坊的界限，商业活动不再受时间的限制。而随着商品种类的迅速增加，许多农副产品和手工业品开始转向市场。北宋时期，出现了世界上最早的纸币——交子，纸币的出现和应用进一步促进了商业的繁荣。元代的大都是政治文化中心，也是繁华的国际商业大都会，“百物输入之众，有如百川之不息”；杭州则是南方最大的商业和手工业中心；泉州是对外贸易的重要港口，经常有百艘以上的海船在此停泊，外国旅行家誉之为世界第一大港。

### （八）商帮的出现

明清时期，由于小农经济与市场的联系日益密切，农产品商品化得到了发展。城镇经济空前繁荣和发展，许多大城市和农村市场都很繁华。其中，北京和南京是全国性的商贸城市，汇集了四面八方的特产。在全国各地，还涌现出许多地域性的商业群体，叫做商帮，其中人数最多、实力最强的是晋商和徽商。

## 二、中国传统文化及其对商业文化的影响

中国的商业伦理主要来源于对中国传统文化有着深远影响的中国古代的一系列思想流派。

### （一）儒家思想与中国商业文化

仁、义、礼、智、信、恕、忠、孝、悌是儒家思想的最主要内容，是约束人们的行为准则，对中国古代乃至今天的商业伦理规范都产生了深远的影响。

#### 1. 仁

仁是儒家思想的核心。仁即爱人，讲究人人平等，肯定人的尊严和生命价值。这种爱人又是推己及人，由“亲亲”而扩大到泛众。以老字号为代表的商业文化，处处体现了这种“爱人”文化，如北京的“全聚德”“同仁堂”等。

#### 2. 义

义原指“宜”，即行为适合于“礼”。孔子以“义”作为评判人们的思想、行为的道德原则。中国古代把那些行为合宜的商人称为“义商”。

#### 3. 礼

礼是儒家思想与文化重要的政治与伦理范畴。在长期的历史发展中，“礼”作为中国封建社会的道德规范和生活准则，对中华民族精神素质的培养起了重要作用。商业文明中倡导的礼貌待客就是“礼”的行为规范在商业领域的体现。

#### 4. 智

智同“知”，是儒家的认识论和伦理学的基本范畴。智是指知道、了解、见解、知识、

聪明、智慧等，其内涵主要涉及知的性质、知的来源、知的内容、知的效果等几方面。关于知的性质，孔子认为，知是一个道德范畴，是一种人的行为规范。

5. 信

信是指待人处事的诚实不欺、言行一致的态度，为儒家的“五常”之一。孔子将“信”作为“仁”的重要体现，是贤者必备的品德，凡在言论和行为上做到真实无妄，便能取得他人的信任。当权者讲信用，百姓也会以真情相待而不欺上。诚实守信、童叟无欺，正是商业伦理的重要体现。

6. 恕

恕包含有宽恕、原谅之意，又含有推己心及人心之意。我们常说推己及人，就是将心比心，能把他人当做自己来看待。正如孔子教诲其学生子贡的“己所不欲，勿施于人”。因此，“恕”不仅是待人接物最好的方法，也是古圣先贤笃行的美德。“恕”还表现在常用同理心来关怀别人，设身处地留意周遭的人，就能化解现实生活中的许多冲突，建立和睦相处、互利互助的人际环境。

7. 忠

孔子认为忠表现为与人交往中的忠诚老实。“己欲立而立人，己欲达而达人。”商业企业也需要时时刻刻为别人着想，心怀全体人类的福祉，只有充满仁慈博爱的精神，才能成就大事业。

8. 孝

孔子认为孝悌是仁的基础，孝不仅限于对父母的赡养，也应注重对父母和长辈的尊重；认为如果缺乏孝敬之心，赡养父母也就视同于饲养犬，乃大逆不孝。孔子还认为父母可能有过失，儿女应该婉言规劝，力求使其改正，而非对父母绝对服从。这些思想正是中国古代道德文明的体现。

9. 悌

悌是指对兄长的敬爱之情。孔子非常重视悌的品德，其弟子根据他的思想，把悌与孝并称，视之“为仁之本”，反映了儒家强调人的社会责任，积极入世，在个人与家庭、个人与国家、个人与社会的关系上，提倡群体意识的思想。

## （二）道家思想与中国商业文化

### 1. 以柔克刚

以柔克刚是道家的一种生存哲学，强调在柔弱中求生存。传说孔子见老子时有个故事：当孔子问老子什么叫礼时，老子没有回答，却张开了口，让孔子看他口中的“道”。他口中有什么道？就是满嘴坚硬的牙齿都已脱落、掉光。可他口中的舌头，却还存在，没有受到任何损伤。这就是老子的“道”——以是否生存，是否具有更为强大的适应能力和生存能力，来作为衡量胜负的标准。在商业领域，企业在市场中的生存能力和适应能力是企业发展的基础。

#### 2. 以弱胜强

以弱胜强是企业在处于不利位置时的自保策略。“田忌赛马”的故事揭示了如何用自己的长处去对付对手的短处，从而在竞技中获胜。客观上中小企业在大多数方面都无法与垄断者抗衡，因此表现得相对强势对这些企业来说至关重要。因为强与弱并不是绝对的，在企业的竞争中，一个有效的竞争策略加上公司资源的合理配置和使用，往往起到决定性的作用，保持核心竞争力是取胜的关键。

#### 3. 祸福相倚

祸福相倚给人以安身立命的警示。道家认为世上一切事物都是既相互对立又互相统一的。财富是把双刃剑，财富越多，个人的人身安全、生命的存在本身就越受到威胁。老子的再传弟子范蠡能够领悟“散财”哲学，而当今一些企业家也深谙此道，把慈善事业作为企业文化之一。

#### 4. 有容乃大

“有容乃大”源自《尚书·君陈》中的“有容，德乃大”，是指谦虚谨慎、胸怀宽广，这是一个人有修养的表现。道家认为水的特性就是道的特性，处于“天下之交”，只有聚于社会的最低位置，天下的财富才会源源不断地聚集到你这里。在商业文化中，商人将自己居于下位，所谓“未曾开口三分笑”“和气生财”“顾客是上帝”“顾客永远都是对的”正是这种思想的写照。

### （三）法家思想与中国商业文化

#### 1. 用法管理百姓、社会、国家

法家提倡用法管理百姓、社会、国家，认为“定分止争”是任何时代法律的基本作用。《慎子》中有个例子就说明了定分止争：“一兔走，百人追之。积兔于市，过而不顾。非不欲兔，分定不可争也。”因此，要保证国家和社会的秩序，就必须依靠法律，商业领域也不例外。

#### 2. 不断超越的思维模式

法家提倡无中生有。商人必须从各个地域的差别中，从各个季节的变化中，从社会环境的改变和人们生活方式的一些细小变化的征兆上，去寻找商机。

### （四）兵家思想与中国商业文化

兵家思想总体来说是一种竞和的思想，认为在有限的资源领域展开较量，双方可以是敌人，但更大程度上是朋友，是合作伙伴。双方只有联合，优势互补，才能赢得更多胜

利。在商业领域，与其进行水火不相容、互相消耗的竞争，不如进行共同发展、做大市场且取利于市场的共赢竞和。竞和思想具体表现为：

1. 以和为贵

以和为贵为中国商人开拓了更为广阔的生存和发展空间。在企业起步阶段，为了自身生存，企业不得不与对手展开竞争，计较一城一地的得失；当到了一定境界，积累了一定财力之后，企业家更应重视的是人生价值的实现，以及如何通过自己的创造和给予，为社会创造财富。

2. 和气生财

在企业经营中，只有讲和气，才能与别人进行更好的、更有效的沟通，即使处于劣势的竞争条件下，也能赢得生意上的合作伙伴与顾客，从而获得最后的胜利。当然，和气并不是怯弱、忍让、卑贱，不只是为了将顾客口袋里的钱掏出来而故意放低姿态，而是为了创造一个更加有利于生财的环境，营造更好的交易氛围。

3. 和而不同

《论语》有云："君子和而不同，小人同而不和。"中国商人具有很强的包容性，能够与各个国家、各个民族的商人和谐共存，一起发展。"和"对商业企业的要求具体表现为：一是保持自己独立的人格，二是允许别人保持其独立性和完整性，三是善于协调关系。只有这样，才能使中国商人在参与国际竞争时，不至于迷失方向，误入歧途。

4. 讲求谋略

兵家讲求的是筹划谋略，所谓"运筹帷幄之中，决胜千里之外"。商场如战场，商战中的市场调研、知己知彼，实施有效的营销策略与及时进行控制，都是取得商战胜利的必要保证。

## （五）墨家思想与中国商业文化

1. 兼而爱之，和而不争

墨家主张的是完全的博爱，这与儒家所倡导的"亲亲"不同，将父慈、子孝、兄友、弟悌等的亲人对待方式，扩展到其他陌生人身上，认为真正联结人类社会的不是血缘，而是爱，并且主张上下一心为人民服务，为社会兴利除弊。兼爱的思想为中国商人提供了一条通向合作共赢的道路。

2. 提倡俭以理财

墨家提倡节用、节葬，认为应通过节约以扩大生产，反对奢侈享乐的生活，也反对儒家的厚葬，认为不应把社会财富浪费在死人身上。在现代社会，一个企业、一个品牌的创立者，一定是俭朴的，不肯浪费一分钱，因为奢侈、浪费是商人的大敌。

## 三、中国古代商业伦理思想的主要内容

中国传统文化反映在商业文化上，也具有悠久的历史以及独特性。4 000 年以来的中华商道是人类商业文化宝库中的一朵奇葩。中国古代优秀的商业伦理规范可归纳为买卖公平、诚信无欺、信誉第一、守义谋利、礼貌待客。

### （一）买卖公平

买卖公平是指买或卖公平合理，互不相欺。买卖公平是以透明及互相尊重为前提的。在开展商品交易活动时，公平交易是古代商人树立信誉的法则。古代商人多数能从长远利益出发，坚持价格公道、买卖自由、薄利多销、互利互惠、诚实经营、公平交易。只有买卖双方不存在相互欺瞒的行为，同时双方的地位平等，互相尊重，才能保证交易的顺利完成并促进后续反复交易的实现。而且，一般情况下，买方往往对商品的来源、成本、质量等信息不知情或者知之不多，因此，更需要卖方的公平和透明。

### （二）诚信无欺

诚信无欺是儒家诚信观在商业领域的体现。它强调待人接物诚实守信，不采用欺诈手段。孔子说过："人而无信，不知其可也。"诚信无欺是中华民族的传统美德，是为人处世的基本准则，也是古代商业从业者对社会承担的义务和职责，是商人在职业活动中处理人际关系的道德准则。古代商人的经商之术就是：诚信经营，童叟无欺。只有这样，才可以在生意场上永远无敌。

### （三）信誉第一

在以儒家思想为主流的社会中，不论是一个人还是一个企业，想要长久立足，信誉是最重要的。信誉第一是指将商业信用和声誉作为商人最重要的行为准则。经商之人只有在言论和行为上做到真实无欺，才能取得顾客的信任，并获得良好声誉。闻名海内的晋商就十分重视商业信誉，史书记载，晋商"轻财尚义，业商而无市井之气"。晋商非常重视职业道德教育，并有严格的惩罚措施。任何一个人如果有欺诈行为，都会为同行所耻、乡里所鄙、亲人所指，并失去经商权，无脸再回故乡。因此，在晋商中，弄虚作假者很少。

### （四）守义谋利

追逐利益是商人的共性，但是要在守住商人的底线的前提下再来谈利益。《觉世名言》中有记载，北京的萃雅楼以"货真价实"四字为经营原则，做到进货时三不买，即低货不买，假货不买，来历不明之货不买；出货时三不卖，即太贱不卖，太贵不卖，买主信不过不卖。诚实经营为萃雅楼赢得了良好的声誉，当时京城从平民到官吏，都慕名前去购货，

这使得萃雅楼的生意日益兴隆。清朝年间的商人舒遵刚曾说过："钱，泉也，如流泉然。"他认为："对人言，生财有大道，以义为利，不以利为利，国且如此，况身家乎。"徽州商人李大皓告诫他的继承者以"财自道生，利缘义取"来严于律己，做到"视不义富贵若浮云"。

### （五）礼貌待客

中华民族是礼仪之邦，历来重视礼貌待客。儒家思想中把"礼"作为调节人际关系的内容。礼貌待客也是我国商业领域的优良传统，是古代商人协调与顾客关系的一个重要手段。"不可因势凌人，因财压人，因能侮人，因仇害人"是古代商人重要的处世准则。只有以诚相待，以礼相待，才能取得客户的信任。

## 四、中国古代的"义商"

中国古代出现了许多优秀的商人，他们不仅能做到公平交易、诚信不欺，而且能济危扶困，乃至爱国济民，这些人身上体现了中国古代的传统商德，被后人称为"义商"。"义商"是古代商人中的道德楷模，体现了商人对道德境界和理想人格的追求，同时也表现了商人为国分忧、为民解难的社会责任意识。

### （一）范蠡

范蠡，春秋末期越国的上将军，在越王最落魄的时候来到越王身边，辅佐越王励精图治，雪会稽之耻，最后成就霸业。范蠡后来功成身退，舍弃高官厚禄，不辞而别，因为他知道越王可以共患难，却不可共欢乐，只有退隐才能自保。他先到了齐国，改名为鸱夷子皮。齐国人知道他有很好的品德和很高的才能，就请他当宰相。他退归林下的决心已下，不久又辞官而去。他到了当时的商业中心陶（今山东的定陶县）定居，自称"朱公"，人们称他为陶朱公。他在这里既经营商业，又从事农业和牧业，很快就表现出非凡的经商才能。据传范蠡在 19 年内有三次赚了千金之多，但他秉承"取之于市场，用之于市场"的理念，仗义疏财，一生之中三次散尽家财给穷苦百姓，用德来支配财富，来反哺社会。他的行为使其获得了"富而行其德"的美名，成为几千年来我国商人的楷模。

范蠡（公元前 536—公元前 448），楚国人，著名的政治家、军事家、道家学者和经济学家。

范蠡提出了一套"积贮之理"，即在物价便宜时，要大量收进。他说"贱取如珠玉"，即像重视珠玉那样重视降价的物品，尽量买进并存贮起来，等到涨价之后，再尽量卖出。"贵出如粪土"，即像抛弃粪土那样毫不可惜地尽量抛出。

范蠡还留下了《陶朱公商训十二则》，这十二条商训成为后世商人重要的经商要诀。即作为商人，应做到：一、能识人。知人善恶，账目不负。二、能接纳。礼义相待，交往者众。三、能安业。厌故喜新，商贾大病。四、能整顿。货物整齐，夺人心目。五、能敏捷。犹豫不决，终归无成。六、能讨账。勤谨不怠，取讨自多。七、能用人。因才器使，任事有赖。八、能辩论。生财有道，阐发愚蒙。九、能办货。远货不苟，蚀本便轻。十、能知机。售贮随时，可称名哲。十一、能倡率。躬行以律，亲感自生。十二、能运数。多寡宽紧，酌中而行。

子贡（公元前520—公元前456），孔门十哲之一。

## （二）子贡

子贡，名端木赐，字子贡，是孔子的得意门生，春秋时期卫国（今河南省鹤壁市浚县）人，政治家，儒商之祖。曾任鲁、卫两国之相。他出身于商人家庭，20多岁继承祖业并开始经商，曾经经商于曹、鲁两国之间。《论衡·知实》记载："子贡善居积，意贵贱之期，数得其时，故货殖多，富比陶朱。"有"君子爱财，取之有道"之风。他由于深谙经商之道，因此非常富有，"家累千金"。同时，能言善辩，反应敏捷，又为他经商创造了很好的条件。子贡也重视诚信经商，"端木遗风"就是指子贡遗留下来的诚信经商风气，为后世商界所推崇。

然而，子贡经商不单是为了发财致富，还与政治目的相联系。他是孔子周游列国经济上的支持者。子贡也是一位有学识的商人，诸侯不但需要他的货物，也需要他的政治见识和才学。经商成为他宣传政治主张和发挥外交才干的重要途径。子贡还是尊师重道的典范，每当孔子遇到危难、遭遇险恶时，子贡总能挺身而出。相传，孔子病危时，子贡未能赶回，他觉得对不起老师，别人守墓三年离去，他在墓旁再守三年，共守六年。

白圭（公元前463—公元前385），洛阳人。被中国古代商人奉为祖师爷。

## （三）白圭

白圭，名丹，字圭，战国时期著名的经济谋略家和理财家，有"商祖"之誉。他曾在魏国做官，后弃政从商。《汉书》中称他是经营贸易、发展生产的理论的鼻祖。他提出贸易致富的理论，善于把握商机，主张根据丰收歉收的具体情况，采用"人弃我取，人取我与"的方法经商。谷物成熟时，收进粮食，蚕茧出产时，收进絮帛，同时出售粮食。白圭对经商的时机把握得恰到好处，靠贱买贵卖来获取利润。

白圭认为真正的商人，不应唯利是图，应当有“智、勇、仁、强”四种秉性。他认为，经商致富，就要像伊尹、吕尚那样筹划谋略，像孙子、吴起那样用兵打仗，像商鞅推行法令那样果断。如果智不能权变，勇不足以决断，仁不善于取舍，强不会守业，就没有资格去谈论经商之术。这一经营准则，直到今天仍为商界广泛运用和提倡。为掌握市场的行情及变化规律，白圭经常深入市场，了解情况，对城乡谷价了如指掌。白圭虽为富商，但生活俭朴，经常与他的奴仆们同甘共苦。

### （四）弦高

弦高，春秋时期郑国的一位行商，经常来往于各国之间做生意。作为商人，弦高深知国家的安危对自己事业发展的重要作用，因此，他对国家的存亡非常关注。公元前 627 年，他去周王室辖地经商，途中遇到秦国军队，当他得知秦军要去袭击他的祖国郑国时，便一面派人急速回国报告敌情，一面伪装成郑国国君的特使，以 12 头牛作为礼物，犒劳秦军。秦军以为郑国已经知道偷袭之事，只好班师返回。郑国因此避免了一次灭亡的命运。当郑国君主要奖赏弦高时，他却婉言谢绝。他认为，作为商人，忠于国家是理所当然的。他也因此成为历史上爱国商人的典型代表。

### （五）卜式

卜式，西汉武帝时的大臣，以牧羊致富。汉武帝为政期间，匈奴屡犯边界，卜式上书朝廷，愿以家财的一半捐献国家抗击匈奴。他说：“天子诛匈奴，愚以为贤者宜死节于边，有财者宜输委，如此而匈奴可灭也。”（《史记·平准书》）卜式还广施钱财救济家乡贫民。朝廷听闻他慷慨好施，赏以重金，召拜为中郎。他又把赏金全数捐助府库，虽然他官至中郎，但仍穿着布衣和草鞋在山中为皇家牧羊。

# 第三节　中国近代商业伦理思想

## 一、中国近代经济社会出现的新阶层

鸦片战争使中国开始沦为半殖民地半封建社会，并促进了自然经济的解体。中国经济社会出现了一些新的变化：一方面，国内出现了买办商人阶层；另一方面，也出现了民族工商业资本家阶层。

## （一）买办商人阶层

“买办”一词是葡萄牙语“Comprador”（康白度）的意译，意为采买人员，原指欧洲人在印度雇用的当地管家。后将殖民地半殖民地国家中，替外国资本家在本国市场上服务的中间人和经理人统称为买办。从本质上讲买办即经纪人。

鸦片战争后，中国沦为半殖民地半封建社会，闭关锁国的局面被外国列强打破，欧美国家的商行、公司、银行为了掠夺中国人的财富，纷纷在中国设立分理处或代理机构，并雇用中国人为这些机构工作。因此，一般将外国资本家在当时的中国设立的商行、公司、银行等所雇用的中国经理称为买办。这类被外商雇用的商人通常外语能力强，一方面可作为欧美商人与中国商人的翻译，另一方面可进行欧美国家商界与中国政府之间的双向沟通。

买办阶层作为中国历史上一个特殊的经纪人阶层集团，具有洋行雇员和独立商人的双重身份，既得到外国势力的庇护，又可以代洋行在内地买卖货物或出面租赁房屋、购置地产，成为西方国家在政治上和经济上侵略和控制中国的工具。买办阶层既经营钱财的进出和保管，也参与业务经营和商品交易事宜，并代表洋行与中国商人商定价格，订立交易合同，取得双方的信任。他们逐渐成为外商对华贸易的代言人。

唐廷枢（1832—1892），中国近代著名的洋行买办，清代洋务运动的代表人物之一。

买办阶层推动了中国的洋务运动，催生了中国的民族资本主义。从清末至1949年中华人民共和国成立前，买办阶层与官僚、资本家结合在一起，形成官僚买办资产阶级。在晚清，唐廷枢、徐润、郑观应和席正甫并称“晚清四大买办”。

被称为中国买办第一人的是唐廷枢。1832年5月19日唐廷枢出生于广东香山县唐家村（今珠海市唐家湾镇）。少年时期，曾在香港的马礼逊教会学堂接受过六年的殖民教育，学得一口流利的英语。1851年起，他在香港英国殖民政府当了七年翻译，后又在上海海关担任了三年高级翻译。1861年他离开上海海关，在怡和洋行代理生意，两年后，接任买办。在担任怡和买办的十年中（1863—1872），他除了为怡和洋行管理库款、收购丝茶、开展航运以及在上海以外的通商口岸扩大洋行业务之外，还为他的老板投资当铺，经营地产，运销大米、食盐，甚至涉足内地的矿产开采。出于买办业务和自营商业的两种需要，他又在洋行之中，设立了自己的事务所。

随着自身经济实力的增强，唐廷枢开始参加外国在华企业的参股活动。他在进入怡和洋行后的第五年，就参股于洋行经营的谏当保险行。他还成为华海轮船公司的最大股东之一，不但进入了该公司的董事部，而且担任了公司的襄理①。他也参股了成立于 1867 年的公正轮船公司和成立于 1868 年的北清轮船公司以及美国琼记洋行的苏晏拿打号轮船和两家小洋行——马立司洋行与美记洋行的船队。

1873 年，唐廷枢离开了怡和洋行，参与了当时以北洋大臣、直隶总督李鸿章为后台的轮船招商局的改组工作，对洋务派的官僚企业实施官督商办。随着洋务派官僚企业活动的扩大，唐廷枢在洋务派官僚心目中的地位也日益提高。1876 年，他受李鸿章的委派，开始筹办开平煤矿。

作为中国近代历史上著名的买办和清末洋务运动的积极参与者，唐廷枢的一生对创办近代民族实业和推动民族经济发展，作出过重要的贡献。

### （二）民族工商业资本家阶层

鸦片战争失败后，清政府与西方列强签订了一系列不平等条约，使中国知识分子更强烈地体会到国仇家恨。甲午中日战争后，帝国主义列强竞相对华进行资本输出，进一步破坏了中国自给自足的自然经济，为民族资本主义的发展提供了客观条件。在严重的民族危机的刺激下，许多人纷纷呼吁“设厂自救”和“实业救国”，把商业利益与民族利益、国家利益紧密地结合起来，形成了中国近代民族商业资本家阶层。其中出现了一批杰出的人物，如郑观应、陈启元、刘鸿生、张之洞、张謇、卢作孚、范旭东等。他们从事工商业活动，除了盈利，更主要的是为了实现自己的理想抱负，振兴民族经济，挽救国家危亡。毛泽东曾称赞张之洞、张謇、卢作孚、范旭东为中国近代“四个不能忘记”的人物。

张之洞（1837—1909），贵州人，晚清四大名臣之一，洋务派的主要代表人物。

张　謇（1853—1926），江苏人，中国近代实业家、政治家、教育家，主张“实业救国”。

卢作孚（1893—1952），重庆人，中国著名爱国实业家、教育家、社会活动家、农村社会工作先驱。

范旭东（1883—1945），湖南人，中国化工实业家，中国重化学工业的奠基人，被称作“中国民族化学工业之父”。

同时，近代商业民族资本家阶层中的许多人都受过良好的教育，也接触过西方近代的一些先进文化，他们中的一些人到过国外留学，有些则多次出国考察国外的企业，在发展

① 襄理：旧时规模较大的银行或企业中协助经理主持业务的人，地位次于协理。

民族工商业的过程中，积极借鉴西方科学的企业管理和先进的经营方式。如荣氏兄弟（荣宗敬、荣德生）在企业中用工程师制取代了工头制，张謇在企业中实行成本计算制的成本管理，穆藕初制定了一系列厂规、厂纪等企业管理制度。民族工商业资本家将西方科学的经营管理内容与中国传统的商业伦理思想有机结合，形成了中国近代商业伦理思想的方向。

荣德生（1875—1952），江苏无锡人，原国家副主席荣毅仁之父，民族工业巨擘，中国著名的民族资本家、慈善家、民族实业家。

## 二、中国近代商业伦理思想的主要内容

中国近代商业伦理思想是在继承了传统商业伦理思想的基础上，在中国近代半殖民地半封建社会的特殊历史背景之下形成的。在"实业救国"的旗帜下，我国近代商人的价值观中逐步融入了爱国主义精神和科学管理等新的内容。中国近代商业伦理思想主要表现在以下几个方面：

### （一）维护民族利益，实业救国

近代的许多民族资本家把商业活动与民族救亡、富国强兵有机地结合起来，在他们身上体现了民族主义和爱国主义精神。如著名慈善家、民族实业家荣氏兄弟，坚持"以德服人"的思想原则，荣德生手书的对联"意诚言必中，心正思无邪"正是他们人品和商德的最佳写照。他们先后创办了保兴面粉厂和申新纺织公司等民族工商企业，从事纺织、面粉、机器等工业 60 年，在国内外市场上享有盛誉。荣氏兄弟为中国民族面粉工业、纺织业的发展立下了汗马功劳，享有"面粉大王""棉纱大王"的美誉。在新中国成立前夕，荣德生不愿与国民党仓皇出逃，明确表示"不离开大陆"，并阻止三子将申新三厂搬迁至台湾，使得企业的绝大部分机器设备得到了完好的保存，为新中国留下了一大笔宝贵的社会财富。解放军渡江前夕，他派代表与共产党联络，迎接解放，体现了进步民族资本家以民族利益为重的高风亮节。

### （二）坚持"义在利先""至诚待人""信誉第一""薄利多销"等原则

近代民族工商业资本家继承了中国传统的商业伦理思想，用"义在利先"的原则赢得消费者，用诚信取信于市场。如北京同仁堂是国内最负盛名的老药铺，它是由乐显扬于 1669 年创建的一家药店，历经数代，载誉三百余年。历代同仁堂人始终恪守"炮制虽繁必不敢省人工，品味虽贵必不敢减物力"的古训，树立了"修合无人见，存心有天知"的自律意识，形成了制药过程中小心谨慎、精益求精的严谨精神，其产品以"配方独特、选料上乘、工艺精湛、疗效显著"而享誉海内外，体现了近代商业伦理中义在利先、至诚至

信的思想。

### （三）坚持仗义疏财、恤孤济贫、及时行善、造福社会等善行

由于怀抱爱国的理想，同时受传统文化中儒家思想的影响较为深刻，中国近代许多民族资本家中，用“经世济民”的价值追求将自己的经营活动与国家的利益结合起来，将经营工商业所得用于兼济天下、造福社会的大有人在。如被称为“状元实业家”的民族资本家张謇，一生创办了 20 多个企业、370 多所学校，为我国近代民族工业的兴起和教育事业的发展作出了宝贵贡献。毛泽东在谈到中国民族工业时曾说：“轻工业不能忘记张謇。”张謇在 1894 年考中状元，授翰林院修撰。1904 年，清政府授予他三品官衔。后因目睹列强入侵，张謇毅然弃官，走上了创办实业和发展教育的救国之路。他在江苏南通创办大生纱厂，并以家乡为基地，努力进行发展近代纺织工业的实践，为中国民族纺织工业的发展和壮大作出了重要贡献。他建学堂、开交通、造公园、兴水利、办慈善，仅大生纱厂为企业和公益事业的垫款就达 70 多万两白银。1905 年，与马相伯在吴淞创办了复旦公学（今天复旦大学的前身）。他的“实业救国”虽不能挽救旧中国的危亡，但却有利于当时社会经济和文化的发展。

### （四）以勤俭道德修养立身

近代商人多以勤俭道德修养立身，继承了传统商贾所信奉的诚信、勤俭的行商信条，具有勤勉意识，勤俭创业者比比皆是。如近代著名的商帮晋商，大部分起家于贫寒：渠家起家于小贩，王家起家于卖豆腐，常家则起家于背着褡裢小买小卖的行商。但是晋商却行贾万里，勤勉的踪迹遍布全国和近邻俄罗斯、日本等国，成为当时最大的商帮。李长春同志曾把“晋商精神”精辟地概括为十六个字：节俭勤奋、明理诚信、精于管理、勇于开拓。

## 课堂活动：寻访当地的百年老字号企业

**背景资料：**在当地食品、医药、制鞋、百货等行业中寻找一家百年老字号企业，搜集该企业的发展历史资料以及老字号的商训，分析该老字号的企业文化。

**分析执行：**首先是团队讨论并确定拟寻访的百年老字号企业，然后通过搜集该企业的资料和实地调研，分析老字号延续与发展的原因以及老字号企业文化的主要内容。

**活动记录：**

表 2-1　老字号企业分析

| | |
|---|---|
| 基本资料 | 成立年份： |
| | 地址： |
| | 所属行业： |
| | 规模： |

续前表

| | |
|---|---|
| 商训 | |
| 企业文化 | |

# 第四节 中国当代商业伦理思想

## 一、当代商业伦理思想的基本来源

### （一）传统商业伦理思想

中国传统文化源远流长、博大精深。在数千年的文明史上，中华民族不仅创造出了大量优秀的文明成果，而且形成了丰富而发达的商业伦理精神体系。其中，很多著名的商业伦理思想直到今天仍有可资利用的价值，对当代企业进行商品经营、增强企业竞争力，都具有十分重要的意义。在我国传统文化中，最具有现代价值的要数“说一不二”“童叟无欺”“取信于民”的诚信精神，“守义谋利”“信义服人”的道德信条以及“慎终如始”的责任态度。一些有着悠久传统和良好声誉的百年老店，传承了传统商业文化中的精华，在经营、管理和销售中始终如一地贯彻以诚为本、取信于民、交往有信的道德信条，形成了一套流传百世、经久不衰的经营理念。例如：尽职修业，贾法廉平，诚信无欺，货真价实，公平交易，斗秤无欺，“仁义经商，义财方取”“诚招天下客，信纳万家财”“买卖不成仁义在，一团和气福自来”。直到今天，这些道德信条和理念依然是衡量企业和商人是否优秀的不变准则。

### （二）西方商业文化的合理成分

21 世纪是经济全球化和信息经济时代。经济全球化是全球范围内商品经济高度发展的产物，它意味着人类的经济活动已超出民族、地域和国别的范畴而成为跨国和国际活动。经济全球化背景之下的中国当代商业伦理，也同时需要吸收西方商业文化中的合理成分。西方商业文化突出表现在：人格独立与精神自由，权利平等与交易公平，信守合约与履行承诺等方面。其中，尤其重视对契约的尊重和信守，并通过法律保障商业信用，将诚信原则法律化。从劳动力的购买到市场交易中货款的支付，再到复杂的金融信贷、保险交易、票据流通、证券买卖等，均需要靠基于相互信任基础上的诚信和商人的自觉自律来维持。在罗马法中，债务人不仅要承担契约规定的义务，而且要承担诚实、善意的补充义务。《瑞士民法典》则在总则中将诚实信用原则规定为民法的基本原则。西方清教徒商人中也流行这样一句格言："诚实是最精明的行为。"信用制度的建立，遏制了商业活动中投机取巧、狡黠奸诈的行为，保证一切都从商业利益的角度出发，最大限度地保护商业并促进贸易。

### （三）社会主义市场经济的本质要求

市场经济是人们从事经济活动以及相关社会活动的重要领域，是人类文明的共同成果。社会主义的本质决定了中国的市场经济是具有社会主义性质的市场经济，它具有市场经济的一般特征，即平等性、竞争性、法制性、开放性。作为市场领域有机组成部分的商业领域，同样需要在相应的法律规范和司法保障下健康发展和正常运转，需要在坚持公有制主体地位和实现共同富裕为根本目标的前提下，开展各类商业活动。

改革开放后，中国处于经济高速发展时期，伴随着经济大潮，商业领域出现的伦理道德问题也日益增多，媒体不断地曝光企业的伦理道德失范事件，如三聚氰胺事件、皮革奶事件、毒胶囊事件等，以及不断出现的假酒、黑心棉、毒大米等事件，严重危及消费者的身体健康甚至生命安全，也阻断了企业和消费者之间的信任关系。但市场经济归根结底是一种信用经济，信用是市场经济运作的基础，是市场有序化的基本保证。商业伦理建设有助于建立规范、有序、文明的市场经济秩序，有助于市场机制的正常运转。因此，经济转型过程中商业领域出现的一切伦理问题必然会得以纠正，这既是当代商业伦理建设的需要，也是社会主义市场经济建设的要求。

## 二、中国当代商业伦理思想的主要内容

当代中国商业伦理是一种和社会主义市场经济相适应，与现代法制规范相协调，与传统商德相承接的新型商业伦理思想，是社会主义道德的核心、原则和具体规范在商业领域的贯彻和具体应用。

### （一）义与利的统一是商业伦理起码的要求

义与利，是中国传统伦理学中两个重要的伦理学范畴，义与利的统一无论在古代还是在现实社会中都有着十分旺盛的生命力。取利以义、见利思义的主导思想，对调整社会的利益关系、规范商业行为以及构建商业伦理价值体系有着极其深远的现实意义。在商业领

域强调义与利的统一，有利于抵制商业企业的利己主义，纠正见利忘义的弊病，规范商业行为，并以此确立商业经营指导思想和根本原则。

当前市场经济条件下，在市场利益最大化的驱动下，功利化的价值取向得到强化，一些人的趋利、逐利行为，不但不合于道德（义），甚至不合于法。在拜金主义、享乐主义日渐抬头的今天，很有必要以“义以为质”“义以为上”来洗涤人们的心灵，约束企业的行为。任何社会都存在社会与个人的关系问题，反映在商业领域就是企业与消费者的关系，这一问题的核心就是社会整体利益与个人利益或小团体利益的关系。义与利的统一倡导个人或个别企业的私利应服从于社会公利。任何一个社会，要保护商业秩序的稳定以求得发展，都要求经营者的个人利益服从于社会利益。一些把自身利益无限放大，见利忘义，采取反伦理、反社会的方式，不择手段地掠夺黑色利润的企业和商人必将受到整个社会的唾弃。

### （二）信誉是企业的生命，高于一切

信誉是建立社会主义市场经济的必备条件之一。遵守商业信誉首先要真诚、严格履约。“人无信不立，事无信不成”，信守诺言、履行合同是商业信誉的一种表现。商业合同受到法律的保护，毁约、违约的行为既会受到法律的制裁，又是商业伦理所不容许的，会受到社会的谴责。遵守商业信誉其次要重视维护供应商、生产商、消费者、合作者的利益。如发现在契约中和销售商品的过程中存在不利于对方或商品有缺陷甚至不合格的情况，应主动提出收回、退换并补偿对方的损失。特别是在零售商业中，零售企业与零星购物的顾客之间并无什么书面合同，更需要企业从维护消费者利益的角度出发，保证商品的质量。

### （三）提供优质产品和服务

优质产品能为企业带来美誉度，并通过口碑传播，赢得更多的消费者，从而最终使企业盈利。商业企业应通过满足人们不断提高的物质和精神需要，提高市场占有率，提升企业效益。一方面，企业作为社会人的角色，其存在和发展的价值，就是为了满足人们的需要，为人民服务；另一方面，企业也在为人们服务的过程中取得了回报——盈利。企业提供的商品只有做到货真价实，才能赢得更多的消费者。为了做到货真，必须坚持商品质量标准；为了做到价实，必须严格掌握国家和市场有关的价格政策和规定。同时，企业要通过主动、热情、耐心、周到的服务，获得更多消费者的光顾，从而获得更多的盈利。

### （四）促进社会进步

企业依存于国家和社会发展，对国家和社会必须履行应尽的义务，承担社会责任。企业社会责任（简称 CSR）是指企业在创造利润、对股东承担法律责任的同时，还要承担对员工、消费者、社区和环境的责任。企业的社会责任要求企业超越把利润作为唯一目标的

传统理念，强调在生产过程中对人的价值的关注，强调对消费者、对环境、对社会的贡献。支持社会公益事业，将慈善机构作为牢固的合作伙伴，把社会信息融入广告宣传中，把一项新的社会活动整合到当前的战略中。

同时，随着经济的深入发展和环境保护意识的日益增强，消费者对商品的安全与健康要求越来越高，体现出绿色消费的趋势，对企业是否履行环境保护责任，在商品生产和销售过程中能否做到节能、减排等要求越来越强烈。保护环境，培育绿色市场，提高整个社会的生态消费意识，促进人的全面发展和社会进步，也成为商业道德追求的崇高目标。

# 第五节　中国的商帮文化

## 一、中国商帮的崛起

动画

商帮文化

商帮一般是指以地域为中心，以血缘、乡谊为纽带，依靠得天独厚的物质资源、地理优势以及深厚的文化基础，在发展过程中逐步形成的商人集团。伴随着几百年来商品经济的发展，商品行业种类和数量的增多，商人队伍日益壮大，竞争也日益激烈。在特定的经济、社会背景下，商人利用他们天然的乡里、宗族关系联系起来，互相支持，和衷共济，形成具有血缘性和地域性的商业集团，即商帮。同时，商帮成为市场价格的接受者和市场价格的制定者和左右者，在规避内部恶性竞争、增强外部竞争力的同时可以在封建体制内利用集体的力量更好地保护自己。商帮即在这一背景下应运而生。

真正意义上的中国商帮则形成于封建社会末期。明清时期，民间商业资本积累空前巨大，各地商人形成了许多大大小小的地区性商帮，主要有徽商、晋商、闽商、广商、宁波商、洞庭商、龙游商、江西商、山东商、陕西商，合称十大商帮。

中国的十大商帮从崛起的原因上来划分，可分为三类：第一类也是大部分是诞生于山稠田狭、人多地少的自然条件恶劣的地区，这里的农业发展不能供应本地人的基本生活需求，因此“舍本逐末”走出山外以做生意来糊口，大批外出做生意的本地人，随着生意的做大，逐渐形成商帮；第二类是由于本地资源丰富、交通便利，是天然的商品集散地，因此利用本地的资源优势逐渐集聚起的商人群体所形成的带有地域特征的商帮；第三类是利用地理优势开展外贸活动而形成的商帮。

## 二、中国商帮文化的特征

我国的商帮文化是最古老、最具中国特色的区域企业文化。商帮的兴起，说明了区域文化对从事商业活动的个人及群体的影响，不同的区域文化孕育了不同的经济形态和相应的经济人格——商人的不同理念和行为所形成的独有的商业气质。如山西商帮的“守信不欺”，徽州商帮的“信以为先”，宁波商帮的“长袖善舞”，广东商帮的“冒险犯难”，福建商帮的“积极进取”，山东商帮的“稳中取胜”，陕西商帮的“克勤兴业”，洞庭商帮的“因时逐利”，江西商帮的“讲究商德”，龙游商帮的“无远弗届”，均体现了不同地域商帮各自的文化特征。

当然，带有各自地域特征的中国商帮，作为受中华传统文化深刻影响的商业集团，也具有共同的价值观和文化特征，主要表现在：

（1）大部分商帮出自自然条件恶劣的地区，经过艰苦奋斗，白手起家，日积月累，最终做大做强。因此，他们养成了艰苦创业的精神。

（2）在中国传统文化的影响下都秉承了一些共同的价值观和经营理念，如诚实守信、敬业勤劳、群体精神、勇于创新、灵活经营、不断进取等精神，而这些精神恰恰体现了中国传统文化中的儒家思想。

（3）主张君子爱财，取之有道，不能舍义取利、见利忘义。在物质生活方面，都崇尚勤俭持家、劳动致富，反对骄奢淫逸、铺张浪费。

**表 2-2　中国明清时期十大商帮的地域分布及经商特点**

| 商帮名称 | 所在地域 | 经商特点 |
|---|---|---|
| 山西商帮 | 山西 | 以诚信著称，崇尚“管鲍遗风” |
| 徽州商帮 | 徽州（今安徽黄山地区） | 以诚待人、以信接物、以义为利 |
| 陕西商帮 | 陕西 | 善捕商机、敢作敢为 |
| 洞庭商帮 | 今苏州市西南太湖中洞庭东山和西山 | 善于更新观念，重视依托家乡 |
| 江西商帮 | 江西 | 积极活跃、不避艰险 |
| 山东商帮 | 山东 | 仗义、吃苦耐劳、稳重实干 |
| 广东商帮 | 广东 | 胆大务实、精明灵活、擅长贸易 |
| 福建商帮 | 福建 | 诚实信用、善用关系 |
| 宁波商帮 | 宁波 | 勇于冒险、以信为本 |
| 龙游商帮 | 浙江中部 | 诚实守信、亦贾亦儒 |

资料来源：盛唐集团网，http://www.stsyjt.com/content.aspx? id=640394246071。

案例分析

### 商业发展需要传统文化支撑

天下兴亡，企业有责。当前，关于世界商业伦理的思辨越来越热，中华优秀传统文化在世界商业伦理的探索中的作用越来越大，也面临着前所未有的历史机遇。2017 年初，国务院办公厅正式公布了《关于实施中华优秀传统文化传承发展工程的意见》，首次以中央文件形式，专题阐述了中华优秀传统文化传承发展工作，而作为社会生产生活主体的广大企业，正是融入传统文化教育的最重要场域之一。作为现代儒家管理的践行者和中华优秀传统文化的倡导者，方太集团的经验在于借助中华优秀传统文化做好企业公民，不仅仅将自身视为一个经济组织，还将企业定位为一个企业公民组织，在企业发展的过程中不断利用优秀传统文化修正自身竞争力，这样的和谐发展模式赢得了更多人的认同。历经20余年稳健发展，今天方太已经成为中国高端厨电领域当仁不让的领导者。在文化创新上，方太致力于传承和推广中华优秀文化，在现代儒家管理模式上走出了可贵的一大步。方太用自身的发展道路告诉外界，企业重视商业伦理建设可以更加务实，并且可以用成果来检验。目前疫情发生后，全球经济尚处在缓慢复苏的关键阶段，许多企业经营者都感受到了前所未有的压力，此时，逆境求发展的最佳方案并不是打败多少竞争对手，而是向内求，从文化血脉中找到立身处事的智慧指引，以此练好内功少走弯路。

资料来源：根据“传统文化对商业伦理有着不可磨灭的重要性”（https://www.sohu.com/a/137975412_565988）等相关资料改编。

**问题**

1. 如何理解国家层面提出“传承优秀传统文化”的动机？
2. 企业层面该如何践行中华优秀传统文化？

## 自测题

### 一、判断题

1. 祸福相倚、有容乃大是儒家思想的精髓。（　　）
2. 墨家的独善其身，兼济天下，成为中国商人一种理想的修身方式与精神寄托。（　　）
3. 在中国近代，有“状元实业家”之称的是荣毅仁。（　　）
4. 在中国近代，那些替外国资本家在中国市场上服务的中间人和经理人被称为买办。（　　）

### 二、单选题

1.（　　）被称为商人的始祖，被奉为文财神。

A. 文仲　　B. 范蠡　　C. 乔致庸　　D. 胡雪岩

2.“生意要勤快，切勿懒惰，懒惰则百事废；用度要节约，切勿奢华，奢华则财钱竭”反映出的经商之道是（　　）。

A. 诚信　　B. 勤奋　　C. 节俭　　D. 勤俭

3. 孔子的名言“己所不欲，勿施于人”之所以在商业领域也能流传至今，是因为它道出了企业营销道德的一个原则，即（　　）。

A. 公平竞争　　B. 互利与合作　　C. 优质服务　　D. 集体主义

## 三、简答题

1. 简述中国古代商业产生和发展的历史。
2. 列举中国明清时期的十大商帮。

# 第三章 西方商业文化与伦理

## 素质目标

养成节俭、公正、诚信等商业意识，确立创新观念、社会责任意识、竞争合作意识和可持续发展观。

## 知识目标

了解西方商业伦理思想的演变历史，掌握西方商业伦理思想中的合理成分。

## 能力目标

能批判地分析、思考西方商业伦理思想，提升辨证思维能力。

## 大家来讨论

### 哥伦布与《圣塔菲协议》

克里斯托弗·哥伦布（1451—1506）是意大利航海家、探险家，因发现新大陆（美洲）而名垂青史。在当时，东方盛产香料和黄金，传说中非常富有。欧洲通向东方印度和中国的陆路，由于中东经历着连年战争，几乎中断。葡萄牙人开辟的新航路，沿着西海岸向南，绕过南非的好望角往东方，但路途遥远，风暴连连。于是，哥伦布打算向西航行，到达东方得到他奉为宝贝的香料和黄金。但在当时没有几个人相信地球是圆的，这是一条从来没有人走过的探险路线，是一个高风险项目。

哥伦布要实现自己向西航行到达中国的梦想，必须借助王室的支持和财力资源等。哥伦布花了 7 年的时间，四处奔走，向葡萄牙王室、英国王室，以及无数欧洲王公贵族推销他的探险计划，但均无收获。1486 年，在一位伯爵的引见下，他见到了西班牙伊莎贝拉女王。女王组织了一个委员会来审查他的探险航行计划，但委员会始终怀疑哥伦布计划的可行性。直到 1492 年，一名有影响力的皇家司库最终说服了女王，决定投资哥伦布的探险计划。于是经过 3 个月的讨价还价，哥伦布与伊莎贝拉女王签订了历史上著名的《圣塔菲协议》，协议规定：（1）女王陛下任命哥伦布为他行将发现或获得的一切海岛和陆地的统帅，并且可以世袭；（2）任命哥伦布为他行将在所述海洋上发现或获得的陆地和海岛的副王和总督；（3）对在这些地区得来的一切黄金、白银、珍珠、宝石、香料及其他商品，他都可以分得 1/10，并且一概免税。此外，哥伦布还得到了海军上将军衔和“唐”这个贵族称号，并由国家资助他的探险。

带着女王授予的海军上将的任命状和收益分配契约，哥伦布率领女王出资的三艘帆船向西驶入了大西洋腹地。最终哥伦布和他的船员完成了一次伟大的探险，首先发现的美洲陆地是今天的巴哈马群岛，那是一块欧洲人从未知晓的新大陆。后来，伊莎贝拉女王兑现了向哥伦布允诺的所有物质和精神奖励。不过，女王似乎从这个成功的投资中得到的更多。不仅得到了一个新大陆，而且得到了巨额的财富。据统计，从 1502 年到 1660 年，西班牙从美洲得到 186 吨注册白银和 200 吨注册黄金。到 16 世纪末，世界金银总产量的 83%被西班牙占有。

西班牙女王与哥伦布签订的《圣塔菲协议》可算是人类历史上第一份国王与臣民之间的协议。这在“普天之下，莫非王土；率土之滨，莫非王臣”的封建专制时代，有点不可思议。但在这里，女王伊莎贝拉和平民哥伦布本质上都是为自己利益奋斗的商人，这种堪称公平的合作博弈的思维方式和行为方式，就是“契约”。

资料来源：http://data.book.hexun.com/chapter－5691－2－3.shtml.

**请思考：**

为什么伊莎贝拉女王可以与哥伦布这样一个普通百姓坐下来讨论风险和利益分配的问题？这体现了资本主义萌芽时期西方商业社会中怎样的一种伦理法则？

# 第一节 西方伦理思想的形成与发展

## 一、古希腊、古罗马奴隶社会的伦理思想

伦理思想一般有两个含义：一是指人们头脑中所形成的道德观念、道德意识；二是指这种观念的理论表现。西方伦理思想最早产生于西方文明的源头古希腊社会时期。

古希腊罗马哲学家们的伦理思想是奴隶社会伦理思想的典型代表。在这个时期，较早的赫拉克利特的思想已在事实上提出了个人行为和社会整体的关系问题。在波希战争以后，围绕道德和利益的关系问题（如什么是“善”，什么是“幸福”等），以德谟克利特为代表的唯物主义哲学学派与以柏拉图为代表的唯心主义哲学学派，展开了长时间的辩论。就其基本倾向来看，德谟克利特路线一般坚持从现实利益的角度说明道德，在维护奴隶主阶级的整体利益的同时，也比较能注意广大平民的个人利益；柏拉图路线则否认道德同社会物质生活条件的联系，往往用抽象的虚伪说教压制平民的进步要求，抹杀奴隶作为人的起码的生活需要。在古希腊罗马伦理思想的发展中，亚里士多德的贡献是不可磨灭的，他坚持德谟克利特路线的伦理学倾向，并进行了广泛而有成效的探究，从而在总结前人研究成果的基础上，形成了较为系统的伦理思想。他认为：人生的目的是追求至善，但至善不是抽象的、神秘的“善的理念”，而是现实的幸福。他认为幸福是合乎理性的活动，“是善德的实现，也是善德的极致”，而人生的幸福需要具备三个条件——身体、财富和德行，特别强调德行条件。他强调理智的德行和道德的德行二者的结合，强调社会实践和行为习惯，反对先天道德论。他的《尼各马可伦理学》是西方伦理史上第一部系统的伦理学著作，在西方伦理思想史上第一个建立了较为完整的伦理思想体系，为伦理学成为相对独立的科学奠定了基础。

亚里士多德（Aristotle，公元前 384—公元前 322），古希腊伟大的哲学家、科学家和教育家，堪称希腊哲学的集大成者。著有《工具论》《物理学》《形而上学》《伦理学》《政治学》。

## 二、中世纪封建社会的伦理思想

欧洲封建社会的伦理思想，是在封建专制和基督教神权统治下发展起来的。在这个历史阶段，伦理学和其他学科一样，不过是神学的“婢女”，所有道德问题都变成了神学问题。欧洲中世纪基督教神学、教父哲学的代表人物奥古斯丁的伦理思想对善恶起源与自由意志进行了阐述。他认为：上帝作为至善，是一切善的根源；伦理上的恶，源于人滥用了上帝赋予人的自由意志。只有上帝的恩典才能使人重新获得善良意志，并最终得到拯救。基督教的伦理思想，主要围绕两个问题展开：一是善恶来源问题，二是人应不应该追求现实幸福的问题。他们大多坚持奥古斯丁的“原罪”说，认为人生来是有罪的、无德性的，只有向上帝

圣·奥勒留·奥古斯丁（Saint Aurelius Augustinus，354—430），古罗马时期天主教思想家，欧洲中世纪天主教神学、教父哲学的代表人物。在罗马天主教会，被封为圣人和圣师。著有《忏悔录》《论三位一体》《上帝之城》《论自由意志》《论美与适合》。

忏悔，才能因得到“神的启示”而具有德性。他们都以禁欲主义为信条，要求人们轻视尘世中的快乐，去追求“天国”中的“永恒幸福”。中世纪的伦理学，虽然更重视道德的准则性方面，即人与人、人与神之间关系的研究，相对于古希腊罗马伦理学，在某种程度上也可以说是一个进步，但是，它在把道德推及人与人之间的关系准则的同时，又把道德推出了整个现实世界之外，从而使道德问题完全成为神学问题，这可以说又是伦理思想的一个退步。

## 三、资本主义社会的伦理思想

人类进入资本主义社会以后，特别是当无产阶级从“自在”阶段上升到“自为”阶段以后，伦理学不再为统治阶级所垄断，除了资产阶级的伦理思想体系外，也逐步形成了无产阶级的伦理思想。这里只分析资产阶级的伦理思想。

14 世纪以后，随着资本主义经济关系的发展，欧洲逐渐形成了与宗教伦理思想相对立的资产阶级伦理思想。资产阶级思想启蒙运动，逐渐把人的精神和思想从封建统治和神学道德的精神桎梏中解放出来，使人摒弃神学道德的虚假戒条，认识人自身的本性，追求个人自身的现实幸福，实现个人的人生价值和个性的自由发展。在这个历史阶段，资产阶级的思想家们不仅广泛地研究了道德问题，而且力图克服古希腊、古罗马伦理思想和中世纪伦理思想的片面性，重视主体德行和客观法则的统一，比较深入地理解和探讨了道德与利益的关系以及个人利益与社会利益的关系问题，建立了更加完整的伦理体系。在这个探索过程中，唯物主义者和唯心主义者的分歧也是很明显的。以爱尔维修为代表的唯物主义哲学家们，强调理性和功利，并试图通过理性实现个人利益与公共利益的协调，即合理利己主义观点，把人的所谓“感性的印象和自私的欲望、享乐以及正确理解的个人利益”视为“整个道德的基础”[①]，强调社会环境和教育对道德的决定作用。以康德为代表的唯心主义哲学家们，则力图从所谓的“善良意志”或“自由意志”等概念出发来说明道德问题。康德的伦理思想从善良意志、先验理性出发，强调纯粹道德义务、绝对命令和人的绝对价值，力图论证并确立普遍必然性的道德法则。其道德哲学是以“至善”为目的，即人在自由意志的基础上，出自义务或职责，自愿地执行道德法则。

当然，他们在各自的研究中，都对伦理学的发展作出了一定的贡献，包括把道德同人们的现实关系和实际利益联系起来（如 18 世纪法国唯物主义者），使伦理学具有较严谨的理论体系（如斯宾诺莎、康德等），对道德问题进行辩证的思考（如黑格尔），等等。但是，不论是唯物主义哲学家还是唯心主义哲学家，从根本上说，对道德问题的认识都没有达到科学的高度。

在漫长的西方伦理思想发展过程中，尽管出现过名目繁多的学说和流派，但是，总的

① 马克思恩格斯全集．第 2 卷［M］．北京：人民出版社，1957：165.

来说还是呈现出一种迂回演变的发展趋势。一般认为，古代伦理学说强调个人利益、个人价值、现实幸福、理性自律；中世纪强调上帝意志、仁爱、禁欲和神学他律；近代则转向寻求个人利益与社会利益的协调即合理利己，注意理性与情感、自律与他律的统一；现代西方伦理思想趋向于摆脱社会和他人，否认客观法则和道德他律，追求个人自由、享乐，同时伴随着悲观、怀疑和反道德倾向。20 世纪 60 年代以后，又出现了转向规范伦理学和实用伦理学的倾向，强调价值和事实的联系，试图建立能够指导人们生活的新道德观和新伦理学。

## 第二节　西方商业伦理思想的形成与发展

### 一、西方古代商业伦理思想的主要内容

西方古代商业伦理思想强调以道德规范商业活动，认为只有与身份相符的生计活动才正当合法，反对无限度的谋利交换。

#### （一）崇尚、赞美劳动，重视农业，轻视工商业

古希腊和古罗马人认为只有辛勤的劳动才能致富，而且认为劳动是神明所赋予的使命。这样的劳动观激发出一种敬业精神，同时要求人们恪守社会分工，尽职尽责。并且他们所重视的劳动主要是农业劳动，其认为农业是至尊的事业，手工业和商业只是粗俗技艺，靠贱买贵卖来谋利是不光彩的。

#### （二）强调财富的获得要符合道德

古希腊和古罗马人认为适度是德性的特征，过度和不及都是恶的表现。因此从节制的角度看，拥有中等财富是最理想的。亚里士多德认为财富之术属家务管理的范围，因此应该有限度。他规定了经济活动的道德标准，即满足人生存需要的致富活动如农、牧、渔、猎是自然合理的，而为积累而积累的敛财术如商业是不自然的，应受到指责。在近代以前，这种商业活动从属于伦理道德的观念一直占据统治地位。

#### （三）重视商业行为中的奉法精神

在古希腊和古罗马人看来，奉法精神是一种伦理精神，正义就是守法。自然法由于与神性、理智、正义、理性、公正等伦理准则联系在一起，因此成为古希腊和古罗马人普遍

的价值观，并自然而然地导入商业行为之中。在自然法诸多经济职能中，最引人注目的就是尊重财产私有权。古希腊的梭伦改革、古罗马的《十二铜表法》以及其他一些法律条文，都包含了尊重财产私有权的精神。与自然法概念相联系的契约思想是奉法精神的又一表现。从正义观出发，伊壁鸠鲁最早提出契约思想，认为自然的公正是引导人们避免彼此伤害和受害的互利的约定。古罗马《十二铜表法》中《债务法》规定的“对背信负义者，诉讼永远有效”，就是要维护契约的尊严。这种契约思想规定了在商业活动中要讲究公正、诚信，不能欺骗顾客、出售假冒伪劣商品。奉法精神为后来资本主义商品经济的发展提供了重要的传统文化资源。

## 二、中世纪商业伦理思想的主要内容

在中世纪，就总体而言，由于基督教否认世俗的幸福，提倡禁欲主义，要求人们超然于尘世之外，追求“天国”的幸福，因此商业也大都被视为一种低贱的行业。奥古斯丁认为，商人虽然没有罪责，但也没有道德可言，不能取悦于上帝。托马斯·阿奎那认为，为营利目的而进行的任何商业活动都是不道德的。“商人”和“有德”是两个不相容的词。对于他们来说，一个天主教徒不可能既遵守道德规范又是一个高利贷者，就像今天的天主教徒不可以成为毒品贩子一样。但是，由于贸易和交换的需要，商业伦理在贸易和交换中发展起来。由于欧洲社会的意识形态普遍为基督教所统治，因此商业伦理的发展摆脱了城邦的局限性，日益具有跨地域的性质和眼界。在某种程度上说，这是商业伦理发展的一个巨大进步。在中世纪的商业伦理中，古希腊的分配公正、交换公正或回报公正以及诚实、勤劳、节俭等商业伦理的观念不仅传承了下来，而且在基督教的理念下被普遍化、戒律化了。

约翰·加尔文（John Calvin，1509—1564），法国著名的宗教改革家、神学家，基督教新教的重要派别——加尔文教派的创始人。

在以新教改革的领导者加尔文为代表的功利论宗教经济伦理思想中，为荣耀上帝而进行的一切职业劳动都是被推崇的，其赞成财富的积累甚至享受。贫穷被视为上帝对人的懒惰的一种惩罚，而勤勉不息地工作，为上帝积累财富，则是为上帝增光的一种世俗方式。新教徒普遍认为，商人所从事的工作可以取悦于上帝，不仅他们的工作能为上帝服务，而且正确使用财富能够光大上帝的荣耀；如果一个人获得了财富，那是上帝对他的偏爱和奖赏。在新教伦理中，商业伦理的合法性和核心内容的基础已经奠定。在《新教伦理与资本主义精神》一书中，马克斯·韦伯指出，这种新教伦理预示了现代资本主义的基本的经济伦理精神。

## 三、近代资本主义商业伦理思想的主要内容

西方世界在近代经历了一个从自然经济走向商品经济，进而形成资本主义市场经济的过程，也是经济联系从社会与文化准则中脱离出来的过程。与此相应，商业伦理观念也经历了一场变革，为商业活动提供了伦理动因和道德基础。主要内容包括：

### （一）肯定商业动机和商业活动的正当性

从传统社会向近代社会转变的一个关键因素是使以往被视为“不正常”和“不正当”的商业动机变成“正常”和“正当”的商业动机。新教伦理提出了劳动天职观，强调努力工作、获取世俗成功是对上帝应尽的义务，是获得上帝救赎的信心保证。它所提倡的劳动和工作，不只是从事生产劳动，也包括经商和谋利。这样，劳动天职观激发了人们的成就动机和财富欲，使谋利活动得到了宗教伦理的认可和激励。新教伦理的一些信条，如富兰克林的“时间就是金钱”“金钱具有繁衍性”等信条，就是一个生动表现。17 世纪至 18 世纪，近代世俗伦理学说更加从理论上系统论证了个人功利追求的合理性。从托马斯·霍布斯开始，英国经验论的哲学从感觉论出发，把快乐即欲望的满足视为善，把权力欲、财富欲、知识欲和荣誉欲视为人的最基本的欲望。到了 18 世纪，法国的爱尔维修明确提出“利益”的概念，并把个人利益作为人的行为价值的唯一鉴定者。这样，个人利益就成为道德的基础，对经济利益的追求就成为人的行为的原动力而被肯定下来。孟德维尔更是把这种人性学说与经济思想联系起来，以“私恶即公益”命题说明人的利己行为会带来社会经济繁荣的结果，以此论证利己动机的合理性。

### （二）主张自由放任的市场经济体制

当资本原始积累阶段结束以后，资本主义生产关系逐渐得到巩固，资本主义已经不再需要那种带有封建残余色彩的国家干预主义，而是需要自由竞争和自由贸易。因此，从理论上论证市场经济的合理性，成为近代西方经济学家和伦理学家的重要任务。这大致可以分为两类辩护。一类辩护是从保护个人的天赋人权的角度论证市场经济的合理性。洛克是第一个从天赋人权与私有财产权关系的角度论述私有财产权的理论家，他的私有财产不可侵犯理论为经济自由主义思想奠定了理论基础。他认为劳动是价值的来源，通过劳动而获得的财产是私有财产具有正当性的前提。而劳动是人的一部分，人对自己的身体有自然权利，因此由劳动获得的财产权也是自然权利，具有神圣不可侵犯的性质。这一财产权在自然状态中已被自然法确认，在进入社会状态时，它不但没有放弃，而且要求得到政府更加有效的保护。这就意味着政府不仅不能干预个人的商业活动，而且有义务保护个人的经济自由和既有的财产权。在此基础上，亚当·斯密进一步提出了自然秩序的思想，强调市场

机制是一种由人的本性产生又符合人的本性的社会秩序。由于人的本性是自由的，因此允许每个人自由地追求自己的利益，在“看不见的手”的作用下，能自发形成一个有序又有效的市场。斯密主张自由放任，反对政府干预，认为政府干预违反了自然秩序，会造成经济的停滞和对个人权利的破坏。另一类辩护则是从社会功利总量提高的角度论证市场经济的合理性。功利主义以大多数人的最大幸福为原则，以“公益合成论”为依据，来论证市场经济是最有效率，也是最合理的。趋乐避苦是人的本性，由于社会利益是个人利益的总和，因此让每个人自由地追求自己的幸福，自然会增加社会财富总量，对社会多数人有利。功利主义也主张经济自由，反对政府干预，但他们的理论依据不是自然权利，而是社会功利。

### （三）强调节俭、公正、诚信等商业道德原则

近代西方伦理学确立了节俭、公正、诚信等市场经济所需的基本道德原则。它的主流在肯定个人权利和个人利益的前提下，也以抽象的普遍人性论为基础，力求将个人利益、个体自由同普遍的道德原则统一起来。这一点在将经济学和伦理学结合得最为紧密的约翰·穆勒的功利主义中表现得十分明显。穆勒继承了英国经验论把人的本性归结为趋乐避苦的传统，从心理上和伦理上肯定了人们的商业动机。同时，穆勒一方面吸收了大卫·休谟和亚当·斯密的“道德同感论”，将社会感情纳入人性中，以此来说明功利主义关心别人的幸福，要求行为者把自己的幸福与别人的严格视为平等；另一方面吸收了理性主义者的道德可普遍化的思想，强调个人行为应该遵循普遍的道德规则。穆勒认为，道德并不是可有可无的东西，而是获得幸福的重要手段。这样就回答了在商业活动中如何把出自个人商业动机的行为纳入道德轨道的问题。

#### 1. 节俭

自由竞争是市场运行的主要机制，要在竞争中取胜，生产者就必须不断改进产品，进行技术更新，通过降低成本获取最多的利润，这就需要生产者合理利用和储蓄资源。新教伦理不仅提倡勤奋劳动，而且崇尚禁欲主义的生活观，反对挥霍浪费、奢侈享乐。这一思想对近代资本主义的资本积累和经济发展起了积极作用。此后，斯密也强调节俭对财富积累的作用，他认为资本增加的直接原因不是勤劳，而是节俭，因此他把由理性和节制构成的谨慎看成所有美德中对个人作用最大的美德。

#### 2. 公正

由于市场经济建立在等价交换的基础上，因此市场行为主体必须把追求自身的愿望与交换另一方的利益结合起来，不仅要关心自己的支出能否得到回报，而且要满足他人的需要。只有在公正的基础上，商品交换和竞争才能顺利进行。斯密说正义是组成一个社会的基石，穆勒说公正是与人类福利相关的最重要的道德规则，这些思想都表明了公正原则的重要性。

### 3. 诚信

大量的市场交易都是通过契约实现的，因此信守诺言成为市场交易必不可少的条件。富兰克林认为信用就是金钱；休谟认为许诺能维护和协调各种互利性交换关系；穆勒更进一步认为，人们在多大程度上相互信任，就有可能在多大程度上开展协作。这些都表明诚信在商业活动中的重要作用。

## 四、现代西方商业伦理新观念

由于受全球化浪潮、网络经济的推动，基于人类对自身的再认识，对人与自然、社会的关系的重新定位，人类对共同面临的现实问题进行了深刻反思，并酝酿和产生了一些新的商业伦理观念，其中有许多有益的成分值得我们借鉴。

约瑟夫·熊彼特（Joseph Schumpeter，1883—1950），美籍奥地利政治经济学家，“创新理论”的鼻祖。著有《经济发展理论》《经济分析史》。

### （一）创新的观念

美国经济学家熊彼特在其创新理论中指出，所谓创新就是要“建立一种新的生产函数”，即“生产要素的重新组合”，作为资本主义“灵魂”的“企业家”的职能就是实现“创新”，而“创新”是资本主义经济增长和发展的动力。他曾深刻揭示，资本主义之所以必然灭亡，根源于企业家创新冲动的衰竭。困扰经济未来增长的最大问题不是经济资源的枯竭，而是企业家创新冲动的衰竭。在追求利益的过程中，主观因素是第一位的。追求私利容易使人满足现状，停滞不前。资本主义社会是如此，个人是如此，企业也不例外。越来越多的企业认识到，一味地追求企业自身的效益等于无效益，只有将企业与社会、将眼前效益与长期效益有机结合，才能获得真正的、持久的效益。追求持久效益的动力源就是持久性的创新动机。

### （二）利润新观念——利润是未来的利息

利润是未来的利息，是对“得德”观念的改进和发扬光大。“得”意为得到、获取利润；“德”则是相对于“得”，即对于获取的方式和原则、对于得到的行为的道德规范。“得”和“德”缺一不可。“得德”观念承认企业追求利润最大化的目标，强调企业和个人的经济行为必须符合经济道德规范。而在此基础上，新的盈利观念对利润进行深化认识，对“得”进行重新认识，认为“得”按时间可分为暂时的和持久的，企业应追求利润的长期化，而不是眼前利润，应着眼于企业的未来发展。正如彼得·德鲁克的“企业生存学说”所认为的，把企业作为“社会制度”的一部分，把利润视为“未来费用”（它并未改变利润的实质），经营宗旨从追求利润最大化转向“创造顾客”，以维持企业自身的发展。因此，新的利润观念认为，“德”是企业的无形资产，虽然暂时少得一些利润，若有利于企业树立良好的形象、赢得商誉，就等于为企业的长期发展奠定了坚实的基础。

### （三）社会责任意识

人们曾经认为，企业经营的唯一目标就是利润最大化，企业的经营就是要保证股东、雇员及其权益人的利益。如果将企业的资源用于“社会产品”的生产，必然增加成本、减少利润，也意味着在与竞争对手的竞争中处于不利地位。因此，企业不应当承担社会责任。但是，当日益严重的经济“外部性”问题等摆在人类的面前时，人类社会、经济、企业的可持续发展就受到严峻的挑战。鉴于此，企业只有承担相应的社会责任和义务，再以不污染、不歧视、不从事诈骗之类的经济活动来保证社会公众的利益，才能维持社会经济长期有序地运行。越来越多的企业认为，企业赚取利润的过程也就是把自己的经营活动纳入社会这个大系统的过程，企业存在的价值不仅仅是为自己创造利润，还包括为自己的子孙万代造福，应当把为自己创造利润与为社会创造财富统一起来。

### （四）竞争合作意识

以往的竞争，无论是价格竞争，还是产品竞争、质量竞争，都是你争我夺式、非赢即输式的竞争。而在现代社会，随着信息技术的发展，市场的交易内容和方式的变化，市场中的竞争出现了新的变化——“双赢”竞争。竞争的“双赢”表现在两个方面。一是企业之间的竞争是合作式的竞争，既是对手，又是伙伴。竞争的内容、范围已经超越了行业、国界的限制，竞争的方式已由过去的以个体竞争为主转向了群体实力（团队）之间的较量。二是竞争的结果是与对手平分秋色。饮料行业的俩“冤家”——可口可乐和百事可乐的多年竞争，就是这样的双赢表现。

### （五）可持续发展观

一切生命与人具有绝对平等生存的权利，美国著名的环境思想史学者罗德里克·弗雷泽·纳什在《大自然的权利：环境伦理学史》一书中指出：“所有事物和自然系统都拥有它们自己的目的或目标，因而都拥有内在价值和存在下去的权利。”① 强调生态系统与经济系统的协调共存，要求人类的经济活动必须无条件地在生态环保和人与自然的整体平衡的原则下进行，这是现代经济伦理学的共识。新工业革命是一把双刃剑，它可以用来为人类造福，也可以毁灭人类，人类文明发展的历史充分证明了这一点。发展是必需的，否则就不能满足人们物质和文化生活的需要，但经济的发展必须是可持续的，必须走集约型、智慧型、道德型、良性循环型的道路，形成经济、自然、社会和人的身心健康互动的效应并

① ［美］R. F. 纳什．大自然的权利：环境伦理学史［M］．青岛：青岛出版社，1999：35.

保持经济活动、生态平衡和社会发展之间的协调与和谐。

### （六）科学的资源价值观

现代经济活动要求人们端正目的、规范行为，在较高的哲学层面认清价值的利害关系，产值的有效与无效的关系，经济利益与社会效益、资源环境效益同步实现的关系，从而在经济活动过程中自觉培养一种新型的经济主体对社会、自然、环境、资源，乃至对人类、宇宙负责任的道德关爱。

### 课堂活动：分析现代西方企业经营行为中蕴含的商业伦理新观念

背景资料：在家电、快消品、通信、新能源、汽车、旅游、娱乐、IT等行业任选一成功的西方企业，搜集该企业的成长发展资料，分析其经营行为中蕴含的商业伦理新观念。

分析执行：首先是团队通过讨论确定拟分析的企业，然后结合西方商业伦理发展的趋势，对该企业经营行为中蕴含的商业伦理新观念加以分析。

活动记录：

**表3-1　企业商业伦理观念分析**

| | |
|---|---|
| 创新观念 | |
| 利润新观念 | |
| 社会责任观念 | |
| 竞争合作观念 | |
| 可持续发展观 | |
| 资源价值观 | |
| …… | |

## 第三节　资本主义市场经济理论与商业伦理思想

西方世界的商业伦理思想的发展是同资本主义市场经济理论的建立和发展紧密相关的，思想家们的主要着眼点集中于商业伦理的宏观方面，即政府和市场的关系方面。概括地说，其商业伦理思想也与资本主义市场经济理论一起经过了三个发展阶段。

### 一、第一阶段：从17世纪中叶到1870年的“边际革命”

在西方经济学发展史中，通常称这一阶段为古典经济学阶段。这一时期是传统的市场经济战胜封建的自然经济的时期。作为资产阶级的学者，其根本任务是论证资本主义的进步性，论证市场经济的合理性、合法性，为经济动机的合理性进行辩护。其主要代表人物是古典经济自由主义的集大成者，英国经济学家、伦理学家亚当·斯密以及孟德维尔等人。亚当·斯密穷其毕生精力创作了划时代的经济学名著《国富论》，而且以道德哲学教授的身份撰写了伦理学名著《道德情操论》。纵观这两部巨著，不难看出《道德情操论》是《国富论》的基础，《国富论》是《道德情操论》道德哲学中蕴含的一种特殊的经济案例。亚当·斯密在《国富论》中系统地论证了自由市场经济是唯一符合效率与幸福原则的经济制度，他的《道德情操论》则试图对物质经济的运行予以强有力的精神指导。由此出发，他界定了关于市场经济道德基础的六大原则，即自尊、自爱、同情、互利、正义和虔诚，而且认为市场的运行应当以这六大原则为道德前提。可以说，亚当·斯密同时受到大卫·休谟的道德情操论和弗兰西斯·哈奇森经验主义功利论的影响，并将二者有机结合起来，从而实现了经济学研究与伦理道德哲学研究（或者可以称为"经济人"与"道德人"）的"联姻"。后人对其中的"道德人"与"经济人"的不同理解所引发的激烈争论，形成了经济学说史上所谓的"斯密难题"或"斯密悖论"，这场争论在西方经济思想史上延续了近百年。

以亚当·斯密为代表的古典经济学理论主张建立自由放任的市场经济体系，强调经济活动的内在动力是个人利益冲动，认为国家干预经济生活是十分危险的。与此相适应，这一时期的伦理学主流则是为个人利益的利欲冲动的合理性作论证和辩护。例如：孟德维尔就提出了"私恶即公益"的经济伦理原则；法国的启蒙思想家们也提出了"合理利己主义"；马丁·路德、约翰·加尔文等神学家们也在禁欲主义前提下，提出了承认世俗谋利合理性的新教伦理这一资本主义精神。这一时期的思想家们还揭示了个人私利与社会公益之间的矛盾，并为自由竞争的市场经济提供了系统的伦理辩护。

## 二、第二阶段：从1870年的边际效用理论到20世纪30年代

这一时期，工业革命在西方各主要的资本主义国家已经基本完成，现代工厂制度和大机器生产有力地推动了社会生产力的迅速发展。现代交通工具的出现和广泛应用，加速了国内外市场的形成。随着技术的进步，生产均衡的局面被打破，生产过剩的经济危机不仅成为现实，而且呈现出周期性的规律。在这一时期，新古典经济学一直被西方经济学界奉为典范，成为当时经济理论的主流，主要代表人物是英国剑桥大学的阿尔弗雷德·马歇尔。在《经济学原理》一书中，马歇尔以折中主义手法把供求论、生产费用论、边际效用论、边际生产力论等融合在一起，建立了一个以完全竞争为前提、以"均衡价格论"为核心的相当完整的经济学体系。新古典经济学提出：市场主体是完全理性的"经济人"，市场机制在既定不变地运行，是完全竞争、完全信息的市场。

与古典经济学不同，新古典经济学学者主要关注的是如何确定市场交易条件，即如何

确定价格；他们不再关心市场交易的公正性和等值性，也就是说其不需要论证市场经济存在的合理性，而是深入市场经济内部进行更具体、更“精确”的实证研究。其代表理论有“帕累托最优”和极端的“功用主义”。其代表人物是经济学家帕累托和经济学家、伦理学家约翰·穆勒。从19世纪末到20世纪30年代，西方经济学界用“边际效用”这一经济理论代替了古典的劳动价值论，提出了一个所谓排除一切外部条件的制约，在完全竞争的状态下，市场制度自动实现社会资源配置的“帕累托最优”，把自亚当·斯密以来的自由放任的市场经济理论推向极端。这种理论，从本质上看，与其说是一种经济理论，不如说是一种经济伦理理论。因为实现“帕累托最优”的前提是守信、公平交易、讲究平等，而守信、公平交易、讲究平等本身更多地体现了伦理要求。

这一阶段的经济伦理思想的主要内容是：完善了“经济人”的假说，完成了“经济人”的伦理定位；提出了功利主义福利经济学，修正了古典学派的公平观；论证了经济与伦理的相互关系。在这里，伦理道德被视为完全竞争市场的一个隐含的既定条件，是一种完美的、理想的经济伦理状态。

## 三、第三阶段：20世纪30年代至今

这一时期，西方经济学的发展可谓异彩纷呈，学派林立。20世纪上半叶，资本主义市场发展的高度垄断化，导致了瓜分世界市场的世界战争的爆发，席卷欧美的经济危机打破了市场万能的神话，人们开始质疑市场经济的自发性，开始认识到市场与伦理的关系牵动着效率与公平的关系，牵动着经济发展、社会发展和人类发展的可持续性这一事实。提出通过政府干预，消除自由放任的市场经济的个人利己主义、拜金主义对社会整体的腐蚀作用和产生的负面影响；强调国家应该通过制定规范的经济政策，使个人在谋取自身利益的同时，在客观上能注意到社会整体利益，并促进社会整体利益的提高。

20世纪30年代，席卷西方世界的经济危机打破了市场万能的神话，彻底暴露了自由放任的市场经济的弊端，西方经济学界对古典自由主义经济理论进行了全面反思。于是，反映国家垄断资本主义要求的、着重主张以扩大政府支出创造需求和通过政府干预推动经济增长的凯恩斯主义经济理论应运而生。1936年，英国经济学家凯恩斯撰写了《就业、利息和货币通论》一书，提出了政府干预经济的理论：市场这只“看不见的手”绝不是万能的，在市场经济发展到高级阶段时，只有政府这只“看得见的手”发挥直接干预和调控市场经济的作用，才能有效保障市场经济的健康运转。凯恩斯在经济伦理上还提出一种思想，就是鼓励奢侈，反对节俭。他认为节俭对个人来说是美德，却不利于整个社会经济的发展，因为如果无人消费就组织不起生产。“罗斯福新政”以政策实践的形式表明了凯恩斯主义的有效性，并使凯恩斯主义及其学派上升为资本主义世界的主流经济学。资本主义各国政府也纷纷采用凯恩斯的理论及建议作为制定政府经济政策的指导思想，采用财政政策和货币政策来调节消费和投资，以实现充分就业和经济增长的目标。这种经济理论开始

约翰·梅纳德·凯恩斯（John Maynard keynes，1883—1946），英国经济学家，因开创经济学的“凯恩斯革命”而著称于世，被后人称为“宏观经济学之父”。著有《就业、利息和货币通论》《论货币改革》《货币论》。

成为现实的经济模式和现实的经济政策，政府开始在市场经济的运行中扮演重要角色。

凯恩斯主义的财政金融政策虽然在 20 世纪五六十年代对刺激经济增长、缓和经济危机、减少失业起了一定的作用，但由于它没有也不可能解决资本主义所固有的基本矛盾，财政赤字、通货膨胀有增无减，而危机和失业并未消除，政府干预的局限性逐渐显露，终于到 70 年代初出现了物价高涨和大量失业并存的“滞胀”困境。于是，出现了重视市场机制的“新自由主义理论”（如哈耶克派、弗里德曼派、卢卡斯派等），新自由主义继承了资产阶级古典自由主义经济理论，大力宣扬经济自由化、私有化、市场化和全球化。以贸易自由化、生产全球化、金融国际化为主要内容的经济全球化迅速发展，也成为新自由主义迅速崛起的国际经济基础。

也有学者试图采取一种“中庸”的立场，把政府和市场的作用结合起来。“公共选择理论”的代表布坎南主张：由于“市场失灵”，政府应当发挥一定的经济管理的职能作用；由于干预行为的局限性即“政府失灵”问题，因此政府只能发挥有限的经济作用。有必要通过科学合理的制度设计，弥补政府管理中的缺陷和不足。

在新制度经济学看来，伦理道德同样是一种能推动和制约经济发展的制度。1993 年度诺贝尔经济学奖得主诺斯认为：“制度是一系列被制定出来的规则、守法程序和行为的道德伦理规范，它旨在追求主体福利或效用最大化的个人行为。”而行为的道德伦理规范是构成非正式制度约束的一个主要方面。自由市场经济制度本身并不能保证效率，一种有效率的自由市场制度，除了需要有效的产权和法律制度相配合之外，还需要在诚实、正直、公正、正义等方面有具备良好道德的人去操作这个市场。

当代西方经济学中，在经济伦理方面特别值得一提的是 1998 年度诺贝尔经济学奖得主阿马蒂亚·森的经济伦理思想。他结合经济学和哲学的工具，在重大经济学问题讨论中重建了伦理层面，被称为“经济学的良心”。《伦理学与经济学》是阿马蒂亚·森实现经济学向伦理学回归的标志。其包含的基本观点是：现代经济学狭隘地理解了亚当·斯密关于人类行为由“一只看不见的手”主宰的理论，致使伦理学的重要性被大大淡化，导致了自身理论上的缺陷。随着现代经济学与伦理学之间隔阂的不断加深，现代经济社会已经面临严重的贫困化现象这一难题。经济学可以通过更多、更明确地关注构成人类行为和判断的伦理思考而变得更有解释力。经济学的研究不能忽略对伦理的思考，经济学与伦理学之间存在内在密不可分的联系，因此现代经济学的使命就是要跨越这种人为的经济学与伦理学之间的鸿沟，实现经济学与伦理学的结合、统一，希望达到效率、功利与公平、自由的协调。[①] 他呼吁将“关注真实的人”作为最基本的社会评价标准。从福利的角度出发，对“一个合理的制度”提出的起码要求是：个人选择的最大自由、公平的收入分配，以及每个人都能达到最适宜的生活水平。他相信只要注重了人，甚至极其贫穷的国家也能够提高其最贫苦人民的福利。对于经济与伦理，从古希腊、古典政治经济学派的“合”，到新古典经济学派的“分”，再到阿马蒂亚·森，经济学终于向伦理学复归了。

通过上述对经济伦理思想史的回顾，可以看到西方经济伦理思想历史的悠久和来源的丰富，以及经济学与伦理学之间密不可分的渊源。西方经济学理论，从某种程度上来说，本身就是一种经济伦理理论，二者紧密结合，不可分割。但经济学家对现代西方经济伦理学科的贡献更多的是理论上的准备。20 世纪七八十年代，在美国及欧洲发生了一场被称为“经济伦理学”的运动，作为学科形式的经济伦理学在欧美诞生。它极其深刻地影响了美国乃至西方世界的传统经济观念和理论，促使这些国家的有关教育和企业管理制度、政府相关政策和法律发生相应变化，从而极大地推动了西方资本主义社会的经济发展。20 世纪末 21 世纪初，企业伦理的社会契约论，经济主体的超规范和道德自由限度，全球化和普世伦理的可能性、现实性，生态伦理和经济可持续发展等问题，进一步扩展了当代西方经济伦理思想的理论研究范围。

**案例分析**

### 谷歌因搜索垄断被罚 27 亿美元

2017 年 6 月 27 日，经过 7 年调查，欧盟委员会（European Commission）认为，谷歌滥用搜索引擎市场主导地位，向其他谷歌产品（比价购物服务）提供非法优势，因而对谷歌开出 24.2 亿欧元（约 27 亿美元）罚单，创史上新高。此前，欧盟委员会开出的最大反垄断罚单是 2009 年对电脑芯片巨头英特尔开出的 10.6 亿欧元罚款。

主导该调查的欧盟委员会竞争事务主管玛格丽特·维斯塔格（Margrethe Vestager）在声明中称，在比价购物产品上，谷歌并非通过提高服务来吸引客户，而是通过在搜索结果中推广自营产品，降低竞争对手的方式获胜，“谷歌此举非法。它阻挡了其他公司创新和竞争的机会，也阻碍了欧洲消费者选择自己真正喜欢的产品，并享受创新好处的可能”。

虽然 24 亿欧元的罚款仅相当于 Alphabet（谷歌重组后的“伞形公司”）营业额的 3%，但对谷歌来说，这将是一场漫长的噩梦。除了继续陷入长达数年的审查之外，高额的罚款、限制产品使用的法令以及对品牌的损害，都让这一互联网巨头在欧洲运营被缚住手脚。而一旦欧盟委员会得出“需要改变相关市场结构”的结论，谷歌还可能面临分拆。

---

① ［印］阿马蒂亚·森．伦理学与经济学［M］．北京：商务印书馆，2000：73.

此外，欧盟委员会竞争事务组还调查了谷歌的安卓移动操作系统是否滥用垄断地位的问题。比如，要求手机生产商预先安装谷歌搜索引擎，将其设置为默认搜索工具，将谷歌搜索、商店以及浏览器等自营产品进行捆绑推销等。

早在2008年，美国联邦调查局在调查一位名叫惠特克的前医疗诈骗犯时，意外发现这位医骗之所以能成功骗到几百万元，背后竟有谷歌的默默帮助——由此牵出了谷歌广告平台AdWords的运作漏洞。尽管谷歌辩称自己拥有对非法药物广告的屏蔽系统，但是系统靠得住人却靠不住——谷歌的销售员总有办法绕过这个屏蔽系统。如果对屏蔽的广告不作为，照样违法。美国食品药品监督管理局（Food and Drug Administration，FDA）的调查人员曾采取假扮网上药店医药代表与谷歌公司接触，终于得以查清真相。而谷歌因搜索垄断被罚事件也正是全球互联网发展过程中商业伦理失范的一个缩影。

资料来源：根据搜狐网 https://www.sohu.com/a/155057248_570248 等相关资料改编。

**问题**

1. 将搜索引擎、商店以及浏览器等自营产品进行捆绑推销是许多搜索引擎的惯常做法，你对此有何看法？

2. 针对互联网发展过程中的商业伦理失范问题，你认为政府可以有哪些作为？

## 自测题

### 一、判断题

1. 以康德为代表的唯物主义哲学家们，力图从“善良意志”或“自由意志”等概念出发来说明道德问题。（　）

2. 伊壁鸠鲁最早提出契约思想，认为自然的公正是引导人们避免彼此伤害和受害的互利的约定。（　）

3. 在以新教改革的领导者马丁·路德·金为代表的功利论宗教经济伦理思想中，为荣耀上帝而进行的一切职业劳动都是被推崇的，赞成财富的积累，甚至享受。（　）

4. 以亚当·斯密为代表的古典经济学家认为：市场主体是完全理性的“经济人”，市场机制在既定不变地运行，是完全竞争、完全信息的市场。（　）

### 二、单选题

1.（　）在《新教伦理与资本主义精神》中作了总结：勤奋劳动、诚实守信、节俭朴实是一个人应有的美德。

A. 马克斯·韦伯　B. 亚当·斯密　C. 马克思　D. 托马斯·阿奎那

2.（　）曾深刻指出，资本主义之所以必然灭亡，根源于企业家创新冲动的衰竭。

A. 熊彼特　B. 马克思　C. 恩格斯　D. 列宁

3. 信奉国家干预者的理由是，一切完美的经济秩序必定是设计的产物，是理性（　）

的过程。

A. 发展　　B. 合理化　　C. 存在　　D. 制度化

## 三、简答题

1. 简述近代资本主义商业伦理思想的主要内容。
2. 请从经济伦理的角度简述可持续发展观念。

# 第四章 乔致庸与晋商文化

## 素质目标

具有民族自豪感和文化自信，养成崇德向善、诚实守信、热爱劳动的品质，树立较强的集体意识和团队合作精神，树立严谨的工作作风，培养精益求精的工匠精神。

## 知识目标

概述晋商的发展历史，评价晋商的代表人物及其所展现的精神特征，识记晋商号规，掌握晋商的风险防范机制。

## 能力目标

能分析晋商的文化特征与经营管理制度对晋商成功的影响，探讨晋商的经营特色对当代商业的启示意义。

### 大家来讨论

#### 汇通天下

晋商，一个中国历史上最著名的商帮，一个生意场上的传奇故事。晋商作为商帮之首，起源最早、衰亡最晚，晋商发迹于宋代，明朝时与徽商南北并峙，至清朝晋商便独占鳌头，明清两代辉煌500年。晋商实现了“货通天下、汇通天下”，晋商不仅店铺遍设全国通都大邑，而且经营范围远涉日本、俄罗斯和西亚等地，控制了史上多个行业，如盐、铁、茶、丝绸等，清代的票号经营更将晋商推向史上最为辉煌的顶点，在世界金融史上也有着浓墨重彩的记录。晋商创造的财富，徐珂在《清类钞》中列举山西富户十四家，加起来“三千万两银子”，相当于大清帝国一年的财政收入。晋商超越于其他商帮，突出地体现在股份制、身股制等一套行之有效的制度。以义制利、诚信经商、乐善好施的商业伦理道德也成就了晋商的发展。

资料来源：根据“晋商之道的经营启示”（http://edu.sina.com.cn/bschool）改编。

**请思考：**

如何理解晋商的成功之道？

# 第一节　晋商的发展历史

## 一、晋商的兴起和发展

晋商指明清两代的山西商人，是中国历史上最著名的商帮。晋商的历史可以追溯到春秋时期的晋国。明清两代是晋商的鼎盛时期，创造了许多商业辉煌，也成为“中国十大商帮之首”。晋商经营盐、铁、棉、布、皮毛、丝绸、茶叶、金融等商号，遍布全国各地并远涉欧洲、日本、东南亚和阿拉伯国家，称雄国内商界达五百年之久。晋商开拓进取，从商贸领域发展到金融领域，创造了诸多华夏“第一”。如第一次集汇兑、存款、放款于一体，第一次将所有权与经营权分离，第一次推行股份制管理制度，第一次将人才竞争和激励机制引入管理活动中，第一次将汉语密码应用于金融汇兑过程中，第一次以民间票号的雄厚实力直接参与清政府的金融活动等。

晋商的兴起和发展与厚重的历史文化、地理区域、社会政治经济环境以及积淀的商业文化有着密切的关系。晋商的兴起和发展的原因主要有：

### （一）明朝实施了有利于晋商发展的政策——“开中法”

明太祖朱元璋定都南京后，提出“广积粮，高筑墙”的口号，整修万里长城，同时沿长城一线设立了 9 个边防重镇，驻扎重兵，以保障边境的安全。但大量的兵马也带来了军需供给的问题，给明王朝造成了很大的负担。为解决边镇的军事消费与供给的矛盾，明王朝开始实施“开中法”。所谓“开中法”，就是官府利用对食盐的专卖权，规定商人将军需物资运送到边关，可领取一定的“盐引”，然后凭“盐引”到指定的盐场领取食盐，再到官府规定的销盐处销售。“开中法”最初施行于山西大同，为晋商的兴起提供了千载难逢的机遇，也为晋商后来的发展奠定了坚实的基础。

微课

开中法

### （二）山西优越的地理位置为晋商的兴起创造了得天独厚的区域优势

山西自古就是东西南北商路的要冲，明清时期成为运送长城沿线边防重镇所需军需物资的枢纽。远古时期的山西，水资源也非常丰富。原始人类“择水而居”，山西便是最适合人类生存的地方，也成为中华民族的发祥地。同时，山西又处于农耕经济文化区与游牧经济文化区之间，山西以北是蒙古游牧经济文化区，以南则是黄河中游农耕经济文化区，处于中间的山西便充当了两个经济文化区相互联系的桥梁，山西商人正是在这样的环境下兴起，他们将游牧地区的马、牛、羊、骆驼及皮毛、药材等运送到农耕地区，又将农耕地区出产的茶叶、绸缎、麦粉、蔗糖、铁锅、陶器和各种农具运送到游牧地区。晋商则从南北物资交流中获取利益。

### （三）山西丰富的物产资源和初具规模的手工业、加工制造业为晋商的发展提供了物质基础

山西在古代盛产盐、粮、铁、丝织品、煤等。中国商业的起源与盐有关，而山西河东池盐①是夏商周三代最重要的商品之一。山西的粮食产量巨大，唐朝时期，山西河东储存的粮食量位居全国第二。山西的铁矿资源也很丰富，冶铁历史悠久，唐代太原的铁镜被列为贡品。明代泽州、潞州铁货驰名天下，行销各省，促进了晋商的崛起。山西还出产丝织品，明清时期，潞安成为北方的丝织中心，生产的潞绸闻名海内外。而山西储量丰富的煤矿资源，也为手工业的发展提供了物质条件，使山西聚集了很多能工巧匠，在将上乘的产品推向海内外的同时，也将晋商推向全国各地。

### （四）清朝前期稳定的社会环境把晋商推向鼎盛

清朝前期，尤其是“康乾盛世”时期，政权巩固、国家统一、经济繁荣，人民安居乐业，社会呈现出前所未有的繁荣景象，这也为晋商的发展提供了广阔的贸易前景。此时的晋中商人已遍及全国各地，北京城曾流行这么一句话：“京师大贾数晋人。”晋商已成为国内实力最雄厚的商帮。商业的发展不仅给人们带来了财富，而且改变了当时人们多少年以来的“学而优则仕”的观念。他们都说“家有万两银，不如茶庄上有个人”“当官入了阁，不如茶票庄上当了客”。茶庄与票号正是当时非常热门的行业。其中，票号在国内八十多个城市设立了分号，从而形成了一个汇通天下的汇兑网络。

随着商业竞争的日趋激烈，为了壮大自己的力量，维护自身的利益，晋商的商业组织开始出现。起初由资本雄厚的商人出资雇用当地土商，共同经营，朋合营利，形成较松散的商人群体。后来发展为东伙制，类似现在的股份制，这是晋商的一大创举，也是晋商能够经久不衰的一个重要原因。

## 二、晋商发展的三座丰碑

明清时期，晋商雄居中华，饮誉欧亚，其辉煌业绩中外瞩目。特别值得指出的是在晋商称雄的过程中，一共树有三座丰碑，那就是驼帮、船帮和票号。

① 河东池盐又称潞盐，产于山西运城安邑县潞村。

### （一）驼帮

驼帮是晋商中以骆驼运输为主从事贸易活动的重要商帮之一。山西素有经商传统，又邻蒙古地区，对出塞外及转涉西伯利亚进而延伸到欧洲腹地的贸易，有着悠久的历史传统。早在汉唐时期，这条线路就曾进行过频繁的贸易往来。宋代在这条商路上开始有了茶叶贸易；到了元代，随着横跨欧亚的元帝国的建立，这条商路得到了进一步拓展。当时的俄罗斯同我国北部已建有完备的驿站，交通畅达，商旅得到更大便利。

驼帮马队走南闯北打天下，他们主要经营的产品为茶叶，其经营的独到之处是运销一条龙。晋商先是在福建、两湖、安徽、浙江、江苏一带购买茶山，同时收购茶叶以后就地加工成砖茶，然后经陆路、水路两条路线运往各个分号。当时，晋商的茶叶主要销往蒙古和林（又名喀喇和林，故址在今蒙古人民共和国）及俄罗斯恰克图一带。从乾隆年间开始，晋商每年销往恰克图的茶叶都在不断增加。当时运销茶叶非常艰险，在销往蒙古的时候要路过两侧高山矗立、地形十分险峻的杀虎口（遗址在今山西朔州右玉县），但晋商不畏艰险，抓住了良好的发展机遇。

**表 4-1 清代俄罗斯恰克图的茶叶销售量**

| 年份 | 销售量（普特，1 普特=16.38 千克） |
|---|---|
| 1750（乾隆十五年） | 1 300 |
| 1781（乾隆四十六年） | 24 000 |
| 1802（嘉庆七年） | 45 032 |
| 1810（嘉庆十五年） | 75 000 |
| 1845（道光二十五年） | 320 919 |
| 1846（道光二十六年） | 337 147 |
| 1847（道光二十七年） | 349 652 |
| 1848（道光二十八年） | 369 995 |
| 1849（道光二十九年） | 284 551 |
| 1850（道光三十年） | 297 618 |

资料来源：信德俭．明清晋商管理思想［M］．北京：中国社会出版社，2008：11.

### （二）船帮

船帮出现在清代中叶，随着商品经济的发展，货币流通量猛增，市场上所需流通的铜钱量日益增多，但当时中国产铜量极低，仅靠云南一地产的滇铜远远满足不了铸币需求。因此，清政府开始实行“滇洋并举”之策，从日本著名的铜产地长崎进口一定数量的铜斤，当时称“洋铜”，作为补充。在这种情况下，山西商人组织船帮对日贸易采办洋铜。其中，以范毓宾为代表的介休范家就是最为突出的代表。

康熙时期到乾隆初年，是范氏家族在经济上和政治上发展最兴盛的时期。范氏家族在康雍乾三朝，曾为清王朝大量输送军粮百万余石，并拿出私人财产支援军饷，为清政府节省费用达 600 余万两；他们还曾在清王朝平定准噶尔叛乱中运送军粮，立下了功绩。作为回报，清朝政府把当时的一项进口铜斤的业务交给了范氏家族。范氏家族拥有洋铜船六七艘，成为洋铜商中的大户，从中获取了巨大利益。

## （三）票号

山西商人并没有只盯着洋铜和茶叶，他们最大的创举是票号。直到今天，还流传着“山西人善于经商、善于理财”的佳话。

票号是基于商业贸易的兴旺发达，为解决不同地域之间现金收解和债务清算而创立的一种金融机构，顺应了商品生产和交换的客观需要。

雷履泰（1770—1849），山西平遥人，中国金融业泰斗——山西票号创始人。

中国历史上第一家票号是由平遥李家独资创办的日升昌票号（见图 4－1），它的前身是西裕成颜料庄，总庄设在平遥，在北京崇文门外还设有分庄。清嘉庆末年，由于社会商品货币经济的发展，埠际货币流通量大增，而过去的起镖运银由于很不安全，已不能适应新形势的需要，西裕成颜料庄首先在北京和山西之间试行汇兑办法，结果效果很好，于是便开始兼营汇兑业。1823 年，西裕成颜料庄正式更名为日升昌票号，专营汇兑。日升昌票号在掌柜雷履泰的经营下，分号遍及全国各大城市，成为中国第一家专营银钱汇兑、存放款业务的私人金融机构，赢得了“天下第一”“汇通天下”的美名。

微课

日升昌票号

图 4－1　日升昌票号平遥总号

在日升昌票号的带动下，平遥、祁县、太谷人纷纷仿效，形成了平遥帮、祁县帮、太谷帮。“祁太平”三帮曾一度有“执全国金融界之牛耳”的美誉。当时全国 51 家大的票号中，山西商人开设的就有 43 家。在这些票号中值得一提的是祁县的第一家票号合盛元。1907 年，合盛元票号不惧风险，远涉重洋，在日本的东京、大阪、横滨、神户以及朝鲜的新义州等地，设立了票号分庄，从事国际汇兑业务，开创了中国金融机构向海外设庄的新纪元。票号的创立是晋商的杰出贡献，也将晋商推向了繁荣。

## 第二节　晋商代表乔致庸

### 一、乔氏家族与乔致庸

乔致庸（1818—1907），字仲登，山西祁县乔家第三代。1818 年，乔致庸出生于祁县的一个商贾世家，祖父乔贵发，原来是一位贫苦农民，因生活所迫，与盟兄弟秦某相偕于 1736 年离乡背井，到了内蒙古萨拉齐厅老官营村，在一家吴姓的当铺当了伙计。十多年后，有了一点积蓄，就开始转到包头西脑包开了一间草料铺，并经营豆腐、豆芽、烧饼、切面以及零星杂货。1755 年，农业丰收，粮价低落，他便大量买进黄豆，准备做豆腐，恰逢这年豆价骤涨，他们靠卖豆赢得丰厚的利润，便挂出了“广盛公”的牌子，后来改为“复盛公”。随着复盛公在包头经营发展，又开出了复盛西、复盛全、复盛油房、复盛菜园、复盛西店（客栈）、复盛西面店等，经营项目包括粮食、布匹、绸缎、烟酒、蔬菜、皮毛、铁水、洗染、旅馆、当铺、钱店、票号等，甚至还发行了纸币。之后又陆续在北京、太原、太谷、祁县、西安、兰州、南京、上海、杭州、汉口、广州、沈阳、哈尔滨、张家口等地增设店铺和钱庄、票号，资产达到白银 1 000 万两以上。

乔致庸（1818—1907），山西祁县人，乔家第三代、第四位当家人，著名晋商，人称“亮财主”。其修建的“乔家大院”是山西民居的代表建筑。

乔贵发一生共育有三子，乔全德、乔全义、乔全美。将家族生意乃至票号生意发扬光大的，正是乔贵发的孙子乔致庸。乔致庸是乔全美的次子，幼年父母双亡，由兄长乔致广抚育长大。本想进入仕途，但其兄长乔致广当家时，乔家在包头因和对手邱家争做霸盘生意[①]而银两亏缺，进而导致货物滞销、生意失败，股东、商家纷纷上门讨要股银，乔致广遭受重大打击而一病不起，最后去世。乔致庸当时已考中秀才，不得不弃文从商，开始掌管乔氏家族的生意。

在乔致庸执掌家务时期，乔氏家族事业日益兴盛。乔致庸先着手疏通南方的茶路和丝路，又利用乔家的资本开了大德通和大德丰两个票号，后来大德通和大德丰都成为全国屈指可数的大票号。乔家也成为山西富甲一方的商户，其下属复字号称雄包头，有“先有复盛公，后有包头城”的说法。到了清朝末年，乔氏家族在全国各地的票号、钱庄、当铺、粮店已达两百多处，资产达到数千万两白银。乔致庸本人也被称为“亮财主”。当年八国联军向中国索要赔款时，慈禧太后掌权的清政府曾向乔家借钱还国债。

## 二、经商之道

乔致庸掌管乔家时期，是乔家发展最辉煌的时期。这与乔致庸运筹帷幄的经营战略和不拘一格的用人之道分不开。

### （一）以德经商

乔致庸在经营时把儒家的宽厚和仁义精神引入商界，主张经商首重信，次重义，最后才是利，以信誉招徕客人，以义待人，信义为先，利取正途。他在经商过程中坚持“人弃我取，薄利广销，维护信誉，不弄虚伪”。他认为：经商必须戒懒、戒骄、戒贪，不哄人、不骗人，不能把利放在首位。乔致庸还把亲拟的对联“求名求利莫求人，须求己。惜衣惜食非惜财，缘惜福”让人刻好后挂在内宅门上，以此告诫子孙要注重节俭，不可贪图安逸。

乔致庸也十分注重把经商的利润回馈乡里，一生做过很多善行。每到过年，他们都要用车拉着米面，资助那些贫穷的家庭，帮助其渡过年关。1877 年，天遭大旱，乔致庸开粮仓赈济灾民。

同时，乔致庸治家很严，乔家的家规有：一不准吸毒，二不准纳妾，三不准虐仆，四不准赌博，五不准冶游，六不准酗酒。严格的家规也成为家庭持盈保泰、商业事业日益兴盛的保证。

### （二）不拘一格用人

乔致庸之所以能成为富甲一方的商贾，一个非常重要的原因是善于用人。他打破了晋商按部就班选用人才的模式，从内外破格选聘人才，为乔家聚集了许多优秀的经营管理人才。乔致庸不拘一格使用马公甫、阎维藩等人才，对乔家事业的发展起到了很好的促进

① 霸盘，指囤积居奇，垄断经营。

作用。

马公甫本是复盛公字号下属粮店里一个没有任何身股[1]，也不识字的小伙计，有一年，复盛公的大掌柜委派马公甫回祁县乔家汇报经营情况，马公甫表现出不凡的才干，不仅汇报得条理清楚，而且在汇报中还显示出他的经营谋略。乔致庸看出他是个人才，立即给他加顶身股8厘。在大掌柜告老后，便让他当上了复盛公的大掌柜。马公甫上任后，将复盛公经营得很有起色，并带动包头整个复字号的巨大发展，也给乔家赚回不少银子。乔致庸的破格用人，给包头商界留下了一句歇后语：“马公甫当掌柜——一步登天。”

阎维藩原是平遥蔚字号福州分庄的经理，与年轻武官恩寿交往密切。当恩寿为升迁需要银两时，阎维藩曾自作主张为恩寿垫支10万两白银，为此被人告发，并受到总号斥责。后来，恩寿擢升汉口将军，并归还了所借银两，但阎维藩因曾经受到排挤和总号斥责，决计返乡另谋他就。乔致庸知道阎维藩是商界难得的人才，听到这个消息后，便派自己的儿子备了八抬大轿、两班人马在阎维藩返乡必经的路口迎接。一班人马在路口一连等了几天，终于见到阎维藩，乔致庸之子说明来意和父亲的殷切之情，阎维藩大受感动。乔致庸任命阎维藩为大德恒票号总经理。阎维藩为报知遇之恩，当即表示愿殚精竭虑，效犬马之劳。他自主持大德恒票号的26年间，票号日益兴隆，后来居上，逢账期按股分红都有8 000～10 000两，大德恒票号成为最有竞争力和生命力的票号之一，为乔家的商业发展立下了汗马功劳。

### （三）兴建乔家大院

乔家大院（见图4－2）又名在中堂，是乔氏家族的宅第，位于山西省祁县乔家堡村，北距太原54千米。它始建于清代乾隆年间，之后曾有两次扩建，一次增修。第一次扩建在1862年，由乔致庸主持。晚年的乔致庸一改以往不置家宅的传统，开始在家院附近购置地皮，大兴土木，经过几代人的不断努力，于民国初年建成一座宏伟的建筑群体，并集中体现了我国清代北方民居的独特风格，至今保存完好。

乔家大院为全封闭式的城堡式建筑群，建筑面积为4 175平方米，分6个大院，20个小院，313间房屋。大院三面临街，不与周围民居相连。外围是封闭的砖墙，高10多米，上层是女墙式的垛口。大院有主楼4座，门楼、更楼、眺阁点缀其间，气势宏伟。各院房顶有走道相通，便于夜间巡更护院。大院大门坐西向东，为拱形门洞，上有高大的顶楼，顶楼正中悬挂着山西巡抚受慈禧太后面谕而赠送的匾额，上书“福种琅嬛”四个大字。大院从外面看，威严高大，整齐端庄；进院里看，富丽堂皇，井然有序。

全院布局严谨，设计精巧，俯视呈“囍”字形，建筑考究，砖瓦磨合，精工制作，斗

---

① 晋商的股份制中独特的顶身股制度。所谓顶身股就是在企业的股份构成中，除出资人的银股外，即资本股份，还有掌柜阶层和资深职员持有的人身股。顶身股的一俸相当于银股的一股，一般大掌柜顶一俸，二掌柜以下到资深职员，根据工作年限和表现分别顶九厘及以下的不同等次。

图 4－2 乔家大院

拱飞檐，彩饰金装，砖石木雕，工艺精湛，不但整体上有美感，而且在局部建筑上各有特色，充分显示了我国劳动人民高超的建筑工艺水平，具有相当高的观赏、科研和历史价值，被专家学者称为"北方民居建筑史上一颗璀璨的明珠"，因此素有"皇家有故宫，民宅看乔家"之说，誉满海内外。

# 第三节 晋商的精神特征与文化观

## 一、晋商的精神特征

明清晋商横跨欧亚三万里，称雄商界五百年，在中华大地上曾取得辉煌的商业成就，这与晋商的进取、敬业、群体精神是分不开的，可以说，晋商精神正是晋商取得商业成功的宝贵的精神财富。

### （一）进取精神

山西人把经商作为大事业来看，他们通过经商来实现创家立业、兴宗耀祖的抱负，而这种观念成为晋商在商业上不断进取的巨大精神动力。清朝人纪晓岚说："山西人多商于外，十余岁辄从人学贸易，俟蓄积有资，始归纳妇。"这就是说，事业不成，甚至连妻子也不娶，由此可见晋商的进取心。

晋商的进取心主要表现在其不畏艰辛，敢于冒风险。他们拉着骆驼，千里走沙漠，冒风雪、犯险阻，北走蒙藏边疆，东渡东瀛，南达南洋，这充分显示了不畏艰辛、坚韧不拔的精神风貌。如晋商在清代开辟了一条以山西、河北为枢纽，北越长城，贯穿蒙古戈壁大沙漠，到库伦，再至恰克图，进而深入俄罗斯西伯利亚，又到达欧洲腹地彼得堡、莫斯科的国际商路，这是继我国古代丝绸之路衰落之后在清代兴起的又一条陆上国际商路。对于事业上的成功，没有非同一般的胆略与气魄是不可能实现的。在经商过程中，晋商不仅要忍受恶劣的气候，而且常常遇到被盗贼抢掠甚至丧失生命的险境。如晋商到包头经商，杀虎口是必经之路。有民谣称："杀虎口，杀虎口，没有钱财难过口，不是丢钱财，就是刀砍头，过了虎口还心抖。"但是，旅蒙晋商并不因此退缩，而是人越去越多，势如潮涌。

晋商的进取心还表现为强烈的开拓精神。许多晋商就是靠自强不息的精神，白手起家而成大业。如著名的大盛魁商号，其创始人之一的山西太谷人王相卿，幼年家贫，为生活所迫，当过佣工，在军队当过伙夫，服过杂役，后来与山西祁县人张杰、史大学一起随营贸易，先是肩挑负贩，拉骆驼，后在乌里雅苏台、科布多开吉盛堂商号，又将商号改名为大盛魁。王相卿白手起家，几经磨难，到雍正时期，大盛魁已经是一家具有相当规模的商号了。

开拓进取、自强不息、不畏艰辛、敢于冒险，成为明清时期晋商经营商业成功的一个重要因素。

### （二）敬业精神

敬业是一种对职业专一、不涣散的精神状态。敬业是中国劳动人民的传统美德。敬业精神也是事业成功的保障。在重儒轻商的封建社会，晋商摒弃旧俗，难能可贵地以经商为荣，把商业作为一项终身的崇高的事业来对待。晋商的敬业思想在实践中具体体现为：

#### 1. 奋业

奋业是大多数晋商所具有的良好品德。许多晋商中的第一代都出身贫寒，有些甚至年少时就父母双亡，不得不弃学经商，远走他乡当学徒，经过几十年的辛勤奋斗，逐渐积累了财富，才成为闻名乡里的富商。如山西定襄人邢九如，少年时家里贫寒，14 岁那年失去了父亲，又过了 2 年，他的大伯也辞世，家道日益衰落，为了养活年老的母亲和年幼的弟弟，不得已弃学经商，20 岁左右就远赴内蒙古的赤峰经商，经过 40 多年的勤劳经商，家道才慢慢丰厚起来。

#### 2. 刻苦

不怕苦、不怕累，也是大多数晋商的良好品德。他们经商经常"跋涉数千里，率以为常"。他们远赴他乡，不以身家为念，许多人还把吃苦勤俭的美德代代相传，形成一种不怕艰苦、不畏风险的创业精神。在经商的刻苦性上，当时的晋商可以说居全国之冠。晋商的足迹，南至香港、加尔各答，北到伊尔库茨克、西伯利亚、莫斯科、彼得堡，东起大阪、神户、长崎、仁川，西到塔尔巴哈台、伊犁、喀什噶尔。在经商过程中，有些晋商甚至学会了用蒙古语、哈萨克语、维吾尔语、俄语同北方少数民族或俄罗斯人交流。

#### 3. 谨慎

晋商经商以谨慎闻名。以票号为例，晋商经营放贷业务，都是建立在充分调查了解情况的基础上，不轻易冒风险，不打无准备之仗，以避免不必要的损失。山西票号对放款业务的风险控制，主要表现在他们对放款对象一定要在详细调查对方资产、用款目的、还款能力、财东情况等的基础上，才决定放款与否。有的票号对用款户的透支数额还作了明确规定：上上等户不得超过 30 000 两，上等户为 5 000～10 000 两，中等户不得超过 3 000 两，下等户则不与之交往。这一严格的客户选择规定有效地规避了商业风险。

### （三）群体精神

晋商在经营活动中很重视发挥群体力量。他们利用宗法社会的乡里关系彼此团结在一起，通过会馆的维系和精神上崇奉关圣的方式，增进相互间的了解，通过讲义气、讲相与、讲帮靠，协调商号间的关系，消除人际不和，形成大大小小的商帮群体。形成晋商这种商帮群体精神的原因如下：其一，得益于家族间的孝悌和睦。乔致庸的孙子乔映霞主持乔家家政时，曾把兄弟集中在一起，让练有武艺的九弟先把一双筷子折断，接着又让其一次折九双筷子，结果折不断，乔映霞寓意让众兄弟团结互助。其二，经商活动中业务扩大与商业竞争的需要。随着晋商活动区域和业务范围的扩大，商业竞争也越来越激烈，于是从家族到乡人，逐渐形成同舟共济的群体。一些大商人家庭，还相互联姻为亲戚，垄断经营的业务，增强商业竞争实力。

在亲缘集团的基础上，晋商又逐渐发展为地缘组织。清朝乾隆末年，在典当业中已出现了所谓“江以南皆徽人，曰徽商；江以北皆晋人，曰晋商”的说法。本身“晋商”这一名称的出现，正说明了清代山西商人已逐步形成一个地域性的商帮。晋商的商帮群体精神在商业经营中的表现有三种形式：

#### 1. 朋合营利与合伙经营

朋合营利是最初的群体合作形式，是指资本雄厚的人将资本交给他人，合作进行盈利活动，互相之间立有契约，规定出资者获利若干，出力者分息若干，有资者和无资者、有力者和无力者互相合作，劳逸共济。而合伙经营是一个人出本，众伙而共商，也就是财东与伙计合作经营，它与朋合营利的不同之处是，一个财东可以有许多伙计。伙计制是在朋合制基础上发展起来的，从规模来说，要比朋合制大，但两者均属于比较松散的商人群体。

### 2. 按地区形成商帮

按地区形成的商帮是在朋合营利和伙计制的基础上，以地域乡人为纽带组成的群体。地域性商帮最重要的标志就是晋商在各地设立的会馆。山西会馆是明清年间在全国各地晋商所到之处联合捐资建设的共同聚会、娱乐、议事的场所。所有的山西会馆都有两个共同特征：一是都拜关公，有关帝庙或关公殿；二是都有戏楼。

这种地域帮在全国来说统称为晋帮；在山西内部又按省内的不同地区形成不同的商帮，如泽潞帮、临襄帮、太原帮、汾州帮等，其中，平遥、祁县、太谷为山西三大票号商帮。

### 3. 以联号制和股份制形成业缘群体组织

联号制是指由一个大商号统管一些小商号，类似西方的子母公司，其在商业经营活动中发挥了企业的群体作用。股份制是晋商在经营活动中创立的很有特色的一种劳资组织形式。股份制的实行，使劳资双方均可获利，极大地调动了全体员工的积极性，在商业企业经营中充分发挥了群体作用。

## 二、晋商的文化观

传统的观念是，四民中以士为一等，商为末等。但明清时的山西人却不这样看，他们认为商和士、农、工是同等重要的事业，都是本业，同样要敬。榆次富商常氏，把家族中最优秀的子弟投入商海。常氏家族弃儒经商、弃官经商的子弟很多。如常氏家族第十三世常维丰，幼年从师就读，写得一手好文章，得到很多人的器重，长大后却放弃科举，赴张家口经商。他极具才能，办事干练，特别精于用人、变通之道，凡事一经裁酌，立即决断，为同仁所不及。第十四世常旭春，是清末举人，曾任晚清法部员外郎，书法艺术名冠三晋，诗词也作得很好，但他最热衷的还是经商。常氏改“学而优则仕”为“学而优则商”，能数代集中优秀人才锐意经商，从而形成了一个具有相当文化底蕴的商人群体。由于他们把儒家教育的诚信、仁义、忠恕精神引入商界，从而有了常氏商业的繁盛。

晋商的成功还与晋商秉持的儒贾相通、义利相通、和衷共济、修身正己等文化观密切相关。

### （一）儒贾相通

晋商家族有重学的一面，许多晋商都有“学而优则商”的特点。他们主张儒贾相通。其虽然重商，但也重学，商学结合，学中有商、商中有学、以学保商，商人中不乏有学问之士。在商品经济活动中，以儒学伦理为指导思想的商人，往往受到广泛的尊重，被称为“儒商”。晋商在经商时能够遵循德业并重、诚信仁和等儒商的重要原则，以诚信为本，重视商业伦理，文明经商，不取不义之财。他们将财富取之于社会，用之于社会。如明代山西蒲州人展玉泉从小跟随父亲经营盐业，长期耳濡目染，精通经商之道。在做生意时，其销售货物与别的商人相比，总是盈利更多。但他毫不吝啬，乐善好施，为乡里筑桥修路，捐资兴学。

晋商以子贡、范蠡为楷模，努力将自己塑造成通晓儒学伦理、践行儒学伦理的义商。他们把儒学作为商人的必修课，如乔家大德通票号的大掌柜高钰，要求全号员工都读《大学》《中庸》；榆次常家创办了号内学校，聘请名师教授儒学，以培养员工的道德修养。晋商通过道德教化，把儒学的伦理思想转化为以德经商的价值观，进而内化为员工的道德信念。

### （二）义利相通

晋商在商业伦理的指导下，形成了自己的义利价值观。义，是中国传统文化中所讲的一种道德规范，也是约束人们行为的准则。晋商认为商人取利，天经地义，关键是所取之利是否符合道德伦理。他们在义利关系的处理上，坚持相通的价值取向，并在义利相通观的影响下，形成诚信戒欺、重视商誉等晋商商业伦理观。“宁可少赚钱，不能失信；宁可不赚钱，不能失信；宁可赔钱，也不能失信”是晋商长期坚守的商业道德准则。他们因此而构筑起无形的财富——信誉。如清代著名的山西介休商人范永斗，就是由于“与辽左通货财，久著信义”而受到清政府的垂青，后来当上皇商，并由此获得厚利。

义利思想最直接的表现就是诚信不欺。诚信不欺要求以诚信重义作为商人处世立业之道。“诚召天下客，义纳八方财”是晋商精神价值观的重要体现。信誉对于票号来说尤为重要。当时的社会几乎没有什么保障机制，晋商能把几乎全国的金融汇兑业务运转起来，凭的就是他们的信誉。如八国联军进入京城前夕，设在京城的晋商票号纷纷撤资回晋，平遥的蔚丰厚票号在回撤之前，对各存款户如数兑付了现银，第二年蔚丰厚重新回京设庄，由于良好的信誉，仍深受各界推崇。可以说，义利相通的精神理念已贯穿于晋商的经营过程之中，成为明清时期晋商的金字招牌。

### （三）和衷共济

义利思想是明清晋商的精神价值观，也是经营管理哲学。但商品市场存在激烈的竞争，深谋略，通权变，作为商场上的竞争之道，在晋商身上也得以体现。但晋商在与同业的往来中，除了保持平等的竞争，更难能可贵的是还保持相互支持和关照的关系，和衷共济成为明清晋商文化观的又一个特色。

晋商奉行“中和”之道，在处理人际关系，甚至是与竞争对手的关系时，也讲求厚道，注重与人为善，以诚、以宽、以礼待人，摒弃“同行是冤家”的思想，和衷共济，在同行遭遇突发危难时，伸出爱心救助之手。如晋商中经营票号的巨商富贾祁县的乔家、渠家和太谷的曹家，在全国各主要商埠都有分号，也发行一种可以到票号兑付现金的纸币

"钱帖子"。清朝光绪年间，在东北地区突然盛传乔、渠两家发行的"钱帖子"要贬值，兴起一股挤兑风潮，两家一时难以应付。而曹家由于在东北地区根基较深，曹家的"钱帖子"在东北地区信誉仍很高。此时，曹家并未对乔、渠两家的危机坐视不管，而是答应两家的求援请求，立即通知所有曹家的票号、银号均可代乔、渠两家的"钱帖子"兑付现金，逐渐平息了挤兑风潮，帮助两家渡过了难关。此后，在东北市场，三家联手，各家都得到了长足的发展。

### （四）修身正己

中国古代思想家认为培养人才之道是"修身、齐家、治国、平天下"，以自我修养为前提。晋商将"修身正己"作为维持家业和事业兴旺的重要基础。在晋商大族中，一些兴盛时间较长、子弟多有前途的家族，往往是重视家规家风的家族。如乔氏家族就非常注重品德教育，乔致庸将《朱子治家格言》写在屏门门扇上，儿孙启蒙时必读。乔家的始祖乔贵发留下的祖训是：我本是穷人，受尽别人歧视；后人切不可为富不仁，欺压穷人。乔家后人代代谨记祖训，善待穷人，不欺压、歧视穷人，还乐善好施，扶困济贫。光绪初年，山西遭灾，乔致庸约束家人"禁肉食，著粗衣"，降低生活标准，同时开仓放粮，广设粥棚，捐银赈灾，留下很好的口碑，光绪皇帝还赐赠由李鸿章书写的"仁周义溥"的匾额，悬挂于乔家老宅门上。

# 第四节 晋商的经营管理特色

## 一、晋商的经营管理理念

晋商的辉煌，不仅成就了富商巨贾，推动了山西成为明清时期海内最富的地区之一，而且有力地促进了商品经济的发展、城镇的兴起和对外贸易的发展。而晋商富有特色的先进的经营管理思想，如讲究信用、公平竞争、薄利多销、重视信息、以人为本等，以及富有创新精神的经营管理机制和制度，也极大地丰富了中国的传统商业文化。

### （一）讲究信用

晋商崇信尚义，梁启超先生就曾评价晋商"笃守信用"。晋商在经商过程中不欺人，当发现售出的货物价格高了，就立刻追上买主，将多收的钱退回去。他们认为，诚信正直的商人，必然会赢得顾客的信任。正是由于晋商信用卓著，才能与贸易对方因信用而产生一种特殊的结算形式——标期。

标期即赊购结账期，是清代晋商中执行的一种极其严格的收、付款项的制度。商号与商号之间，由于生意往来，彼此有存、有欠，需要按照预定日期进行清理。有存项就收回来，有欠项就付出去。每月清理债权、债务的日期，就叫做“过骡子”；每季清理债权、债务的日期就叫做“过标”。一些大商号共同议定一年内“过骡子”日期和“过标”日期，并于年前一次通知各商号共同执行。凡赊购标期货的商号，如到标期付不了款，叫做“顶标”。顶标的商号经理人姓名要在汇兑行业登记，一经登记，各商家便与这家商号断绝往来关系，顶标的商号从此就不能或很难买标期赊购货物。标期制对于避免和防范债权、债务纠纷，有效促进批发商的资金周转速度，保证专业汇兑的信用具有重要作用，因而受到各商家的热烈欢迎。

### （二）公平竞争

历史上山西票号财大气粗，他们的势力几乎左右全中国的金融市场。虽然有着得天独厚的竞争优势，但他们却从不欺行霸市，以势压人，而是义中取利，同舟共济，互利互惠，这样票号之间就避免了矛盾激化和一些不正当的竞争。大的票号凭借雄厚的资金优势、良好的信誉、灵活的经营策略和优质的服务招揽顾客，扩大业务，展开公平竞争，取得良好的经济效益。且实力雄厚的票号对一些资金少、规模小的钱庄、店铺、典当行、账局，不但不排斥，反而经常给予资金上的资助，实现共同发展，从而增强了晋商作为群体的实力。

### （三）薄利多销

晋商做生意的一个重要特点是薄利多销、产销结合。他们深入了解各地的生活习惯，消费水准，市场容量，产品规格、性能、价格等要素，采取以销联产、产销结合的办法，有时直接联系货源，组织生产加工。如他们到内地采购草原牧民需要的服装、茶叶、布匹、铁锅、白酒、红糖、果品等贱价抛售，还将布料扯成不同尺寸的蒙古袍料任牧民选购，从而使销量大增，利润也随之增多。平遥、祁县的一些茶商干脆在福建武夷、安徽六安及湖南等产茶区开设茶叶加工厂，自己将茶叶加工包装成砖茶，然后加盖本商行的商标后到各地销售。这样做既保证了茶叶的品质，又降低了运输和制作成本，可以做到薄利多销。

微课

晋商的营销策略

### （四）重视信息

做生意要讲求信息，尤其是以贱买贵卖为主要手段的晋商，十分重视商品信息，善于预测行情。他们通过各种渠道了解市场行情，掌握各地物资余缺情况及其他影响商业经营的各种情报，以便作出准确的判断，采取正确的商业决策。如票号的总号和分号之间一般五天一信，三日一函，互通情报。这种经济情报对晋商寻求商机起了很大的作用。

### （五）以人为本

晋商受中国传统人本思想的影响，在经营管理实践中坚持以人为本的理念，把人力资源看成商号的第一资源，重视员工的培养教育，促进员工个人潜能的发挥，从而为商号创造更大的经济效益。如学徒进入商号必须经过三年的训育，训育的内容包含各个方面，尤其是对品德方面的教育。经过三年训育，再对学徒进行认真考察，重点考察其做事能力和道德品行。许多商号也重视对其他员工的培养，专门办号内学校，聘请名师教育员工，以奠定员工立身的基础。

晋商在用人上，则秉持知人善任、选贤任能的理念。对掌柜（经理）的选聘，不分门户，不附裙带，不徇情，不嫉贤，知人善任，任人唯贤。财东对掌柜的选聘往往要经过较长时间的察访，在平时的实践中加以考察，当确定被考察人有谋有为，足以担任票号经理后，就不惜重金聘用，委以全权，坚持“用人莫疑，疑人莫用”的原则。

图 4－3 为晋商的学徒规矩。

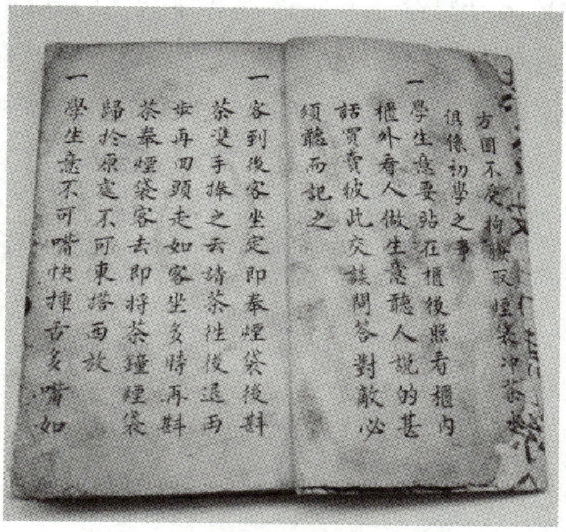


图 4－3 晋商的学徒规矩

## 二、晋商的经营管理机制

晋商对商号的管理，非常注重管理机制的创新，他们创造了有效的激励机制、约束机制、信用机制以及风险防范机制。

### （一）激励机制

激励机制的核心是设计合理的薪酬制度。晋商创造的行之有效的薪酬激励机制便是顶身股制度。所谓顶身股就是在商号的股份构成中，除出资人的银股外，还有掌柜阶层和资深职员持有的身股，身股可以和银股一起参与分红。一个小伙计入号，先得当三年学徒，做一些伺候掌柜之类的粗活，闲暇时学习打算盘、练毛笔字，商号光管饭，不给工钱。满徒后，按月发放薪资，但还顶不上生意。起码等三个账期以后（大约需要十年），工作勤勤恳恳，没有出现过重大过失，经掌柜向东家推荐，各股东认可的情况下，才可以开始顶股，从一二厘顶起，逐步增加。每次增加的股份，记入“万金账”，予以确认。能顶到七八厘，这时就可能被提拔为三掌柜、二掌柜。但如果顶上股份后，发生了重大过失，还可酌情扣除股份，甚至开除出号。著名大商号大盛魁、协成乾、志成信、大德通、日升昌等都实行这种顶身股制度。晋商的顶身股制其实就是股票期权的雏形，它将商号的经营业绩和员工个人的利益挂钩，有利于调动员工的积极性，避免商号内盗行为，从而保证了资金的安全，不仅使商号的经营管理人员获得了较大的物质利益，也为财东创造了很大的经济效益。

### （二）约束机制

晋商在约束机制上，一方面各家商号都制定了名目繁多的号规，这是一种硬约束；另一方面，在管理实践上，又从道德伦理方面进行潜移默化的软约束，即用儒学中的“诚、信、忠、义”来教育和塑造员工。“诚”就是在商业活动中以诚对待客户，不欺诈，不以次充好、以假乱真。如八国联军侵入北京，在北京的晋商分号都被八国联军毁坏了，账本也烧毁了，钱也丢了，但晋商仍坚持只要客户拿票，只要客户在自己的票号存了银子，有凭据，都照付不误。“信”是指诚信，讲信义，“受人之托，忠人之事”是晋商形成的一个非常优秀的传统。“忠”就是要求下级员工忠于上级，具体而言就是掌柜忠于东家，分号掌柜忠于大掌柜，普通员工忠于分号掌柜，这种忠诚链形成了有序的管理秩序。晋商的“义”则表现在他们在经商过程中公平交易，互利互惠，乐善好施，对同行、客户讲诚信，并把“义”作为维持人与人之间正常交往的伦理道德基础。

### （三）信用机制

晋商把信用作为营业的一条根本原则，作为商号安身立命、不断壮大的基础。晋商建立的信用机制主要表现在以下三个方面。一是在经营过程中讲求信用，用诚实信用的形象赢得顾客。明清时期绝大多数蒙古人一旦认准晋商某一牌号的砖茶后，便长期购用，而且只认牌子，从不还价。二是建立用人上的信用机制，包括如何在财东与大掌柜、总号大掌柜与分号掌柜、分号掌柜与普通员工之间建立信任关系，具体表现在：一旦财东将资金全权委托经理，对经理日常经营活动概不过问，让其放手经营，只需静候经理的年终报告，体现了对经理的充分信任；而分号掌柜则是大掌柜的助手，他们的任命由大掌柜决定，与大掌柜有个人之间的信任关系；对学徒的培养过程，也是对其信用程度的考验。三是将道德信义作为与合伙人相处的基础。前述的“标期”就是一种由信用交易产生的特殊结算方式。

## （四）风险防范机制

晋商以票号著称，票号是在社会经济不断发展、商业资本活跃的基础上产生的金融组织。金融业又是一个高风险的行业，如何规避、防范和化解金融风险是晋商在票号经营中重点要解决的问题。明清时期，晋商票号采取了许多行之有效的办法来抵御和化解金融风险。

### 1. 花红制

晋商票号的所有者一般会从红利中预提一定比例的资金，作为弥补未来意外损失的风险基金。这笔款项是总号在每次账期决算后，依据纯利润的多少按预定比例、对应各分号掌柜所计提的一定金额的损失赔偿准备金，这项准备金即“花红”，或称“倍本”。“花红”专项存储在票号，并支付一定的利息，一旦出现意外风险，就以此作为补偿。如果在分号掌柜任期届满退休时，未曾出现意外事故，则连本带利一并付给分号掌柜，这相当于一笔数目十分可观的退休奖励金。建立花红制的作用一方面在于保障票号正常经营，防范意外经营风险；另一方面也能够激励总号和分号掌柜审慎经营，因为分号的利润越多，在未发生风险的条件下所获的收益也越多。

### 2. 会馆制

会馆是明清时期旅居异地的同乡人共同设立的，供同乡、同业聚会或寄居的馆舍，也是一种以地域关系作为建馆基础的同乡组织。晋商在异地建立的会馆通过联络乡谊、合议公约、实施义举等活动给予同乡或同业更多的帮助。当晋商设在异地的票号在资金周转上遇到困难时，都会寻求会馆的帮忙和支持，因此，由会馆所形成的合力增强了晋商抵御经营风险的能力。图 4－4 为山西会馆。

**图 4－4　山西会馆**

### 3. 合股经营

晋商商号的股份有两种：银股与身股，出资者为银股，出力者为身股，按照股份分红利，商号的营业状况越好，利润越丰厚，身股也随之增加。因此，那些拥有身股的员工即使掌柜不监督，也会勤劳节俭。这种形式的合伙制充分调动了经营者的积极性、主动性，并且分担了经营中的商业风险。图 4－5 为身股凭证。

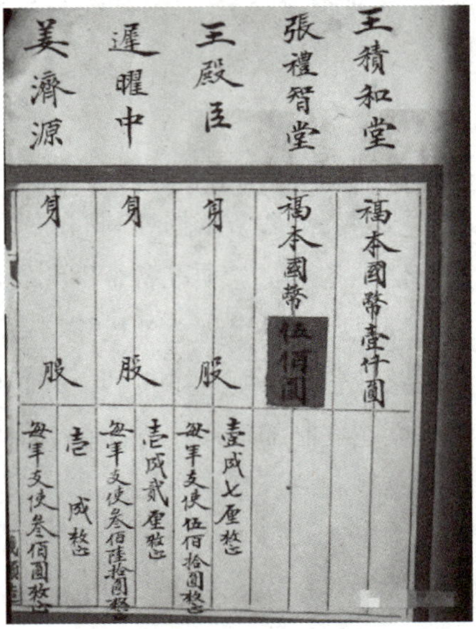


**图 4－5　身股凭证**

### 4. 巡视制

巡视制是总号对分号加强监管的一种机制。为了了解各地分号的运营状况，分号必须定期向总号汇报工作，通过汇报，总号考察各分号的工作。同时总号还不定期委派人员巡视分号，了解分号的经营情况、员工的业绩、纪律等，成为晋商控制外地商号的有效管理办法。巡视人员一般不干预商号业务，只提出个人观点供掌柜参考，但如果发现分号管理人员有贪污、舞弊、道德败坏、不团结、工作扯皮的行为，致使财东利益遭受重大损失，巡视人员则有处分、调动、更换管理人员的权力。

### 5. 密押制

为了防止异地汇票发生以假票、伪票冒领款项的情况，日升昌票号首创了密押制，密码用文字代替数字，如将一、二、三、四、五、六、七、八、九，分别用晋、兖、青、徐、扬、荆、豫、梁、雍九个字代替。且各家票号的密押经常不定期更换，如日升昌票号当年曾传诵这样一首诗：

> 无限登高趣，苍茫独赋诗。树多红绚彩，山近碧争奇。霜气浓添艳，
> 烟痕淡入眉。林峦开锦画，天地壮才思。枫径停车处，苔岩扫石时。

这首诗看似写景，实际上这 50 个字代表的是各地 50 个分庄的暗号。每个分庄也都编

了自己的暗码字。为了做到万无一失，日升昌票号专门定制了加水印专用纸，在纸的四角藏水印“日昇昌記”字样。这在当时是前无古人的创举，有效地保证了票号的金融安全，也使百年票号从来没有发生汇兑业务差错。

## 三、晋商的经营管理制度

晋商在创新管理机制的同时，也注重管理制度的建设。他们建立了一整套规章制度（统称“号规”）来约束财东、管理人员和普通员工的行为，以保证商号的有序运行。

### （一）组织制度

晋商的发展经历了朋合营利、合伙经营，再到股份制的发展过程。随着晋商在各地广设分号，其规模日益扩大，为了有效调配商号各级人员，发挥组织的效能，晋商设计了有效控制的商号组织。

首先，商号实行两权分离，即所有权和经营权的分离。财东作为所有者只管两件事：任命大掌柜（总经理）和主持一个账期（3～4 年）的分红。商号的经营管理由大掌柜全权负责。大掌柜选定之后，由其组建自己的管理团队，一般设二掌柜（副总经理）一人，三掌柜一人，这三个人属于高级管理人员，是商号管理团体的核心。掌柜下设管账先生（总会计师）一人，副管账一人，帮账二人，文牍先生（办理号中对外信函）一人，坐掌柜（管理门市部）一人，录信员（誊写来往信件）二人，正跑街（接洽业务）一人，副跑街一至三人，练习跑街数人。这些人员保证了商号的有效、正常运转。

其次，晋商还采用联号制，由设在山西本地的总号统辖分布于各大商埠的分号，以本地为中心向全国各地辐射。如太谷县曹家就是一个总部设在山西，以这种联号制形式，管理着庞大“子公司”的“母公司”。它通过励金德账房管理设在太原、潞安及江南各地的商号，通过用通玉账房管理设在东北的各商号，通过三晋川商号管理设在山东的各商号。各商号在上一级商号的领导下，无论在信息交换、物资采办还是市场销售上都相互支持，必要时在财政上也可挪款相助，从而形成了一个强有力的商业集团。联号制使晋商将商业资本和金融资本融为一体，既加速了资金周转，又提高了商号的竞争力。

### （二）标期制度

标期制度是一种以信用为基础的定期结算制度，最早由资本雄厚、规模宏大的大盛魁创立，后来很快得到推广。在晋商的大本营和主要活动区域祁县、太谷、平遥、归化城、张家口都实行了这种结算制度。其主要内容是：一年分为春夏秋冬四个标期，在日常的商品交易中，买卖双方只是赊账，并不结算；只是到了标期的前三天进行债权、债务的账目核对，对相互抵顶后的净额进行现银的交割。标期过后，又开始新一轮赊购赊销。

晋商中的标期以太汾标最为著名，而太汾标中又以太谷标信誉最好。太谷标之所以久负盛名，就在于有资金雄厚、声名显赫的曹家商号，当时甚至出现了小小的太谷在商务上统辖太原府的现象。太谷也被称为“中国的华尔街”。

### （三）财务管理制度

晋商商号的财务管理非常严格、有序，并建立了相当完善的财务管理制度。商号将全部经营活动按性质和渠道划分为进、缴、存、该四类，分别设立账簿核算。“进”是指全部收入；“缴”是指全部支出；“存”是指包括债权在内的全部资产；“该”又称欠，是指包括投资在内的债务。年终决算，就是比较“进”与“缴”以及“存”与“该”的差额，平衡计算盈亏。

随着业务内容的增多，为了加强账务管理，票号设置了记事账、银钱账、同业钱铺账、内部浮记账、应支账、未支账等种类繁多的账簿，各类账簿数量多达 33 种，而且登记详密，各有功能，详细记录了商号的经营活动。同时，同一笔经营活动记入不同的账目中，账与账互相制衡，也有效防止了内部员工的违规行为。

此外，晋商商号还采取独特的保密管理制度。总号与分号之间，不论指示、安排或请示、汇报，均用编号和记有日期的书信；写书信用暗语，重大机密派高级职员亲往口授；汇票采用水印防伪技术；实行汇票由专人书写、用汉字作密码、“讨保取款”等一系列密押制度，以保证票号与顾客双方的利益。

### （四）员工管理制度

晋商商号在长期的管理实践中还形成了一系列约定俗成的规范，上至财东，下至普通员工，都需严格遵守。如规定财东平时不得在号内食宿、借钱，不得指使号内员工为自己办事，不得干涉号内用人事宜，不得用商号的名义在外活动，不得干预商号业务等。违反这些规定的，立即开除。对员工的这些严格规定，保证了晋商的信誉，杜绝了票号内营私舞弊现象的发生。

## 课堂活动：分析、比较当代晋商与近代晋商的文化特征

**背景资料：**搜集三位当代晋商的个人成长及其经营管理的企业的资料，分析其个人及企业成功或失败的原因。

**分析执行：**团队在搜集晋商资料的基础上，通过讨论确定拟分析的三位当代晋商及其经营管理的企业，分析这三位晋商的成长经历、个人特点及其企业的发展历程，从中提炼出当代晋商的文化特征，并将之和近代晋商的文化特征进行比较，从而分析晋商文化的历史变迁。

**活动记录：**

**表 4-2 晋商文化比较分析**

<table>
<tr><td colspan="3">当代晋商</td><td>近代晋商</td></tr>
<tr><td rowspan="4">晋商 1</td><td>经营管理的企业：</td><td>文化特征</td><td>文化特征</td></tr>
<tr><td>个人成长历程：</td><td rowspan="11"></td><td rowspan="11"></td></tr>
<tr><td>企业发展历程：</td></tr>
<tr><td>成功或失败的原因：</td></tr>
<tr><td rowspan="4">晋商 2</td><td>经营管理的企业：</td></tr>
<tr><td>个人成长历程：</td></tr>
<tr><td>企业发展历程：</td></tr>
<tr><td>成功或失败的原因：</td></tr>
<tr><td rowspan="4">晋商 3</td><td>经营管理的企业：</td></tr>
<tr><td>个人成长历程：</td></tr>
<tr><td>企业发展历程：</td></tr>
<tr><td>成功或失败的原因：</td></tr>
</table>

案例分析

## 大德通票号的银钱账

大德通票号的银钱账有 18 种之多，分别是：

（1）流水账：各项收支均先记入此账分录，然后入老账，故该账可称为各种账目之原始账，如同银行簿记之日记账。账内抬头之下分上下两方，上方记载收入，下方记载支出。

（2）老账：依流水账各抬头，分别记载的一种账簿。该账包含全部财产变动的综合情况，因此可据以知晓财产状态及营业损益。此账名称虽多，但也不外乎入出老账与收取老账两种：入出老账记载营业上的损益，即票号的损益部分；收取老账表示营业上对内对外的一切资产与负债，收即票号债务部分，取即票号资产部分。入出老账合计的余额等于收取老账的余额。

（3）现金账：为核计库存而设，凡逐日出入现款，必须登记此账，其收支合计的余额，即本日库存之数。

（4）万金账：记载财东姓名，提供资金数额，并注明有几俸。顶身股人员之身股数亦记载入此账。

（5）浮记账：为省时间而设。因当年票号极盛时代，逐日交易，事务过繁，如往来存款一种，增加特多，如果逐宗记入流水账，再由流水账抄入老账，只有两三个帮账员绝不能胜任，于是为了提高工作效率，才设立这种账簿。记载往来存款、应收未收、应付未付和暂时性存入、支出等，不过流水账直接登入此账，待月终结算时只将收取两方之合计数，一次移转于流水账。

（6）各号往来账：记载各地分号往来数。

（7）未到期票账：汇款尚未取走的记入此账。

(8) 员工支付账：薪资人员收支往来账。

(9) 借贷账：记载放款数。

(10) 收借账：记载存款额。

(11) 缓期账：放款一时收不回的记入此账。

(12) 屡年账：记载无希望回收之款。

(13) 加色账：记载银色差次之数。

(14) 汇费账：记载汇款所得的汇费。

(15) 收付利账：存付款得出利息账。

(16) 清抄账：记载年终决算。

(17) 杂使账：记载杂费日用开支。

(18) 现换账：此账分为三种，即钱银现换账、钱洋现换账、银洋现换账。此账所记为票号内部换算货币使用之款项。

资料来源：信德俭．明清晋商管理思想［M］．北京：中国社会出版社，2008：111.

**问题**

1. 为什么大德通票号要设置种类繁多的银钱账？
2. 晋商票号严格的财务管理制度对晋商的发展有什么作用？

## 自测题

### 一、判断题

1. 花红制类似于现代银行的存款准备金制度。（　　）
2. 中国历史上第一家票号是乔致庸创立的日升昌票号。（　　）
3. 明朝实施了有利于晋商发展的政策——“开中制”。（　　）
4. 晋商发展到清代，已成为国内势力最雄厚的商帮。（　　）

### 二、单选题

1. 平遥、祁县和（　　）是山西三大票号商帮。

A. 介休　　B. 晋中　　C. 太原　　D. 太谷

2. 将晋商事业推向顶峰的是下列哪一种行业？（　　）

A. 驼帮　　B. 船帮　　C. 票号　　D. 茶叶

3. 汇通天下是清代（　　）最典型的写照。

A. 徽商　　B. 晋商　　C. 浙商　　D. 粤商

### 三、简答题

1. 简述晋商的精神特征。
2. 晋商有哪些重要的风险防范机制？

# 第五章 胡雪岩与徽商文化

## 素质目标

具有社会责任意识，养成诚实守信的品格，树立自强不息的精神。

## 知识目标

熟悉徽商发展历史，描述徽商经营之道，阐明徽商文化特征。

## 能力目标

能借鉴徽商代表人物的经营理念，探索徽商文化特征对当代商业企业合规经营的启示。

## 大家来讨论

### 徽州文化

徽州文化，又称徽文化，主要由徽剧、徽菜、徽派建筑、徽州民俗、徽州方言、新安理学等文化艺术形式共同构成。徽州文化是一个极具地方特色的区域文化，其内容广博深邃，深切透露了东方社会与文化之谜，全息包容了中国封建社会后期民间经济、社会、生活与文化的基本内容，被誉为中国封建社会后期的典型标本。学术界对其研究经历了大半个世纪。20 世纪 80 年代以后更是日趋火热，逐渐形成了一门相对独立的社会科学学科——“徽学”，其与敦煌学和藏学齐名于世。

“十户之村，不废诵读。”徽文化形成的背后，是徽州盛行的读书风气和徽商亦贾亦儒的品性。在外的徽商一旦发迹，衣锦还乡，便大兴土木，建楼院、祠堂，修路桥、会馆，特别是热衷于开学堂、办试馆，培养人才。同时自唐代以来一千余年稳定的“一府六县”格局，也为徽文化的形成创造了有利的条件。

明清时期，仅有6个县城、人口最多时不过70万人的徽州府，就出现了1 136名进士，因而造就了“连科三殿撰，十里四翰林”“父子尚书”“一榜十九进士”“四世一品”的逸事。更让人惊叹的是，从唐武德五年（622年）正式开科取士，到清光绪三十一年（1905年）废止科举，1 300年间，全国共录取状元800多名，平均3个县才有一名。而历史上人口长期不过十七八万人的休宁县，却拥有19名状元，是当之无愧的中国状元第一县。更是让人啧啧称奇的是，黄庚、黄轩、黄思永三位黄姓状元都来自于休宁县五城镇的黄氏宗族，可谓“一镇三状元”。

资料来源：搜狐网，https://www.sohu.com/a/205785787_488901.

**请思考：**

如何理解徽商文化的内涵？

# 第一节 徽商的发展历史

## 一、徽商的起源与发展

徽商是旧徽州府籍的商人或商人集团的总称，而非所有的徽籍商人。通常指的是明清时期，江南省和江南省分治后安徽省江南地区徽州府辖地经商的商人和商人集团。“富室之称雄者，江南则推新安，江北则推山右”，所以徽商又称新安商人，俗称“徽帮”。徽商萌生于东晋，成长于唐宋，盛于明，衰于清末。期间，称雄三百年，鼎盛时期徽商曾经占有全国总资产的4/7，在中国商业史上占有重要地位。

### （一）徽商的成因

徽州，简称“徽”，古称歙州，又名新安，是徽商的发祥地。古时徽州六县指歙、黟、休宁、绩溪、婺源（1949年中华人民共和国成立后，被划入江西）、祁门。徽商兴起的原因如下：

#### 1. 山多地少和与日俱增的人口等客观环境压力

孕育徽商的徽州，是一个古老的地理概念。它地处皖南的崇山峻岭之中，位于皖、浙、赣三省交界处，重峦叠嶂，烟云缭绕，河流清澈，林木深秀，但可耕面积很少，素来的说法是“七山一水一分田，一分道路和庄园”。《徽州府志》记载，徽州“东有大鄣山之固，西有浙岭之塞，南有江滩之险，北有黄山之峻”，用“州在万山中”来形容，最为形象妥帖。早在南宋淳熙《新安志》时代，徽州就有“山限壤隔，民不染他俗”的说法。所谓“山限壤隔”，是指徽州的一府六县处于万山环绕之中，是一个具有相对独立性的地域社会；所谓“民不染他俗”，是指在一个相对封闭的地理环境中，徽州逐渐形成了自己独特的风俗和民情。

徽州的原始居民是“椎髻鸟语”的山越人，他们头上挽着独髻，说着中原人听不懂的方言。山越文化的特征是“鲜知礼节”，剽悍尚武。三国时期，仗着天高皇帝远，徽州山民“依阻山险，不纳王租”，与当时孙权的东吴政权，前后对抗了几十年。因为当时的土著人口很少，百姓的日子并不艰难。但后来就不行了，外来人口大量涌入，从唐代开始，徽人所需的粮食，就已经是“仰四方而来”。

两晋时期的“永嘉之乱”，唐末五代时期的“安史之乱”，两宋之际的“靖康之乱”，形成了三次大的迁徙高潮，最终使徽州成为中国封建时代一个罕见的移民社会。在我国历史上，黄河流域的中原地区，一向是经济、政治、文化的中心，历史上的五大古都中的三个（长安、洛阳、开封）都在黄河流域，动乱的频率很高，今天所谓的徽州大姓有汪、程、吴、舒、戴、胡、江、洪等，都是由北方特别是中原一带因战乱迁徙而来的。徽州山重水复，易守难攻，成为中原士族理想的避难场所。千百年来，由王朝更迭、外族入侵、农民起义等引起的战争连绵不断，但极少有哪一次殃及徽州，包括日寇侵华战争。徽州，就这样成了战争频仍的中国社会的一个世外桃源。历史上每逢中原动荡，烽火四起，都迫使更多的中原士族大规模南迁。外族的大规模徙入活动，其意义之于徽州是深远的，人地矛盾的尖锐激化并诱发的生存危机，使古徽州积累了巨大的人口外向推动力，在这种不断增大的推力与元明商业需求旺盛产生的拉力的合力作用下，徽州人克服了重重社会心理障碍，步出徽州，开始谱写徽商“征伐”天下的艰辛而辉煌的历史。

### 2. 经济重心的南移和商品经济的发展

徽州距经济发达的长江三角洲很近，南宋迁都临安（今杭州）后，政治经济中心南移，促使其邻近地区的经济首先得到相应发展，中原文化也随之被引入江南。徽州正处于东南经济活跃带苏浙的中心和南来北往的要塞，其特殊的地理环境和自身经济发展的需要促使其地主制经济向商业经济转化。

### 3. 丰富的物产和便利的交通条件为徽州人经商提供了先天优势

徽州地区由于地形复杂，不宜种粮，但群山环绕又为徽州人提供了丰富的林木、茶叶等经济资源，这些都是未开发的商品；徽州虽处在万山丛中，但是境内水路发达，徽州地区水域属于钱塘江水系的新安江水系，新安江各个季节的流量变化大，可通行船只，加上附近的京杭大运河、长江等交通要道，为商品的外运提供了便利的交通条件。

### 4. 徽州人强烈的思变精神

作为一个人口不断涌入的移民社会，徽州人口与土地的矛盾越来越尖锐，徽州人的生

图 5-1　徽杭古道

计日益艰难，粮食严重不足，进入明清之后，几乎到了难以为继的地步。一年所产的粮食，只能养活全境 1/10 的人，百姓为粮食所逼外出谋生的竟达 9/10。大量的粮食需从几百里以外的苏常地区乃至上千里以外的湖广地区运来，所以江南米价属徽州的最高。人口与土地的矛盾，形成了徽州人强烈的危机意识和思变精神，使他们敢于打破“重农抑商”的世俗偏见，走出家乡经商谋生。因此，那些很多年以前，从中原涌入徽州的、已经本土化了的中原士族的后代，为了生存，越来越多地涌出徽州，到山外去谋求生路。就这样，徽谚出现了：“前世不修，生在徽州，十三四岁，往外一丢”，而这一丢，竟丢出了明清之际中国商业舞台上影响巨大的商帮。图 5-1 为徽杭古道。

## （二）徽商的形成与发展

### 1. 徽商的形成

徽商萌生于东晋，发展于唐、宋至元末明初，形成于明代中叶，盛于清代中前期，至清代中晚期日趋衰败。历时四百余年，称雄三百年，在中国商业史上占有重要地位。

微课

徽商的形成和发展

《晋书》载，徽州人好“离别”，常出外经商。齐梁时，休宁人曹老常往来于江湖间，从事贾贩。唐宋时期，徽州除茶叶、竹、木、瓷土和生漆等土产的运销外，歙砚、徽墨、澄心堂纸、汪伯立笔等文房四宝产品的问世，更加推动了徽商的发展。

唐代，祁门茶市十分兴盛。南唐，休宁人臧循便行商福建。宋代，徽纸已远销四川。南宋开始出现拥有巨资的徽商，祁门程承津、程承海兄弟经商致富，分别被人们称为“十万大公”“十万二公”，合称“程十万”。朱熹的外祖父祝确经营的商店、客栈占徽州府的一半，人称“祝半州”。一些资本雄厚的大商人还在徽州境内发行“会子”。元末，歙县商人江嘉在徽州发放高利贷，牟取暴利。元末明初的徽商资本，较之宋代大为增加，朱元璋入皖缺饷，歙县商人江元一次资助饷银 10 万两。明代成化以前，徽商经营的行业，主要是“文房四宝”、漆和茶叶。明成化以后，明王朝实施“开中法”，把商人输粮边区换取食盐，在一定区域贩卖的方法，改为商人在产盐地区纳粮给盐，听其贩卖。这样一来，重要的产盐地区——两淮、两浙，成为盐商的集聚中心。成化年间，徽商占人地之利，相继打入盐业领域，一向以经营盐业为主的山西、陕西商人集团受到严重打击，于是徽商以经营盐业为中心，称雄于中国商界。

2. 徽商的辉煌

微课

徽商经营的四大领域

徽商到明朝已经发展成中国商界同晋商并举的一支劲旅，明中叶以后至清乾隆末年的三百余年，是徽商发展的黄金时代，无论营业人数、活动范围、经营行业与资本，都居全国各商人集团的首位。到清朝中叶，徽商一跃成为中国十大商帮之首，所谓“两淮八总商，邑人恒占其四”，尤其是在盐茶业贸易方面，徽商独执牛耳。清乾隆末年，每年关税盈余达 85 万两银子，而出口商品中徽商的茶叶为第一位。仅扬州从事盐业的徽商就拥有资本 4 000 万两银子，而当时清朝的国库存银也不过只有 7 000 万两。当时，经商成了徽州人的“第一等生业”，成人男子中，经商的占 70%，极盛时还要更多。徽商的活动范围遍及城乡，东抵淮南，西达滇、黔、关、陇，北至幽燕、辽东，南到闽、粤。徽商的足迹还远至日本、暹罗、东南亚各国以及葡萄牙等地。徽商经营行业以盐、典当、茶、木为最著，其次为米、谷、棉布、丝绸、纸、墨、瓷器等。其中，婺源多茶商、木商，歙县多盐商，绩溪多菜馆业，休宁多典当商，祁门、黟县以经营布匹、杂货居多。徽商除了从事多种商业和贩运行业外，还直接办产业。休宁商人朱云沾在福建开采铁矿，歙县商人阮弼在芜湖开设染纸厂，他们边生产边贩卖，合工商于一身。徽商在经营中注重人才，做到知人善任，注重市场行情，实行灵活经营，有以一业为主兼营他业的，有根据不同行情、季节变换经营项目的。图 5－2 为旧时汉口徽帮商船。

图 5－2　旧时汉口徽帮商船

## （三）徽商的衰落

徽商兴盛于明中叶以后，于清末民初渐趋衰落，究其原因，可以从以下几个方面来看：

1. 清朝盐政、税制等变革对徽商的打击巨大

清朝道光年间，鉴于盐价奇高，两江总督陶澍，为了革除淮盐积弊，推行盐政制度改革，改纲为票，政府把过去盐商卖盐的这种特许权利废除了，实行运销分离。徽商从此丧失世袭的经销盐的专利权，盐政改革对徽商的打击是极其重大的。于是在两淮地区有大批的盐商破产，这是徽商衰落的一个重要原因，改票法后不到十年，旧时淮扬徽商大贾的庭院，高台倾，曲池平，子孙流落，几代繁华，竟成一梦。清政府又对典商查禁重利，后又加增典税，左宗棠更增质铺税，使典商纷纷败落。1854 年起实行“厘金”，税卡林立，一向以长途贩运为能的徽商，赚钱也不像过去那样容易了。

2. 太平天国运动对徽商的打击也非常大

由于太平天国在当时波及的范围主要是长江中下游地区，而徽商经营的主要地域以此为主，因此其在这场浩劫中的损失非常大。徽州战乱绵延十年之久，开始是团练的搜刮，后是曾国藩督师祁门又纵兵大掠，使全郡窖藏一空，加之太平军与清军攻防争夺，激战不断，残酷地焚、烧、杀、掳，尸横遍野，庐舍为墟。徽州惨遭自古以来罕见的灾难，使得徽商在人力、财力、物力上受到严重的摧残。经过十多年的太平天国运动，富庶的江南万木萧瑟，冷月无声。在盐业和典当业受到沉重打击后，徽商只能靠着经营徽茶来营生。

3. 徽商过分拘泥于封建生产经营方式

鸦片战争以后，外国资本主义势力长驱直入，机动船代替木帆船，海运代替河运，津浦、沪宁、沪杭等铁路开通，资本主义国家的舶来品倾销于我国各地，也催生了近代民族产业和民族资本家。由于徽州和苏扬一带地缘位置的内陆化，徽商经营的手工业品敌不过外商用机器生产的商品，即便是“只此一家”的徽墨，也受到舶来品钢笔、墨水的冲击。同时，随着洋商的出现，国内买办阶级勾结官绅，也成了徽商的劲敌。拘泥于封建生产经营方式的徽商，在与新兴的闽、粤、江、浙商帮的竞争中，逐渐被压倒。

4. 经营利润没有及时用于扩大再生产

徽商的大部分经营利润并没有转化为资本用于扩大再生产，而是用在了非经营性消费上。以盐商为代表，徽商们大多将多年经营所得的积蓄用于奢侈性的消费上。明代徽商在家乡以巨资兴修园林、别墅、住宅的现象已经蔚然成风。歙县的“果园”“砚子园”“枣树园”等，都是名噪一时的胜景。徽商的居所盛行斗拱彩绘，追求富丽堂皇。进入清代后，随着商品经济的发展，徽商实力愈发雄厚，其挥霍之风也愈演愈烈。据记载，侨居扬州的

盐商不惜重金修建园林、别墅等，致使乾隆时期的扬州园林甲于天下。徽商也将大笔钱财用于精神消费，比如建戏班，收藏图书、古董等。同时，徽商为了宗族的发展，不惜重金在家乡修祠堂、修坟墓、叙家谱、设义学、开办书院以及购置族产和族田等，使得商人们耗资巨大。

总之，徽商是封建社会经济的产物，虽然有很长的历史，但徽州商帮毕竟是以宗族、乡族关系为纽带而结成的商业群体，其资本又主要是在流通领域中凭借官僚政治权力积累起来的，当封建社会性质发生根本变化时，它也就不可避免地随着宗法官僚制度的衰落而趋于解体。由于没能适应社会的发展，到了半封建半殖民地社会时期，其衰退的命运注定是不可避免的。

## 二、徽商老字号的代表

### （一）张小泉剪刀

张小泉，明末徽州黟县会昌乡人。其父张思家，自幼在以“三刀”闻名的芜湖学艺。张小泉在父亲的悉心指导下和不断的实践中，也练就了制剪的好手艺。父子二人以制剪为业，张小泉刻意求师访友，技艺大进，经过反复琢磨，终于创制出嵌钢制剪的新技术。他选用闻名的“龙泉”钢为原料，制成的剪刀因镶钢均匀、磨工精细、刀口锋利、开闭自如而名噪一时。张小泉 LOGO 为图 5－3 所示。

張小泉®

ZHANG XIAO QUAN

图 5－3 张小泉 LOGO

### （二）胡开文墨业

胡开文，字柱臣，号在丰，徽州绩溪县人，清代乾隆年间的制墨名手，“胡开文墨业”的创始人。师从徽州休宁的汪启茂，是休宁派墨匠的后起之秀。先于休宁、屯溪两处开设胡开文墨庄（见图 5－4），后得到迅猛发展，除休宁胡开文墨庄、屯溪胡开文老店外，先后在歙县、扬州、杭州、上海、汉口、长沙、九江、安庆、南京等地，或设分店，或开新店，其经营范围几乎覆盖大江南北，形成徽州制墨业以胡开文一枝独秀之势。后代均沿用这一老字号。

图 5-4　胡开文墨庄

## （三）曹素功墨业

曹素功，原名圣臣，号素功，徽州歙县岩寺人，清代四大制墨名家之一。他早年潜心科举仕宦之途，因不遂心愿，便返乡以制墨为业。最初借用名家吴叔大的墨模和墨名，并开店营业，后来其所制之墨的墨质和工艺造型日渐精良，名声亦渐远扬，其墨业更加兴旺。后移店至苏州、上海等地，常为权贵和名流定版制墨，在社会上层的影响很大，享有“天下之墨推歙州，歙州之墨推曹氏”之誉。

## （四）胡庆馀堂

胡庆馀堂是 1874 年，由徽州绩溪县人胡雪岩创办的国药店。胡庆馀堂药店（见图 5-5），以宋代皇家的药典为本，选用历朝历代的验方，以研制成药著称于世，一直到今天仍为中外人士所喜用，它和北京的同仁堂并称为中国著名的南北两家国药老店。

图 5-5　胡庆馀堂内景

### （五）胡玉美酱园

一代酱王胡兆祥出生于1801年，安庆城集贤门外一个制作酱货的小作坊家庭。他的祖籍在徽州休宁县万安镇。1830年，胡兆祥开始在本地走街串巷，肩挑贩卖酱货，继而开设四美酱园、玉成酱园，后在安庆商业中心四牌楼创办胡玉美酱园（“玉美”是店号，既志之以前人创业之艰辛，又寓之以“玉成其美”之意），至今已有一百八十多年，是一个负有盛名的中华老字号企业。

### （六）王致和臭豆腐

相传1669年，安徽太平县仙源人王致和以举人身份进京赶考，屡试不中，为谋生路，在京城做起豆腐生意。一次，豆腐没卖完，时值盛夏，便切成小块，配上花椒等佐料腌上。到秋后打开缸盖，豆腐变成豆青色，臭气扑鼻，一尝却别有风味，送邻居尝后无不称奇，王致和臭豆腐一时名扬京城。后传入宫中，备受慈禧赞赏，御赐名“青方”，成为清宫御膳。图5－6为王致和南酱园。

**图5－6　王致和南酱园**

### （七）谢裕大茶行

谢裕大茶行居（见图5－7）曾经的徽州六大茶庄之首，创立于1875年。百余年的风云变幻中，它记载了一代徽商的传奇历程，更见证了黄山毛峰名动全国的辉煌。谢正安是谢裕大茶行的创始人，当年为了进军大上海，他亲自带领家人到充头源茶园选采肥壮芽茶原料，经过精心的制作，形成别具风格的新茶。其所制之茶由于“白毫披身，芽尖似峰”，又因产自黄山，故命名为“黄山毛峰”。该茶在当时先被运到上海新挂牌的谢裕大茶行，因数量极少而轰动了整个上海滩，成为各界名流竞相抢购的珍品。现在上海的漕溪路，就是因谢裕大茶行的原址在此而命名的。之后，谢裕大茶行迅速走向全国，黄山毛峰也逐渐成为极品好茶的代表之一。因此，谢裕大茶行被世人称为“黄山毛峰第一家”。

图 5-7　谢裕大茶行

## （八）汪恕有滴醋

汪恕有滴醋创牌于 1675 年，距今已有三百四十多年的历史，曾被乾隆皇帝封为“御品”，清代著名文学家袁枚在其名著《随园食单》一书中推荐“以板浦醋为第一”。三百多年前，有不少徽州人来到海州地带谋生，汪恕有滴醋的创始人汪懿余系徽州迁居板浦汪氏第一代，起初在家中建立一个作坊，用简单的工具生产数量有限的“老糖”，后来改为生产食醋。随着生产规模的不断扩大，为了生意上的方便，便起了“恕有”这一店号。由于汪氏做的醋甜香醇和，味美津香，每次食用只需几滴则醇香弥足，故被称为“滴醋”，从此“汪恕有滴醋”就被作为产品的正式名称而流传了下来。图 5-8 为汪恕有滴醋产品系列。

图 5-8　汪恕有滴醋产品系列

# 第二节 徽商代表胡雪岩

## 一、从放牛娃到富可敌国的红顶商人

### （一）胡雪岩的沉浮史

胡雪岩（1823—1885），本名胡光墉，幼名顺官，字雪岩，徽州绩溪县人，中国近代著名红顶商人，富可敌国的晚清著名企业家、政治家。是当时的“中国首富”。

胡雪岩（1823—1885），本名胡光墉，幼名顺官，字雪岩，徽州绩溪县人，中国近代著名的红顶商人，富可敌国的晚清著名企业家、政治家。胡雪岩幼时家境贫寒，以帮人放牛为生。为了养家糊口，作为长子的他经亲戚推荐，进了钱庄做学徒，从扫地、倒尿壶等杂役干起，3 年师满后，其因勤劳、踏实而成了钱庄的正式伙计，并得肆主赏识，擢升为跑街。1860 年，因肆主无后，临终前，将钱庄赠予胡雪岩。于是，胡雪岩自开阜康钱庄，并与官场中人往来，成为杭城一大商绅。

1861 年 11 月，太平军进攻杭州，胡雪岩从上海、宁波购运军火、粮米接济清军。当时，左宗棠任浙江巡抚，委任胡雪岩为总管，主持全省钱粮、军饷，因此阜康钱庄获利颇丰。1866 年，胡雪岩又协助左宗棠创办福州船政局。在左宗棠调任陕甘总督后，胡雪岩主持上海采运局局务，在为左宗棠借外债、筹军饷和订购军火以及经手购买外商机器、军火和邀聘外国技术人员的过程中获得了大量回佣。1872 年左右，胡雪岩代借内外债达 1 200 余万两。胡雪岩依仗湘军权势，在江、浙、湘、鄂等地开设当铺 20 余处，又在各省设立“阜康银号”。他还操纵江浙商业，专营丝、茶出口贸易，操纵市场、垄断金融。至 1872 年，阜康钱庄的支店达 20 多处，遍及大江南北，资金 2 000 万余两，田地万亩。由于辅助左宗棠有功，胡雪岩曾授江西候补道，赐穿黄马褂，成为富可敌国的“红顶商人”。

### （二）开设胡庆馀堂

1874 年，胡雪岩筹设胡庆馀堂雪记国药号。1876 年，于杭州涌金门外购地十余亩建成胶厂。胡庆馀堂雪记药号，以一个熟药局为基础，重金聘请浙江名医，收集古方，总结经验，选配出丸散膏丹及胶露油酒的验方四百余个，精制成药，便于携带和服用。当时，战争频仍，疫病流行，“胡氏辟瘟丹”“诸葛行军散”“八宝红灵丹”等药品备受欢迎。此后，胡雪岩亲书“戒欺”牌匾（见图 5－9），教诫职工“药业关系性命，尤为万不可欺”，“采办务真，修制务精”。胡庆馀堂所用药材，直接向产地选购，并自设养鹿园，还悬挂招牌“真不二价”（见图 5－10）。胡庆馀堂现为国内规模较大的全面配制中成药的国药号，饮誉中外，对我国医药事业的发展起了推动作用。

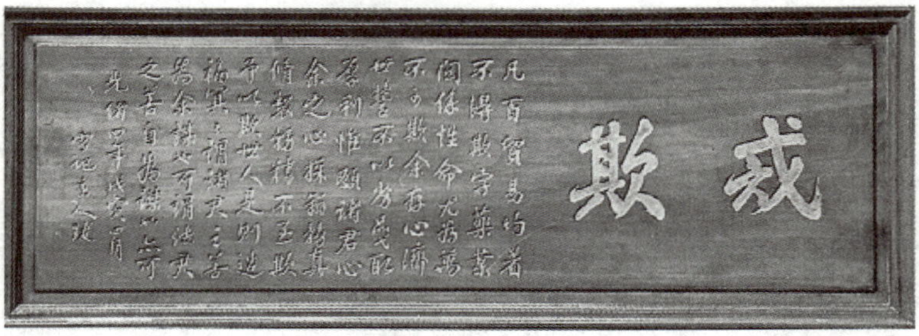


图 5－9　胡庆馀堂“戒欺”牌匾

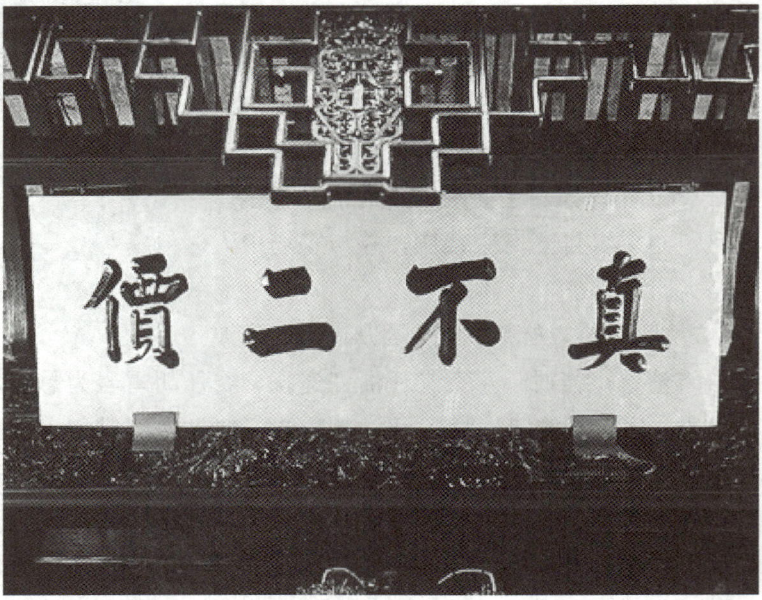


图 5－10　胡庆馀堂“真不二价”牌匾

## （三）因生丝商战导致破产

1882 年，胡雪岩在上海开办蚕丝厂，生丝价格日跌，他认为主要原因是华商各自为战，被洋人控制了价格权，于是胡雪岩高调坐庄。耗银 2 000 万两，高价尽收国内新丝数百万担，企图垄断丝业贸易，结果惹怒外商，联合拒购华丝。百年企业史上，第一场中外大商战开始了。起初，胡雪岩高价尽收国内新丝数百万担，占据上风。谁知“天象”忽然大变，欧洲意大利生丝突告丰收，再就是中法战争爆发，市面剧变，金融危机突然爆发。但事已至此，胡雪岩已无回天之力。次年夏，被迫贱卖，亏耗 1 000 万两白银，家资去半，周转不灵，风声四播。各地官僚竞提存款，群起敲诈勒索。这时，与左宗棠有较深官场矛盾的李鸿章在上海的心腹也在设计陷阱想搞垮胡雪岩的钱庄，刚好形成了政府官员与洋人联手除掉胡雪岩利益集团的局面。胡雪岩在各地的商号纷纷倒闭，家产变卖，胡庆馀堂易主，宣告关门倒闭。接着，慈禧太后下令革职查抄，严追治罪。胡雪岩遣散姬妾仆从，于 1885 年 11 月郁郁而终，客死杭州，他的棺木埋于杭州西郊鸬鹚岭下的乱石堆中。

胡雪岩的经历充满了传奇色彩：他从钱庄一个小伙计开始，白手起家，通过结交权贵显要，纳粟助赈，为朝廷效犬马之劳；洋务运动中，他聘洋匠、引设备，以图强国，颇有劳绩；他怀着一颗仁厚之心，开办胡庆馀堂，以图济世救人；左宗棠出关西征，他筹粮械、借洋款，立下汗马功劳。几经折腾，他便由钱庄伙计一跃成为显赫一时的红顶商人。他构筑了以钱庄、当铺为依托的金融网，开了药店、丝栈，既与洋人做生意，也与洋人打商战。然而，“福兮，祸之所伏”，胡雪岩的生意之所以能够遍布大江南北、兼及海外，全赖官场势力的庇护，然而其失败在很大程度上也源于官场的倾轧。当时李鸿章作为政坛新秀，与逐渐年老的左宗棠政见相左，矛盾很深。李鸿章上台后，把胡雪岩视为左宗棠的左臂右膀，制定了“倒左必先倒胡”的战略方针。胡雪岩虽聪明一世，与官场人物交往甚密，但最后却因为不谙官理、刚愎自用、不懂变通，在某种意义上成为左宗棠与李鸿章政治斗争的牺牲品，最终钱财散尽，黯然离世。

## 二、胡雪岩经商的成功之道

### （一）善抓机遇，眼光既准又远

有一次，胡雪岩从无意中听到的他人关于上海地产的谈话中受到启发：洋人的城市开发方式与中国人的极不相同，中国人常常是先开发市面再行修路，市面起来了，走的人多了，便有了路。但以这种方式进行市面开发，有一个很大的弱点，往往等到修筑道路、扩充市面的时候，自然形成的道路两旁已经被市面摊贩挤占，无法扩展。而洋人的办法是先开路，有了路便有人到，市面自然就起来了。受此启发，胡雪岩抓住商机，成就了自己的房地产业。

### （二）注意轻重缓急，善于抓住重点

胡雪岩经商，虽然是多元化经营，但他还是首先将精力投放在其本行——钱庄上，主张要想资本发挥作用，就不要让货币滞留在手中，就要不断地买进和卖出货物，实现货币的充分流通。其次是典当、药业和生丝，最后才涉及粮食、军火和房地产。正是这种分清

主次的经营模式和理性精神，才有了他经营的多元化和稳当性，使得事业蒸蒸日上。

### （三）善于从实际出发，不断创新

《周易》曰：“穷则变，变则通，通则久。”也就是说，人们只有适应时势的不断变化发展，才能获得生机。胡雪岩就有这种随机应变的本领。他总是能以从容镇定的心态去迎接每一次生意上的挑战。在当时落后的中国，“洋务”是西方的东西，但胡雪岩能从商人和国家的两重视角，看到并吸收西方社会先进的理念，大胆借鉴，不断创新，协助清政府办“洋务”，经营制胜。

### （四）信义经商，以信服人

胡雪岩注重商业道德，强调以诚信为本，在那个时代就有了“顾客乃养命之源”的营销意识。他所创办的胡庆馀堂秉承“物之真精”的宗旨，采购的选料必须求真品，加工必须制造精品，以保证产品的质量。他创办胡庆馀堂时就立下一块“戒欺”匾，匾中写道：“余存心济世，誓不以劣品取厚利。唯愿诸君心余之，采办务真，修制务精。”为了证实其店内“鹿茸”原料之可靠，他在药店后院内辟设鹿园，养了一群东北梅花鹿，然后择吉日，于公众面屠宰。由此可见他对产品质量的重视。

### （五）善于打造品牌，注重长远利益

胡雪岩深谙“招牌”对一个人做生意的重要性，在他看来，要“长线放远鹞”，求利先求名。他认为取一个出奇的招牌名是很有必要的，“第一，要响亮，容易上口；第二，字眼要与众不同，省得跟别人搅不清楚”，如他的阜康钱庄和胡庆馀堂。为保住金字招牌，胡雪岩一生苦心经营，靠诚实无欺建立起自己的信誉，取得了令世人瞩目的成绩。

### （六）注重寻找强有力的合作伙伴

胡雪岩生逢乱世，从一个小伙计干起，最终在官场、商场左右逢源，成为富甲天下的商贾奇人，这与他庞大而牢固的人脉网络是分不开的。古语说，多个朋友多条路，多个冤家多堵墙。在胡雪岩看来，任何人都可以交朋友，任何人都有可用之处。买卖生意本来就是人和人之间的事，长久做生意需要有一群忠心的下属，遇到困难时需要有各路朋友的拳拳相助，关键时刻更要仰仗命中贵人的提携。在特定环境下，胡雪岩找到了两位先后成就他事业的靠山——王有龄和左宗棠。在道光年间，王有龄就已捐了浙江盐运使，但无钱进京。幸胡雪岩慧眼识珠，认定其前途不凡，便资助了王有龄五百两银子。后王有龄在天津遇到故交侍郎何桂清，经其推荐到浙江巡抚门下，当了粮台总办。王有龄发迹后并未忘记当年胡雪岩的知遇之恩，于是资助胡雪岩自开钱庄，号为“阜康”。之后，随着王有龄的不断高升，胡雪岩的生意也越做越大，除钱庄外，还开了许多店铺。在庚申之变中，胡雪

岩处变不惊，王有龄委之以办粮械、综理漕运等重任，胡雪岩几乎掌握了浙江一半以上的战时财经。1862 年，太平军进攻杭州，王有龄因丧失城池而自缢身亡。经曾国藩保荐，左宗棠继任浙江巡抚一职。左宗棠所部在安徽时饷项已欠近五个月，饿死及战死者众多。此番进兵浙江，粮饷短缺等问题依然困扰着左宗棠，令他苦恼无比。急于寻找到新靠山的胡雪岩又紧紧地抓住了这次机会，他雪中送炭，在战争环境下，出色地完成了在三天之内筹齐十万石粮食这一几乎不可能完成的任务，在左宗棠面前一展自己的才能，得到了左宗棠的赏识并被委以重任。在深得左宗棠的信任后，胡雪岩常以亦官亦商的身份往来于宁波、上海等洋人聚集的通商口岸。他在经办粮台转运、接济军需物资之余，也赢得了滚滚财源。

## 三、胡雪岩经商的伦理精神

胡雪岩留给后人的商训，主要是“天”“地”“人”三方面：天为先天之智，经商之本；地为后天修为，靠诚信立身；人为仁义，懂取舍，讲究“君子爱财，取之有道”。

### （一）达则兼济天下

胡雪岩一向认为：无论为官为商，都要有一种社会责任感，既要为自己的利益着想，也要为天下黎民着想，否则，为官便是贪官，为商便是奸商，这两种人都是没有好下场的。所以，在左宗棠西征之际，他不仅拿出自己钱庄所有的银两，甚至向洋人借高利贷，用于筹集军饷和购买军火。此外，他还修建胡庆馀堂，旨在济世，救死扶伤，赈济灾民。他的这种极高的社会责任感和道德精神，正是中国传统文化所蕴含的仁爱精神的体现。

### （二）以和为贵，同行不妒，得人者得天下

胡雪岩经商讲究“君子爱财，取之有道”。一次，胡雪岩凭自己老到的经验和高明的手腕，以及自己的信誉和声望，以高于同行出的价格与外商达成一笔军火交易，而胡雪岩并不知晓外商已把这批军火以低于他出的价格卖给了另一位同行，只是尚未付款就被自己截买。当听朋友说后，他主动要求那位同行把这批军火“卖”给他，并同样以外商的价格，这样，那位同行就吃个差价，而不需出钱，更不用担风险。事情谈妥，他立即把差价补给了那位同行。

### （三）诚信为本，以信服人

讲求诚信是中华民族的一项重要美德。胡雪岩经商十分注重诚信，这是他得以成功的关键所在。在胡雪岩管理赈抚局事务期间，他设立粥厂、善堂，修复名寺古刹，收殓了数十万具暴骸；恢复了因战乱而一度终止的牛车，方便了百姓；向官绅大户“劝捐”，

以解决战后财政危机等事务。胡雪岩因此名声大振，信誉度也大大提升。这样，财源滚滚也就不在话下了。他还奉母命建起一座胡庆馀堂，真不二价，童叟无欺，瘟疫流行时还向百姓施药施粥，被人们称为“胡大善人”。这一切都表明了胡雪岩诚信立身的经商之道。

### （四）富不忘本，大行义举

在功成名就之后，胡雪岩并未忘记自己的发迹之地——杭州，为杭州百姓做了许多义举。他开设钱塘江义渡，方便了“上八府”与“下三府”的联系，并设船为候渡乘客提供方便。他乐善好施，多次向直隶、陕西、河南、山西等涝旱地区捐款赈灾。1878 年，除了向西征军捐运药材外，胡雪岩还向各地捐赠赈灾款达 20 万两白银。更鲜为人知的是，在轰动朝野的杨乃武与小白菜一案中，他利用自己的声誉活动京官，赞助钱财，为此案最终昭雪立下了汗马功劳，并借此案使他的义声善名更加深入人心。此外，他还两度赴日本，高价购回流失在日本的中国文物。从这一切举动中可见他行侠仗义的仁厚之心和一颗拳拳爱国之心。

胡雪岩以“仁”“义”二字作为经商的核心，善于随机应变，使其生意蒸蒸日上；他富而不忘本，深谙钱财的真正价值，大行义举，在赢得美名的同时，也获得了心灵上的满足；他经商不忘忧国，协助左宗棠西征，维护了祖国领土的完整；在救亡图强的洋务运动中，他也贡献了自己的一份力量，建立了卓越的功勋。胡雪岩这位了不起的商人身上有许多值得今人学习的东西。

### （五）利他主义

胡雪岩曾说：“你肯为别人打伞，别人才愿意为你打伞。”这来源于他年轻时候的一段经历，当时胡雪岩还只是店里的小伙计，经常帮着东家四处催债。一次，正赶往另一户债主家中的他遇上了大雨，路边的一位陌生人也被雨淋湿。正好那天他随身带了伞，便帮人家打伞。后来，每到下雨时，他便常常帮一些陌生人打伞。时间一长，那条路上认识他的人也就多了。有时，他自己忘了带伞也不怕，因为会有很多他帮过的人也来为他打伞。

人有两只手，一只是用来帮助自己，一只是用来帮助别人。送人玫瑰，手有余香。事物都是相互作用，帮助别人就是帮助自己，会使自己强大起来，也会得到出乎意料的福报。“谁都有雨天没伞的时候，能帮人遮点雨就遮点吧”，有些时候，我们只要付出小小的爱心，可是却能收获满满。所以，勿以善小而不为，勿以恶小而为之，行善助人并非什么难事，只要尽己所能便很好。人生在世，并不是充满竞争和掠夺，更多的是互助共赢。行善积德，助人助己。有了这种人格，你的人生定会收获物质和精神的双重富足。

# 第三节 徽商文化的内容与特征

## 一、徽商文化的内容

作为明清之际活跃在中国商业舞台上的一大商帮，徽商曾经在中国大地创造出一个商业神话，借助宗族力量和读书入仕的途径，雄霸中国商业舞台四百年，但它最大的贡献还不在于此，而在于它以自己雄厚的财力物力，孕育出了灿烂的徽商文化。在明清时期中国兴起的“十大商帮”中，徽商以“左儒右贾”的特色而区别于其他商帮，充分体现了徽商厚重的文化因素。

徽商文化的内容非常丰富，归纳起来可以分为三大体系：一是观念文化，二是制度文化，三是地域文化。

### （一）观念文化从思想理念层面推动着徽商的繁荣发展

观念文化是意识形态层面的文化，它的核心是儒家思想，徽州号称“东南邹鲁”，又是“程朱理学”的故乡，封建理学的观念文化在徽州地区牢固地处于思想统治地位。徽州地区儒风甚茂，受封建理学的深刻影响，徽州人仍然崇尚业儒进仕、扬名显宗。而在从商过程中，徽商更以儒商为荣，他们笃信“生财大有道，以义为利，不以利为利”。以诚待人，以信接物，仁心为质，和合为用，程朱理学的价值观、义利观逐渐成为徽商的经营理念。徽商的大量史料表明，儒家思想和程朱理学从思想理念层面对徽商繁荣发展的影响是深刻而巨大的。

### （二）制度文化从家族和社会层面推动着徽商的繁荣发展

在封建社会的基层，制度文化的核心是以“家族、宗族、乡族”为形式的宗法制度文化，徽州地区形成并保留着最完整、最有效的“家族、宗族、乡族”结构体系，世世代代维系和控制着徽州人的思想和行为。从中原迁来的每一户士族都希望能在徽州繁衍发展、举族兴旺，乃以家谱、宗祠、祭祀等多种形式维系着家族的精神与文化联系，各姓氏、各门户都有很强的凝聚力和进取心。往往是，一人从商，族人跟进；一人有难，全族相助。宗族中的每一户人家，都以家族为重，以从商的业绩光耀门户，为族人争光；而族人又以经商富户为楷模，鞭策子孙，努力奋进。徽商以家族、宗族、乡族为纽带，表现出很强的团队精神。这种以家族、宗族、乡族为基础的制度文化对徽商繁荣发展的巨大作用，是中国的其他商帮难以与之相比的。

### （三）地域文化从个人素质层面推动着徽商的繁荣发展

地域文化是劳动人民历史地创造的乡土文化，但徽州的地域文化却是层次很高的乡土文化，扬名于世的就有徽剧、徽菜、徽派建筑、徽州朴学、徽州版画、徽州篆刻、徽州文书、新安理学、新安画派、新安医学等，洋洋大观，光彩夺目。徽商是一个文化修养水平较高的社会阶层，他们在幼年时期大多在由宗族兴办的学堂或书院受过启蒙教育，成人后走向商海。他们非常注重从书本中学习经商技能，又不断地在实践中总结提高，非常注重个人道德修养。他们经商致富后，更加热衷于乡土文化建设，在家乡投资办学、刻书、藏书、建戏班、办文会，给后世留下了宝贵的文化遗产。在浓郁的地域文化熏陶下，徽州商人的个人文化素质较高，对徽商的繁荣发展起了极为重要的基础性作用。

## 二、徽商文化的特征

### （一）敏锐的创业眼光

徽商自小接受教育，相比于其他商帮要优秀得多，因此能够在张弛万变、风云诡谲的商界权衡利弊，击败竞争对手。明正德、嘉靖年间，歙县商人程澧出吴会、尽松江、走淮阳、抵幽寂，“万货之情可得而观”，他虽“坐而策之”，四十年后却“加故业数倍”就是一个典型事例。所以《江南通志》说徽商“善识低昂时取予”“以故贾之所入，视旁郡倍厚”。

### （二）进取的人生态度

出于谋生的需要，徽州人不得不从小背井离乡，外出创业。徽商精神的形成，与徽州独特的地理和生存环境有着密切联系。异地的陌生、商路的艰险，无不从肉体到精神残酷地折磨着他们。但素以“勤于山伐，能寒暑，恶衣食”著称的徽州人，都能肩负家族生存发展的重负，义无反顾地“离世守之庐墓，别其亲爱之家庭”“近者岁一视其家，远者不能以三四岁计”。许多人“一贾不利再贾，再贾不利三贾，三贾不利犹未厌焉”。歙县商人许荆南在荆州贸易，生意亏本自感无脸回家；其子许尚志继承父业，“浮游四方，取什百之利”，前后在四川活动二十年，虽家资百万，也“不竞芬”。正是他们这种开拓进取、矢志不渝、百折不回的勇气和经历，为徽州人树起了不朽的“徽骆驼”纪念碑。

### （三）诚信的处世风格

在商业资本的盘剥下，农民和小手工业者受害极深，于是“无商不奸”之类的诅咒此起彼伏。然而这正表明了一个事实：讲求商业道德，建立公平交易的市场秩序，已经成为时代的迫切要求。在这种形势下，徽商举起“诚信”的旗帜，本着先义后利、义中取利的心态走进市场，恪守货真价实、童叟无欺、奉公守法、互惠互利等基本道德准则，博得了广大生产者和消费者的欢迎，从而使自己在生意场上左右逢源，处处受益。徽商吴南坡“宁奉法而折阅，不饰智以求赢”“人宁贸诈，吾宁贸信”的表示；胡仁之大灾之年不为“斗米千钱”所动，平价售粮的举动，都使徽商的“诚信”品格得以彰显，进而成为徽商集团的标志。

### （四）合作的人际关系

相对于商海的狂风巨浪，作为个体的商人只是一叶扁舟，因此，在徽商的集团里，他们对和谐的人际关系的追求依然执着，并善于处理同宗人士的关系，且卓有成效。明末休宁义士金声曾说过，徽商“一家得业，不独一家食焉而已，其大者能活千家百家，下亦至数十家”。他们也注重强化同乡的情谊。遍布各地的徽州或新安会馆，就是徽商将具有地缘关系的同道会聚在一起的重要据点。即便是与顾客建立的也是互惠互利的长期关系。清代歙县商人吴炳留给子孙的家训是十二个字：“存好心，行好事，说好话，亲好人”，又说自己活到老，学到老，犹深感“厚之一字，一生学不尽，亦做不尽也”。

### （五）超强的契约意识

正是在频繁的社会活动特别是经济活动中，徽州商人依靠“约”和“法”来维护权益、协调关系的意识慢慢觉醒，并逐渐形成了凡事“立字为据”的习惯。现存的涉及社会经营活动方方面面的大量徽州契约文书，就反映了徽州民众这种“民间法”由原始走向规范、走向成熟的历史演进过程。长期为外人所责难的“徽人好讼”，实际上正是徽州人致力于构建法制社会的一种民间尝试。

### （六）好儒崇文的精神

微课

徽商“贾而好儒”

地处江南群山中的徽州，浸润着浓厚的儒家文化传统。从中原迁徙到徽州的移民无疑都携带着儒家文化的基因。它们保持着宗族的组织结构，传承着儒家文化的血脉。宗族是传播理学思想的重要渠道。它是一种社会组织，其控制者多为崇奉理学的乡绅。无论是修建祠堂、编纂家谱还是祭祀祖先，这些行为既强化着宗族观念，也强化着理学家所提倡的“忠孝节义”的思想观念。他们的身上有着浓厚的伦理色彩。徽商传记里，有很多“母早故，事父与祖母极孝”之类关于“孝”的记载；有很多“周急济荒”“赴人之急”“慷慨尚义”乃至“见义勇为”之类的评价；有很多“重然诺，敦信义”“待人接物，诚实不欺”之类的描述。徽商是商人，但他们醉心于文化；他们是商人，却曾经读过书。他们有很重的商人气，但也不乏书卷气。他们发财之后，在投资教育上毫不吝惜。他们中，有的设立塾学，广请名师，培养自己和宗族内的子弟，从而光大宗族；有的还设立义学，为贫寒子弟提供上学读书的机会；有的甚至还对参加科举考试的学子给予路费、试卷费用等资助。

徽商正是凭着他们特有的文化和精神，从无到有，从小到大，乃至发展为雄视天下的大商帮。这种精神植根于中国传统文化的土壤之中，又被徽商进一步发扬光大。人们用“徽骆驼”和“绩溪牛”来比喻走出家乡四处经商的徽州商人非常贴切，一方面说明的是徽商创业的艰辛，另一方面指的是徽商具有忍辱负重、坚韧不拔的精神，这种精神正是徽商创业成功的重要因素之一。“徽骆驼”和“绩溪牛”所造就的徽商精神，不仅是徽商的巨大财富，更是徽商留给后人的宝贵遗产。

## 课堂活动：分析、比较当代徽商与近代徽商的文化特征

**背景资料：**搜集三位当代徽商的个人成长及其经营管理的企业的资料，分析其个人及企业成功或失败的原因。

**分析执行：**团队在搜集徽商资料的基础上，通过讨论确定拟分析的三位当代徽商及其经营管理的企业，分析这三位徽商的成长经历、个人特点及其企业的发展历程，从中提炼出当代徽商的文化特征，并将之和近代徽商的文化特征进行比较，从而分析徽商文化的历史变迁。

**活动记录：**

**表 5-1　徽商文化比较分析**

| 当代徽商 | | | 近代徽商 |
|---|---|---|---|
| 徽商 1 | 经营管理的企业： | 文化特征 | 文化特征 |
| | 个人成长历程： | | |
| | 企业发展历程： | | |
| | 成功或失败的原因： | | |
| 徽商 2 | 经营管理的企业： | | |
| | 个人成长历程： | | |
| | 企业发展历程： | | |
| | 成功或失败的原因： | | |
| 徽商 3 | 经营管理的企业： | | |
| | 个人成长历程： | | |
| | 企业发展历程： | | |
| | 成功或失败的原因： | | |

**案例分析**

### “益美”布号出奇制胜

如何有效地做广告，常被人提起的一个具体例子是徽商汪文琛开创的“益美”布号。

明清时期，苏州、常州、松江三府的棉纺织业十分兴盛，有“衣被天下”之称。而苏州城西阊门上下塘一带的布号最为集中。这其中有一家布店，字号“益美”，乃是徽州商

人汪文琛所创。汪家生产的布匹质地虽好，然而阊门一带布号太多，而且他们长期在那里经营，都有老主顾，相比之下，“益美”布号门庭冷落，生意清淡，店铺里布匹重重叠叠，堆积如山。汪文琛整日愁眉不展。

一天，汪文琛翻阅《货殖列传》时看到“富者必用奇胜”，不由心中一动。他立即吩咐伙计，将阊门一带的裁缝一个个请来，暗暗地嘱咐他们：今后给顾客做衣服，如果用的是“益美”字号的布，请不要忘了把布上的机头（商标）保存好，交回一份机头，赠送银子二分给你们。

裁缝们想得那小利，自然到处称颂“益美”的布好，撺掇顾客去买“益美”的布。顾客们听信裁缝的话，争先恐后去购买“益美”的布。渐渐地，“益美”布号在苏州城里名声大振，一年下来卖出的布匹数以百万计。真可谓“一分广告十分利，一次宣传万人知”。十年后，汪文琛已成为阊门首屈一指的富商，而他的布更是行遍天下。

汪文琛能够在竞争中制胜，关键在于他善于出奇。他给裁缝的机头钱，实质上就是广告费。这种广而告之的做法在当今已是司空见惯，而且内容也更为丰富，形式也更趋高级。然而在古代，想到这样的“高招”实属难能可贵。当然汪文琛之所以最终能压倒同行的其他商号，成为竞争中的赢家，自然是以其布本身质量优良，有竞争力为前提的。倘若“益美”之布不佳，而想靠巧为出奇来获取利润，终究是骗不了顾客的。巧为出奇只是使本来质地色泽俱美之布更美而已。值得称道的是，“益美”之布遍行天下之后，汪文琛及其子孙并未因此而偷工减料，降低质量，反而精益求精，更上一层楼，从而使“益美”之名历经二百年而不衰。

资料来源：李琳琦，宗韵．商海案例：徽商成功背后的经营之道（二）[J]．金融博览，2010（11）：68－71.

**问题**

“益美”布号成功的因素有哪些？这对现代企业经营有什么启示意义？

## 自测题

### 一、判断题

1. 徽商是旧徽州府籍的商人或商人集团的总称，又称“新安商人”。（　　）

2. 徽商经商的主要领域包括盐业、典当、票号、木业。（　　）

3. “红顶商人”的身份对于胡雪岩而言，是“成也萧何，败也萧何”。（　　）

### 二、单选题

1. 古徽州六县中，现在不属于安徽省的是（　　）。

A. 绩溪　　B. 祁门　　C. 婺源　　D. 休宁

2. 徽商文化的内容非常丰富，但不包含（　　）。

A. 观念文化　　B. 制度文化　　C. 地域文化　　D. 家族文化

3. “真不二价”是（　　）经营药店生意的理念。

A. 张弼士　　B. 胡雪岩　　C. 乔致庸　　D. 侯兴域

4. 胡庆馀堂是徽商（　　）创办的国药店。

A. 胡开文　　B. 胡炳衡　　C. 胡练九　　D. 胡雪岩

## 三、简答题

1. 简述徽商衰落的原因。

2. 列举徽商的文化特征。

# 第六章 张弼士与粤商文化

## 素质目标

养成诚实守信的品格，树立勇于创新的精神，确立放眼全球的国际视野。

## 知识目标

描述粤商的发展历史及其代表人物张弼士，明确粤商文化特征，熟悉当代粤商的代表人物及商业伦理思想。

## 能力目标

能分析粤商文化的组成对粤商文化特征的影响和作用，辨析粤商文化特征中促进粤商成功的因素。

## 大家来讨论

### 粤商：中国大航海时代的开创者

自西汉开始，广州就成为中国南部珠玑、犀角、果品、布匹的集散之地，到了宋代，广州已成为“万国衣冠，络绎不绝”的著名对外贸易港。

真正奠定粤商地位的是清朝乾隆开始的“一口通商”制度。为了减少外国贸易带来的各种滋扰生事，乾隆决定关闭其余三个通商口岸（今上海、浙江、福建三个海关），只保留广州一口通商。究其原因，是因为广州具备最完善的货船引渡、停靠、税收制度，并有完整的货运产业链，可以将外地的各种茶叶、瓷器运送到广州码头装卸。而且，在轮船招商局工作期间，广东香山县人唐廷枢制定出台中国海运企业的第一部航行规章《航海箴规》，珠海人士徐润收购美国旗昌轮船公司以及富有经营轮船公司经验的郑观应的商业操作案例，都奠定了中国航运业的基石。唐廷枢和徐润意识到轮船保险的重要性后，于1875年在上海成立了保险招商局，开启了中国的保险业。也因粤商长期与外国人打交道，因此积累了一批精通各国语言和具备现代财务、金融等方面知识的人才，可以无障碍地与外商做生意。从成本、效益和风险角度看，和粤商做生意都是大航海时代欧洲商人的首选。

改革开放初期，一大批“先行一步”的广东企业家的兴起，推动了广东经济产业结构的不断转型升级，以敢为天下先的精神创造了广东经济发展奇迹，为广东经济的持续稳定增长奠定了基础。

当下，粤商是中国借助“一带一路”建设与“粤港澳大湾区”发展机遇，最有力地实现中华民族伟大复兴之“中国梦”的“领头羊”和“排头兵”。开拓进取、敢想敢干、强悍坚毅的精神将助推广东商业走向新的高度。

资料来源：https://baijiahao.baidu.com/s?id=1669476130093036706&wfr=spider&for=pc.

**请思考：**

在百年未有之大变局的新形势下，该如何践行粤商精神？

## 第一节 粤商的发展历史

### 一、粤商的崛起

粤商是现代中国经济尤其是商贸流通经济中最主要的企业群体（“商帮”）之一，也是对中国改革开放影响巨大的一个商帮。粤商由于特殊的地理位置，毗邻东南亚、中国香港和台湾地区，因此国外的先进技术和设备最早由广东进入，然后辐射全国。粤商伴随着广东商品流通的扩大、商品经济的发展、海外移民的高潮而崛起，发迹于东南亚、中国香港和潮汕地区。

微课

粤商

远在秦汉岭南文化萌发之时，粤人就形成了“重商”文化。西汉时，广州就已成为中国南部珠玑、犀角、果品、布匹的集散地。三国时期以后，广州成为中国对外贸易的中心之一，成为“海上丝绸之路”的起点。到了唐代，广东商人到海外做生意，广州一向是我国最重要的商港之一。宋朝时的广州已是“万国衣冠、络绎不绝”的著名对外贸易港了。明清时期，中国的资本主义尚处于萌芽阶段，粤商就以其独特的岭南文化背景、与海外的密切联系，在中国商界独树一帜。广州是粤商兴起、发展的发源地，素有“千年商都”之称。早期粤商的代表在广州从事贸易和运输，其中以十三行最为突出。十三行是清政府专营对外贸易的垄断机构，又称“洋行”或“洋货行”，于1685年诞生。1757年，清政府规定广州为全国唯一海上对外贸易口岸，中国与世界的贸易全部聚集于此，史称“一口通商”。至鸦片战争为止，十三行独揽中国外贸长达85年，也成为清政府的重要财政来源之一，被视为清政府财政的“天子南库”。1850年，广州在世界城市经济十强中名列第四，1875年仍列第七。广州十三行旧景如图6-1所示。

粤商的崛起绝不是偶然的，它与广东的人文地理环境、发达的商品性农业和手工业、人多田少的矛盾、复杂的国际环境以及朝廷的海禁政策有着密切的关系。

图6-1 广州十三行旧景

## （一）三山六水一分田

广东境内地形复杂，有山地、丘陵、平原、台地等，而以山地和丘陵为主，平原地区很少，总体情况就是人多地少。明清时期，人多与田少的矛盾成为广东尤其是珠江三角洲地区的严重社会问题。不少广东人因而想方设法地另觅生计。他们或者在有限的土地上种植有较好经济效益的经济作物，或者实施新的耕作方式，采用“基塘”养蚕养鱼，还有一些人则转而从事手工业生产，专门进行商品经营。

## （二）交通便利

广东三面环海，境内河网密布，无论是通向海外，还是内地，交通都非常便利，这为粤商的崛起提供了有利的条件。

## （三）商品性农业的普遍发展

桑基鱼塘，种桑养鱼，一地二用，是珠江三角洲地区土地利用的一种特殊方式。甘蔗、水果、茶叶、花类经济作物的广泛种植，带动了明清广东部分地区农业商品经济的迅速发展，还促进了广州对外贸易的发展，而广州对外贸易的发展，又反过来促进了广东社会经济的发展，也促进了粤商的崛起。

### （四）广货远运

随着商品性农业的兴盛和手工业生产的迅速发展，广东产品迅速崛起，凭借数量多、质量好而走上了国内国际贸易舞台，并随之形成“广货”的概念。广东手工业的高度发展自然需要有广阔的销售市场，这促成了广东的商业繁荣，商人活跃，一度形成了全民皆商的局面。

### （五）专业市场的兴起

由于广东地区商品性农业和手工业的迅速发展，一些专卖农作物产品的市场随着专门化的商品性农作物的种植应运而生，并随之扩大而增加。这些专业市场种类繁多，有不分季节、四时都有货源的，如牛、猪、布匹等的专业交易场所，被称为圩；有定期收获的农产品，如水果、花生等的专业交易场所等。专业圩市不仅适应了珠江三角洲地区商品性农业生产发展的需要，而且促进了粤商在明清时期的崛起。

### （六）商业传统

广州是一个具有悠久商业传统的城市，《史记·货殖列传》中的广州（时称番禺）已是国内的九大都会之一。悠久的商业历史和商业传统，无疑对广州的城乡居民有很大的耳濡目染的作用，在这种氛围下，广州及广东其他地区居民的商品意识自然较强。广东人不耻言利、不耻言商，他们把挣钱作为人生的第一要义，孜孜不倦地追求。

## 二、粤商的发展

鸦片战争后，中英《南京条约》的签订彻底摧毁了十三行对外贸易的特权，广州不再是中国唯一的通商口岸，十三行渐渐没落。但粤商并未因此而销声匿迹，而是纷纷走出国门，到世界各地开拓市场，寻求更大的发展机遇。在东南亚一带，广东商人经过半个世纪的打拼，创造了商业辉煌，也出现了被美国人称为“中国的洛克菲勒”的张弼士、“泰国八大财团之首”的陈黉利家族、泰国华裔首领郑午楼、夏威夷华人首富陈芳等。

邓荫南（1846—1923），广东开平人，富商。

伟大的革命先行者孙中山先生领导了推翻清朝封建统治和创建中华民国的民主革命运动。粤商给了他巨大的财力支持，如邓荫南就是追随孙中山的粤商。邓荫南早年到檀香山谋生，后经营农场和蔗园，成为当地的富商。他性情慷慨，乐于助人，深得华侨和当地土人的敬重，与孙中山的胞兄孙眉交往密切，在1894年与孙中山见面后加入兴中会，他是兴中会中缴纳会费最多的。他还出资聘请了一位外国军官对兴中会的成员进行军事化培训，并变卖家财充作革命经费，回国参与筹划广州起义。除邓荫南之外，还有张永福、林义顺、许雪秋等粤商都积极支持孙中山的革命事业。

在贸易业沉寂后，粤商开始向百货业进军。20世纪二三十年代，上海南京路上名噪一时的"先施""永安""新新""大新"四大百货公司都是由粤商创办的。其中，先施公司是国内第一家百货公司（见图6-2），由广东中山人、澳大利亚华侨马应彪于1900年首先在香港创立。香港公司成立后很快取得巨大成功，然后马应彪考虑将百货公司开到内地大城市，于是把目光投向了当时最繁华的城市——上海。1917年上海先施公司开业。公司第二年的营业额就达到439万元，这个数字超过了投资的两倍。先施公司以专业性和领先一步的竞争战略在上海滩打出了一片天地。而由另一位粤商蔡昌创立的大新公司，虽然成立最晚，但其将差别化竞争与多元化经营较好地结合在一起，形成了自己的发展模式，到了1937年不仅跃居南京路上四大公司之首，而且成为远东地区最大的百货公司。

**图6-2　民国时期的上海先施百货公司**

四大公司在百货行业取得专业化经营成功后，又纷纷涉足其他行业。如先施公司涉足保险业，开办了先施保险置业公司、先施人寿保险公司，还开设了旅店，开办了家私工厂、化妆品厂；永安百货在香港、上海、广州开办了多家纺织工厂；新新百货自行设计、安装了上海第一个由中国人创办的广播电台。

第二次世界大战期间，四大百货公司的多元化经营战略遭受到严重打击，粤商一度沉寂，但从20世纪50年代开始，以李嘉诚为代表的一批粤商在香港开始崛起，出现了李嘉诚的长江实业、李兆基的恒基兆业、郭氏家族的新鸿基、郑裕彤的新世界等一批优秀的企业。20 世纪 70 年代，改革开放之后，粤商再次崛起于中国南部、中国香港及东南亚等地。广东的经济发展一度独领风骚，珠江三角洲成为国内经济发展最迅速的区域。在广东，一批优秀的企业成长起来了，如乐华（1982 年）、健力宝（1983 年）、科龙（1984 年）、小霸王（1987 年）、中山威力（1988 年）、万家乐（1988 年）、太阳神（1988 年）、乐百氏（1989 年）、巨人（1991 年）、步步高（1995 年）等，形成了包括顺德模式、南海模式、东莞模式、中山国企航母模式等具有产业集群优势的珠江三角洲经济模式。

## 第二节 粤商代表张弼士

### 一、从南洋富商到官商

张弼士，名振勋，原名肇燮，字弼士，1840 年出生于广东潮州府大埔县（现梅州市大埔县）。他的父亲张兰轩是清朝道光年间的秀才，以教书为业兼行医，生有四子，张弼士排行第二。幼年时因家贫，随父读书三年后辍学。1858 年，张弼士的家乡遭受严重灾荒，不少人背井离乡，外出谋生。18 岁的张弼士当时在乡村竹坊做竹工，少年意气，只身漂洋过海前往南洋谋生，到达印度尼西亚的雅加达（原称荷属东印度巴达维亚）。

张弼士最先在一家米店当杂工，后来又到了一家纸行当帮工。由于他做事勤恳认真，聪明过人，而且忠厚诚实，深得老板信任，老板不仅将店里的财务交给他管理，而且后来还将自己的独生女儿许配给了他。几年后，老板病逝，张弼士继承了他的资产。有了一定的资产后，张弼士开始显示他卓越的经营能力。他先抽出一部分资产，开设了一家经营各国的酒的商行，并承办了当地的酒税和新加坡的典当捐务，随后又承包了荷属东印度（在印度尼西亚）一些岛屿的鸦片烟税，资产很快得到了较大的扩充。接着，他把目光放在了垦殖开发。1866 年，他在荷属葛罗巴埠创办了裕和垦殖公司，大规模地开垦荒地，专门种植椰子、咖啡、橡胶、胡椒、茶叶等热带经济作物，并在垦殖区间种杂粮，获取了极大的经济效益。1875 年，他又在苏门答腊岛的阿齐创办了新的垦殖公司。1877—1878 年，他在荷属怡厘创办的裕业垦殖公司、在爪哇日里创办的笠旺垦殖公

张弼士（1840—1916），粤商代表，张裕葡萄酒创始人，海外华侨中首屈一指的巨富，被西方誉为“中国的洛克菲勒”。

司就有橡胶园 8 处，雇工近万人。

在经营垦殖开发的同时，张弼士积极捕捉机会创办各类实业，取得了很好的成绩。如他在英属马来亚彭亨州文东埠开设东兴公司，开采锡矿，赚了一大笔钱；在日里开设日里银行，专门办理华侨储兑和侨汇业务，深受广大华侨的欢迎和依赖，业务得到很大发展；在棉兰（印度尼西亚苏门答腊岛第一大城市）、槟榔屿（马来西亚槟城）兴建了大量中西合璧的住宅，大力发展房地产事业；组织了一个联系海内外的药材批发网，国内的名贵药材多经张氏药行批销海外，海外名贵药材及西药也多经张氏药行批销回国，沟通了海内外药材市场等。这样，从 19 世纪 60 年代起的三十多年里，张弼士建立起了自己的企业王国，在 1869 年时便拥有了超过 8 000 万两白银的巨额财产，当时整个清政府的年收入也不过 7 000 万两，他比另一位红顶商人胡雪岩鼎盛时期的资产还要高出 5 000 万两以上，成为当时南洋华侨中首屈一指的富翁。

1892 年，张弼士经清政府驻英公使龚照瑗的举荐，被任命为槟榔屿首任领事，1894 年升任新加坡总领事。他在任内兴利除弊，在侨胞中宣扬爱国观念，深受侨众的敬仰。1898 年，李鸿章电召张弼士回国，委任他为粤汉铁路帮办、总办。1904 年，清政府赐他侍郎衔，并以三品京堂候补，后又赏赐头品顶戴，补授太仆寺正卿，并任命他为商部考察外埠商务大臣，兼槟榔屿管学大臣，兼办闽广农工事宜。张弼士成为名副其实的官商。

## 二、创办张裕葡萄酒

1890 年，张弼士任巴城（属马来西亚）商务领事时，有一次参加法国领事举办的酒宴。酒会上张弼士一面品着世界闻名的法国葡萄酒，一面听着法国领事的介绍，当得知“这酒如果用烟台所产之葡萄酿造，质量也毫不逊色”时大为震惊，于是产生了在山东烟台投资建葡萄酒厂的念头。

1891 年，张弼士应督办铁路大臣盛宣怀之邀，到烟台商讨兴办铁路、开发矿山事宜，他借机向盛宣怀提出要在烟台建葡萄酒厂的建议，并对烟台进行了全面考察。在了解到烟台靠山面海，气候湿润，土质肥美，的确是种植葡萄的好地方后，当即决定在烟台投资设立葡萄酒厂，定名为“张裕葡萄酿酒公司”。1892 年，张裕葡萄酿酒公司在烟台建立。张裕公司的建立，开创了我国葡萄酒工业化生产的先河。1894 年，张弼士投资 300 万两白银，在烟台的东南和西部市郊开辟两座占地千亩的荒山，栽植从德、法、意等国引进的 120 多个优质葡萄品种，建立自己的大葡萄园；引进压榨机、蒸馏机、发酵机等酿酒先进设备，采用

盛宣怀（1844—1916）江苏人，官办商人、买办，洋务派代表人物，著名的政治家、企业家和慈善家，被誉为“中国实业之父”和“中国商父”。

了按照严格传统工艺要求进行材质选择、处理、制作的白橡木贮酒桶。张裕公司历时十年，经过三次改建，建成了亚洲唯一的窖内恒温为11℃的地下大酒窖。同时，公司还重金聘请欧洲出身于葡萄酒世家、系统掌握酿制名酒技术的一流酿酒师，建立了我国最早采用现代科学技术酿造葡萄酒的大企业。在新中国成立之前的大半个世纪里，张裕一直是中国唯一的葡萄酒品牌。

经过多年的辛勤耕耘，张裕葡萄酿酒公司获得了巨大成功。他们酿的酒色泽金黄透明，酒质甘醇幽香，加之其很强的"名牌"意识，使得张裕葡萄酒风行全国，远销海外，在世界市场上崭露头角。1912 年，孙中山先生为张裕葡萄酿酒公司题词"品重醴泉"，以示嘉勉。1914 年，在南京召开的南洋劝业会和上海招商会的商品陈列赛会上，张裕葡萄酒被授予最优等奖章。

## 三、扬名海内外

1915 年 4 月，张弼士被中华民国农商部任命为"中国游美实业团"团长，率团赴旧金山参加巴拿马太平洋万国博览会（世界博览会前身），张裕葡萄酿酒公司送展的 4 种葡萄酒——"可雅白兰地"、"红葡萄酒"、"琼瑶浆"（味美思）和"雷司令"一举夺得了一个金奖、三个优等奖，成为驰名世界的名牌。"可雅白兰地"也是中华民族在世界上第一次获得金牌的产品，也因而被命名为"金奖白兰地"。中国人从此拥有了令西方人称道的金奖白兰地和系列葡萄酒，打破了洋酒不可战胜的神话，这在整个中国近代史上都是罕见的，海外的华人骄傲地称张裕酒为"国魂酒"，张弼士成为中国葡萄酒酿造第一人。一直到今天，张裕酒依然是国内市场上占有率最高的葡萄酒，张裕商标成为中国葡萄酒业的驰名商标。

在美国期间，张弼士还受到美国总统伍德罗·威尔逊的邀请，于 1915 年 5 月 26 日率团做客白宫。同年 8 月 5 日的上海《时报》刊登报道《扩张中美间商业之企图》载："……团长张振勋君（张弼士的别名），美人名曰之'中国的洛克菲勒'。"张弼士也是到目前为止，唯一被西方誉为"中国的洛克菲勒"的商人。

与中国近代许多爱国民族资本家一样，张弼士虽身处南洋，却情系祖国。他把"生为中华民族，当效力于中华民众"作为自己的座右铭。辛亥革命初期，张弼士就鼓励儿子张秩捃加入同盟会。当革命党人在海外秘密活动时，张弼士指示他在南洋的企业秘密援助，并通过胡汉民暗中资助孙中山 30 万两白银。辛亥革命爆发后，张弼士又向孙中山捐赠了一笔巨款，后来他还给福建民军捐赠白银 7 万两。

张弼士既是一位大实业家，也是一位大慈善家。1900 年，黄河决口成灾，张弼士目睹灾区惨状，深为同胞遭难而忧虑，急回南洋募捐百万两银款赈灾，清政府为此赐他"急公好义"的牌匾；1904 年，他又为东海海防筹捐巨款。他还在海外倡导教育，弘扬中华文明，在新加坡等地，创办了中华学校和应新华文学校，又专门设置了福利基金为外出学子资助学费。在他的带动下，新加坡、马来西亚两地相继兴办了 8 所华文学校。他在广东汕头设置“育善堂”，购置几十间楼房堂产作为嘉应五属（嘉兴五属指平远县、兴宁县、梅县、蕉岭县和五华县）福利基金，为出国学子补助学费等。1905 年，他因此获得清朝光绪皇帝恩赐的御书“声教南暨”匾额一方。

1916 年 9 月，张弼士为庆祝“可雅白兰地”酒荣获金奖和赴美之行成功，在印尼巴城的五知堂设中秋宴会，答谢中外宾客。会上他异常兴奋，频频举杯祝酒，导致心肌绞痛，后因医治无效，病逝于荷兰皇家医院，享年 75 岁。张弼士病逝后，移柩返籍途经新加坡、中国香港时，英荷政府下半旗志哀，港督躬亲凭吊，民众到处设牲祭奠，足见这位中国近代民族实业家在海内外的影响力。

# 第三节　粤商文化特征

## 一、粤商文化的组成

### （一）客家文化

所谓客家人，意指做客他乡之人。客家是一个具有显著特征的汉族分支族群，也是汉族在世界上分布范围广阔、影响深远的民系之一。客家先民原是中原汉人，从西晋永嘉之乱开始，由于战乱、饥荒和政府奖惩，中原汉族居民大举南迁，抵达粤赣闽三地交界处，与当地土著居民杂处，互通婚姻，此后，客家人又以梅州为基地，大量外迁到华南各省乃至世界各地，先后扩展到江西、福建、广东、广西、四川、湖南、台湾等省以及世界 70 多个国家和地区，经过千年演化最终形成相对稳定的客家民系，创造出一支以汉文化为主导的、与周边文化相区别的地域文化，这就是客家文化。

客家文化是以中原汉文化为主体的移民文化，它不仅具有中原文化的深厚底蕴，而且具有作为移民这一特殊群体所具有的文化面貌。客家文化所呈现的特点主要有：

#### 1. 强烈的寻根意识与乡土意识

寻根意识与乡土意识正是移民在离开祖居地之后所表现出来的对原有文化的眷恋。客家人由于经历了很长一段时间的漂泊流离，到达定居地以后又面临种种困境，从而锤炼出坚韧不拔的意志、勇于开拓的精神、勤劳朴实的品格以及善于用血缘、亲缘、地缘等各种条件建立同宗、同乡、同一文化内相互合作关系的团体主义精神。而所有这些，都是为了确保自身的生存与发展，实现由移民社会向定居社会的转变。

2. 兼收并蓄

客家文化是中原汉文化与南方土著文化融合的产物。客家文化的主体是汉文化，但在不少方面也受到土著文化的影响，这就使得客家成为既不同于土著又不完全等同于中原汉民的一个汉族民系。客家先民的南迁，是中原的汉人与迁徙地的土著长期斗争而又走向团结的过程，并最终形成了共同体。客家文化是经过与当地民族融合而发展壮大起来的。在客家地区，人们对宗教信仰也是十分宽容和亲善的，儒、道、释以及基督教等可以同居一寺。因此，客家文化继承和发扬了中华文化的精华，长期的迁移形成了兼收并蓄、开拓进取、不保守的民风，使客家文化具有强大的凝聚力和生命力。

3. 敢于探险

客家人乐意做开拓疆域的先锋，常常往其他华人不敢去的地方迁徙，他们不往繁华的地区流动，哪儿需要开拓，他们就往哪儿去，哪儿有风险，他们就往哪儿去。而且，他们的迁徙都是尝试性的，当环境不宜，他们就再移往有生机、有兴趣、有“刺激”的地方，这显示了其敢于探险的文化特征。

## （二）潮汕文化

潮汕文化是潮州文化的别称，具有悠久的历史并独具特色。秦汉以后，汉文化向岭东扩展；晋唐时期，中原主流文化的影响进一步扩大；到了宋元时期，由于经济的迅速发展，大量移民进入潮汕地区，加上闽文化的影响，潮汕地区得到全面开发；明清时期，最终形成了具有鲜明特征的潮汕民系文化。

潮汕地区现有的居民，其祖宗大多数是由中原地区先后迁入的，为数众多的中原移民，也带来了中原文化。潮汕文化在长期的形成和发展过程中，吸取了中原文化中的许多优秀成分，如儒家文化和中原的语言、文学、戏剧、音乐中的不少内容。自唐宋至明清，特别是樟林港的形成和1860年开埠的汕头港，使得潮汕地区的居民不断向海外各地移居，同时由于潮汕与海外各地经济贸易的发展，以及中外交往的增加，海外文化（包括西方文化和东南亚文化等）也不断传入潮汕地区，潮汕文化也吸取了海外文化中的优秀成分。可以说，潮汕文化是古代南粤土著文化、中原文化和海外文化相融合的产物。潮汕文化所呈现的特点主要有：

1. 兼容性

潮汕文化既传承和弘扬了中原文化的优良传统，又吸取了古代南粤土著文化的优良成分，同时吸收了海外文化的一些优良成分，具有海纳百川的特色。

2. 开拓性

潮汕地区地狭人稠，人口与资源和环境的矛盾很大，激烈的竞争环境培养了潮汕人创造、开拓和冒险的精神，不少人外出到海外谋生，一些著名潮商的开拓精神也使他们创造了极其辉煌的业绩，如当代的亚洲首富李嘉诚就是一个非常典型的例子。

3. 乡谊性

潮汕文化传播的地方很广。世界各地，几乎是有潮汕人聚居的地方就有潮汕文化的传播。潮汕文化把世界各地潮汕人浓厚的亲情和乡情紧密地联结在一起，他们建立了很多善堂，许多慈善家和乐善人士做了大量善事，充分反映了潮汕人以善为乐、乐于助人、无私奉献的高尚美德。

### （三）广府文化

早在唐代广州一带就有“广府”之称，明清时的广州府就以广州为治所，广州府人简称为广府人。广府文化是以广州为核心、以珠江三角洲为通行范围的广府民系文化。它从属于岭南文化，并在岭南文化中个性最鲜明、影响最大。广府文化由于在广东民系文化中具有突出的地位，因此，在各个领域中常被视为粤文化的代称。

广府民系分布在西江、北江流域及珠江三角洲，是封建文化最早开发的地区。两宋以后，珠江三角洲的开发已初具规模，到了明代，则成为当时岭南著名的粮食和多种经济作物的生产基地，顺德、南海、中山、番禺等地的基塘农业驰名于世。明代后期，珠江三角洲的农业生产商品化倾向日渐明显，多层次的农业经济架构以及广州这个世界贸易大港的依托使得广东的农副产品和手工业产品市场广阔，产销活跃。19 世纪末，近代工业的新兴产业从珠江三角洲一带兴起，经济发达又推动了文化的兴盛，形成了以中心城市广州为核心的广府文化。

广府文化的特征首先表现为具有较强的凝聚力。广府民系内部对于本民系的共同心理认同感比较强烈，普遍以繁荣的岭南粤语文化为荣。其次表现为务实、乐观、包容。广府人比较容易接受外来新事物，敢于吸收、模仿和学习西方的物质文明和精神文明，并将传统文化与之相融合。最后表现为具有敢于探索和尝试的拼搏精神。广府人视野较为宽广，思路较为开阔，商品意识和价值观念较强，精明能干，创造了珠江三角洲多元化农业商品经济。

## 二、粤商文化的特征

### （一）敢为天下先

粤商早就有向外拓展的传统，据史料记载，早在唐代就有广东人到海外做生意；到了近代，广东商人更是足迹遍天下，广东成为我国著名的侨乡。粤商敢为天下先，国家首批四个经济特区中就有三个在广东。20 世纪八九十年代，以深圳、东莞等为首的珠江东岸城市配合香港产业转移，大力发展“三来一补”企业，前店后厂，“两头在外”，这是内地参与国际经济分工的最好选择方式。这些城市以廉价的未开发土地以及农村的廉价剩余劳动力参加国际市场的博弈。珠江西岸的广州、中山、顺德、佛山等城市则凭借地缘优势，将国外先进技术、全新理念及时尚消费品引进来。近三十年的时间里，中国大多数先进的零售业态、流通技术以及组织形式，都是由广东商业企业率先引入并尝试的，如超市、购物中心、购物广场、第三方物流等，使广东商贸流通企业一直在全国处于绝对领先地位。

### （二）精明务实

广东人精明开放，勇于冒险，接受新事物快，商业头脑发达。在行动上则大都注重实际，很实在，很现实。他们不喜欢不切实际的幻想，也不太喜欢奢谈什么大道理，他们感兴趣的是事物本身是否具有实用价值。在粤商的意识中，机不可失、时不我待的观念特别强。白手起家的务实耐劳、拼搏创新的精神，在粤商群体中普遍存在。志高空调股份有限公司董事长李兴浩靠卖冰棍起家，后来创办工厂数十家，涉及制衣、塑料、五金、电子电器、移动多媒体、金融投资和医疗机械等领域，并荣登《福布斯》富豪榜。在对待新事物上，广东人往往先大胆学习，然后引进、吸收和为我所用。先行动、后思考，重实干、讲效益、求实用，重感觉、轻理论，是广东人的特点。正是这些特点，使得广东人在改革开放后中国国门刚刚打开的初期就很好地利用了中央政府所给予的有限的“优惠政策”，发挥其“点石成金”的效用。

### （三）勇于创新

粤商的创新焦点集中在市场上，粤商走出国门，积极拓展海外市场，普遍采取“贸易先行，制造跟进”的战略，在贸易额扩展到一定规模、积累了国际市场的运作经验之后，进一步开拓在境外投资建厂的新路径。如美的、TCL、康佳、华为、格力等广东企业，纷纷在海外尤其是发展中国家投资设厂，成为中国企业海外扩展的先行者。粤商投资的国家和地区包括印度、巴西、墨西哥、俄罗斯、德国、越南和东欧等，涉及的行业包括电视机、程控交换机、电话、空调、DVD影碟机、摩托车、服装等。粤商的创新精神也表现在实施名牌带动战略。粤商已经打造出了七八十个产业集群，并且拥有200多个“中国名牌产品”，在全国各省份中名列前茅。

### 课堂活动：分析、比较当代粤商与近代粤商的文化特征

**背景资料：**搜集三位当代粤商的个人成长及其经营管理的企业的资料，分析其个人及企业成功或失败的原因。

**分析执行：**团队在搜集粤商资料的基础上，通过讨论确定拟分析的三位当代粤商及其经营管理的企业，分析这三位粤商的成长经历、个人特点及其企业的发展历程，从中提炼

出当代粤商的文化特征，并将之和近代粤商的文化特征进行比较，从而分析粤商文化的历史变迁。

**活动记录：**

**表 6-1　粤商文化比较分析**

| 当代粤商 | | | 近代粤商 |
|---|---|---|---|
| | | | |
| 粤商 1 | 经营管理的企业： | 文化特征 | 文化特征 |
| | 个人成长历程： | | |
| | 企业发展历程： | | |
| | 成功或失败的原因： | | |
| 粤商 2 | 经营管理的企业： | | |
| | 个人成长历程： | | |
| | 企业发展历程： | | |
| | 成功或失败的原因： | | |
| 粤商 3 | 经营管理的企业： | | |
| | 个人成长历程： | | |
| | 企业发展历程： | | |
| | 成功或失败的原因： | | |

**案例分析**

## 格力董明珠的经营理念

被誉为“中国制造代言人”的董明珠，有人说她霸道强悍，有人说她六亲不认。董明珠却说，“铁血柔情两难全”，在她的带领下，格力在 30 年的时间里，从 2 000 万元做到 1 000 亿元，从 2 万台做到 4 000 万台，这与她的管理理念是密不可分的。

(1) 团队力量的无限可能：成绩来源于哪里？不是我一个人的，而是属于我们格力所有员工的。

(2) 普通员工也要对企业负责：作为一个人，一定要有做人的原则，就是要对别人负责任，你是这个企业的员工，你要对你的企业负责任。

(3) 权力是用来谋公的，不能谋私：一个人拥有权力的时候，这个权力不是为自己和家人服务的。

(4) 管理团队要在自律的基础上严要求：很多企业请成龙代言以后，为什么垮掉了？不是因为成龙代言垮掉的，我认为那个企业最起码的，它没有完整的制度。

(5) 被认可与尊重不是钱能换来的：格力空调已经与董明珠的名字联系在一起，我觉得我的价值就在于得到了社会的认可。

资料来源：搜狐网，https://www.sohu.com/a/118873485_467215.

**问题**

董明珠的经营管理理念体现了粤商的哪些文化内涵？

## 自测题

### 一、判断题

1. “十三行”为粤商的发展奠定了良好的商业基础。（　　）

2. 张弼士曾被美国人称为“中国的洛克菲勒”。（　　）

3. 粤商文化的组成包括客家文化、潮汕文化和广府文化。（　　）

4. 上海南京路上名噪一时的“先施”“永安”“新新”“大新”四大百货公司都是由广东商人创办的。（　　）

### 二、单选题

1. 以下互联网企业中，（　　）的掌门人是当代粤商的代表。

A. 阿里巴巴　　B. 百度　　C. 腾讯　　D. 新浪

2. 下列品牌中，不是粤商创立的是（　　）。

A. 万家乐　　B. 科龙　　C. 小霸王　　D. 娃哈哈

3. 广府文化是以（　　）为核心、以珠江三角洲为通行范围的广府民系文化。

A. 香港　　B. 澳门　　C. 广州　　D. 深圳

### 三、简答题

1. 简述粤商产生的条件。

2. 简述粤商文化的组成及特征。

# 第七章　浙商文化

## 素质目标

具有艰苦创业的品质，树立集体意识和团队合作精神，培养勇于承担责任、敢于拼搏奉献的精神。

## 知识目标

理解浙商产生的经济与思想基础，掌握浙商文化的特征，明确浙商“小商品、大市场”现象的产生及发展，概括“四千精神”的精髓及对浙江经济社会发展的推动作用。

## 能力目标

能分析“小商品、大市场”对浙江乃至整个中国经济社会的影响作用，辨析浙商的人生观、价值观和创业观，践行浙商精神。

## 大家来讨论

### 海内外浙商携手“一带一路”共迎发展新机遇

2019年初，正泰集团在巴基斯坦信德省的4个500kV变电站新（扩）建工程顺利完工移交，加上此前完成的3座220kV变电站，正泰已经为巴基斯坦国家电网交付了7座超高压变电站工程。而此前，每天长时间停电制约着当地经济发展。

在泰国罗勇府，浙江华立集团与当地企业合作开发的，中国首批境外经济贸易合作区之一的泰中罗勇工业园已运转14年，100余家企业在此落户，累计实现工业总产值100多亿美元，为当地创造了3万多个就业岗位。

正泰在巴基斯坦，华立在泰国等地的实践是浙商响应“一带一路”倡议，积极“走出去”的缩影。从早期的产品输出到服务输出，再到投资并购不断升级。如吉利收购瑞典“公主”沃尔沃，宁波均胜电子收购德国普瑞公司，万丰奥特收购加拿大钻石飞机……以资本为媒，浙江与世界经济你中有我、我中有你。

“跳出浙江发展浙江”，是浙江经济发展的必然要求，也是浙江在高起点上实现更大发展的战略选择。浙江企业在“一带一路”沿线国家和地区开枝散叶，全球视野和业务国际化程度快速提升，成为“一带一路”的建设者和受益者。

资料来源：屈凌燕，吴帅帅，魏一骏．海内外浙商携手“一带一路”共迎发展新机遇［EB/OL］．新华网，2019-11-13.

**请思考：**

如何理解浙商“走出去”与“一带一路”沿线国家实现双赢？

# 第一节 浙商的发展历史

## 一、浙商的起源

浙商，一般指浙江籍的商人、实业家的集合。他们被称为“中国的犹太人”。从古至今，浙江商人都是中国经济发展的中坚力量之一。如今在民营经济发达的浙江省，“浙江模式”“浙江经验”“浙江现象”受到越来越多媒体的报道，也有越来越多的人对浙江所取得的成就和经验、浙江的发展给予了很大的关注。

隋唐以后，随着京杭大运河的通航，中国的经济重心南移，江浙一带成为中国经济较为发达的地区之一，南宋定都临安（杭州），更为江浙一带成为经济中心奠定了基础。马可·波罗在游记中还描述过杭州著名的西湖，讲述了西湖的桥在他到来之前已经建了三个世纪。他详细描述了西湖上的活动和这座古老城市的居民举办的宴会和娱乐活动，当时的欧洲完全没有听到过这些。13世纪的欧洲，即使是最富有的商人，其社会地位也很低，他们很少离开城市到周围地区享受野餐，然而在中国，甚至普通人也可以享受这种欢乐。这些都体现了当时环境的重商主义。

“浙商”一词最早出现于南宋，但当时仅仅指两浙地区的商人，还是一个泛指的概念。在明代，较为有名的浙商是当时的天下首富湖州南浔人沈万三，他居于周庄，利用京杭大运河的有利条件，开始“竞以求富为务”的贸易活动，迅速成为“资巨万万、田产逾吴下”的江南第一富豪。发迹后，他曾先后流寓南京、苏州等地，富名遍天下。沈万三曾资助修筑了都城南京的1/3，并且主动出资犒劳军队，可见“民富敌国”。

到了清朝初期，“浙商”才成为一个集体的专属名词，成为对一个区域性群体的特指。但当时的“浙商”概念仍是模糊的，浙江的商人们也刚刚作为一个集体引起人们的关注，其成就远不如现在辉煌。直到改革开放以后，随着越来越多浙江商人的崛起，“浙商”这一群体才得到前所未有的关注。

## 二、近代浙商的形成与发展

清朝末年及民国初年，浙商成为中国民族工商业的中坚力量之一，为中国工商业的近代化起了很大的推动作用。清末以经营辑里丝起家的刘镛、张颂贤、庞云鐕、顾福昌这“四象”为首的湖州南浔商人是中国最早的强大商人群体，宁波镇海人叶澄衷是中国近代五金行业的先驱，以虞洽卿、黄楚九、袁履登为代表的宁波商人曾经叱咤于当时的远东第一大城市——上海。虞洽卿早年到上海当学徒，1894 年后任德商鲁麟洋行买办、华俄道胜银行买办；1903 年，独资开设通惠银号，发起组织四明银行；1905 年，上海发生大闹公审公堂案，因其与组织当局交涉获胜，遂名闻沪上；1908 年，创办宁绍轮船公司；1911 年，上海光复后任都督府顾问官、外交次长等职；1914 年，独创三北公司；1920 年，与人合伙创办上海证券物品交易所，任理事长；1923 年，当选为上海总商会会长，成为上海金融界的头面人物，上海的西藏中路曾命名为虞洽卿路；抗战时期，虞洽卿坚持抗日爱国，在日军占领租界后赴渝经营滇缅公路运输，支持抗战。此外，绍兴人李铭也是当时非常著名的金融家和实业家，他曾担任浙江实业银行总经理、董事长，中国银行董事长，中国交通银行董事，上海银行业同业公会主席，国民党政府公债基金保管委员会主任委员，中国投资公司总经理，杭州电力公司董事长等民国时代的银企要职。

## 三、现代浙商的兴起与发展

改革开放之后，浙江商人活跃于国内外商界，目前是中国国内除台商之外最活跃的商帮。他们是位于中国东南沿海当今中国内地最具活力也是最会赚钱的人群。知名的零点调查公司曾在北京地区进行的一项企业界人士调查的结果显示，浙江商人是北京市场上的超级活跃群体，广东商人次之。在上海，在沪浙军达 50 多万人，浙籍企业在沪投资总额、企业总数和资产总额均居全国兄弟省市之首。不仅在北京、上海等大城市，从通都大邑到穷乡僻壤，乃至在欧亚各地，到处都有操着浙江口音的投资者和生意人。在各地的“浙江村”“温州路”“义乌街”，很难听懂的“浙江话”成了各地的本土语言。仅在西部省份，就有 300 万浙商在“你发展，我发财”。450 万浙商活动在世界各地。浙江最为活跃的商人为温州商人，最为活跃的商人城市为义乌市，最有代表性的商帮为宁波商帮。

一份不完全名单足以说明浙商的实力和活力：传化集团董事长徐冠巨当选浙江省政协副主席、全国工商联副主席，开创中国民营企业家出任省级领导的先例；曾担任中国乡镇企业协会会长的万向集团创始人鲁冠球，是国内第一位领衔全国性行业协会一把手的企业一线负责人；在美国《财富》杂志的首次投票评选中，此前没有全国性知名度的华立集团董事长汪力成荣登“2001年度中国商人”的榜首；资深企业家冯根生，是1988年第一届中国优秀企业家20位得主中，仍然活跃在生产经营第一线仅有的二人之一，并且越活越青春；阿里巴巴的创办人马云，获选2000年《福布斯》杂志封面人物，成为50年来中国企业家获此殊荣的第一人。而《福布斯》富豪榜上，浙商更是常客：从“中国50首富”中的9位，到百富榜上的17席。马云、宗庆后连续多年名列《福布斯》富豪榜的前十位。浙江省民营经济总产值、销售总额、社会消费品零售额、出口创汇额、全国民营企业500强企业户数等多项指标均居全国第一。浙商的特点就是：舍得、和气、共赢、低调、敢闯。

**表7-1　2020年浙商全国500强榜单（前10强）**

| 2020年排名 | 2019年排名 | 公司 | 总部 | 控制人 | 2019年营业收入（亿元） | 2019年增长率（%） | 行业 |
|---|---|---|---|---|---|---|---|
| 1 | 1 | 阿里巴巴集团有限公司 | 杭州 | 马云 | 4 888.4 | 41.6 | 计算机 |
| 2 | 3 | 物产中大集团股份有限公司 | 杭州 | 王挺革 | 3 585.1 | 19.5 | 综合 |
| 3 | 2 | 浙江吉利控股集团有限公司 | 杭州 | 李书福 | 3 308 | 0.6 | 汽车 |
| 4 | 4 | 青山控股集团有限公司 | 温州 | 项光达 | 2 626 | 15.9 | 有色金属 |
| 5 | 9 | 浙江荣盛控股集团有限公司 | 杭州 | 李水荣 | 2 056.4 | 59.9 | 化工 |
| 6 | 6 | 绿城中国控股有限公司 | 杭州 | 张亚东 | 2 018 | 29 | 房地产 |
| 7 | 5 | 海亮集团有限公司 | 杭州 | 曹建国 | 1 879.7 | 8.3 | 综合 |
| 8 | / | 多弗国际控股集团有限公司 | 北京 | 胡兴荣 | 1 753.4 | 580.4 | 综合 |
| 9 | 7 | 中梁控股集团有限公司 | 上海 | 杨剑 | 1 525 | 50 | 房地产 |
| 10 | 12 | 北京建龙重工集团有限公司 | 北京 | 张志祥 | 1 519 | 26.6 | 有色金属 |

资料来源：搜狐网，https://www.sohu.com/a/414141084_650031。

## 第二节　浙商文化的含义、渊源与特征

### 一、浙商文化的含义

浙商文化是人类在商品流通过程中所铸就的一种特殊文化现象，它是由浙商所创造且渗透在其一切行为系统里的观念体系和价值体系，是浙商在工商业行为进行过程中的思想、情感、价值观、行为方式、道德规范的总和。浙商文化是在浙江区位特色中形成，在深厚的文化积淀中产生，在改革开放中发展起来的。“敢为天下先，勇争天下强”的浙商创业精神是浙江精神的集中体现，也是重商的地域传统文化在市场经济环境下的生动表

述，这是浙江民营经济大面积活跃的“文化基因”。

## 二、浙商文化的渊源

在浙商形成的众多渊源中，地域文化被认为是浙商大面积活跃的最主要的深层次文化基因。经济力背后的实质是文化力。浙江文化元素中最强有力的是重商价值观。

南宋期间，以吕祖谦为代表的金华学派、以陈亮为代表的永康学派、以叶适为代表的永嘉学派，崇尚功利，主张务实，反对空谈道德性命的理学，批评“贵义贱利”“重本抑末”，提倡“农商一体，发展工商业”。永嘉学派对推动后世浙江文化和经济的发展，起到了十分重要的作用。

吕祖谦（1137—1181），字伯恭，世称“东莱先生”，今浙江金华人，与朱熹、张栻齐名，并称“东南三贤”。

陈亮（1143—1194），字同甫，号龙川，浙江永康人，宋光宗绍熙四年（1193年）状元，南宋思想家、文学家。

叶适（1150—1223），字正则，号水心居士，浙江温州人，南宋著名思想家、文学家、政论家。

从宋代的永嘉学派，到明代的王阳明心学，再到清代浙东学派，重商思想一以贯之，基本观点大体都没有脱离“经世致用”“义利兼容”“工商皆本”等重利重商的实用范畴。浙东学派强调个性、个体、能力、功利、重商的基本思想，经过几百年的洗礼，已经渗入浙江人的血液骨髓而浑然不觉。

在这样的人文土壤里，浙江的广大民众有着强烈的自我创业欲望和浓厚的商品经济意识。民间经济细胞有活力、有韧劲，有浓厚的务工经商传统和商品经济意识，有百折不挠、卧薪尝胆、自强不息的艰苦创业的精神。所以，浙商群体的精神支撑，就是“重商”价值观。

源远流长的浙江文化滋养着浙江商人，造就了浙江经济的种种奇迹，培育了代代相传的文化基因，形成了“义利兼顾”的精神遗产，产生了一批著名的浙商群体。改革开放的阳光雨露，全面激活了浙商的文化基因，凭借着“走遍千山万水，讲遍千言万语，想尽千方百计，吃尽千辛万苦”的“四千”精神，以勇气、智慧、汗水和担当，创造了一个又一个传奇的“浙江模式”“浙江经验”和“浙江现象”，也孕育和造就了“自强不息、坚韧不拔、勇于创新、讲求实效”的浙商精神。浙江文化是浙江经济社会发展的根系和动力。

## 三、浙商文化的特征

### （一）不甘贫穷、不甘平庸

人人都渴望有自己的事业，人人都想当老板。如早期的横店是浙江中部的一个贫穷小山村，俗话说：“薄粥三餐度饥荒，有女不嫁横店郎。”面对这样的境况，村支书徐文荣顶风而上，办起了村办工厂，昔日的穷乡僻壤如今成为世界上最大的磁性材料生产、出口基地以及亚洲最大的影视拍摄基地。再如丁磊、陈天桥、马云等，他们是 20 世纪 90 年代的新浙商，在大学毕业后本来都有很好的职业：丁磊在宁波电信局工作，陈天桥在复旦大学经济系毕业后曾任上海陆家嘴集团下属某子公司的副总，马云在杭州电子科技大学做英语老师。但他们不甘平庸，希望发挥自己更大的价值。马云于 1999 年创办阿里巴巴，通过十多年的拼搏与奋斗，于 2016 年 4 月成为亚洲新首富。

### （二）专注执着、百折不挠

成功的企业有一个共同点就是专注。陈天桥说：“如果你要成活，你可以做多元化；但如果你要成功，就必然要专注。”李书福就是一个典型的例子，几十年来他始终执着于自己的梦想。李书福 1963 年出生于台州，曾在湖北长江职业学院就读。当年父亲给了 19 岁的他 120 元，他就买了个小相机，骑个破自行车满街给人照相，半年后赚到 1 000 元，于是他正式开起了照相馆。一年后，李书福迈出办企业的第一步，从“垃圾”中提取金银。在洗照片的过程中他发现，用一种药水浸泡，可以把废弃物中的金银分离出来。李书福开始把分离提取出来的金银背到杭州出售，后来干脆关了照相馆，专门做这个买卖。1984 年，李书福有一次去一个小鞋厂定做一双皮鞋，发现鞋厂的 4 个工人都在给冰箱做一种元件，浙江所谓的“小狗经济”那时就已经开始了。那时候，冰箱在北方一些城市还供不应求，李书福回家后也开始生产这种冰箱零部件。一开始，李书福是自己一个人生产，然后装包里，骑自行车把零部件送到冰箱厂。后来，李书福和其他几个兄弟一起成立了冰箱配件厂，他出任厂长。不久，李书福作出了一个更大的决定——生产电冰箱。1986 年，李书福在自己研发、生产出了电冰箱的关键零部件蒸发器后，组建了黄岩县北极花冰箱厂，生产北极花电冰箱。1989 年，李书福这个 26 岁的北极花冰箱厂厂长，已经是一个实足的千万富翁。后来，李书福离开北极花冰箱厂，怀揣上千万元来到深圳学习。在深圳学习期间，因为装修宿舍，李书福发现一种进口装修材料的市场前景不错，随即他返回浙江台州，联合兄弟开始重新创业，生产这种材料。这给李书福家族带来了巨大的成功，直到现在，这份产业每年还有上亿元的利润。1992 年前后，海南房地产热潮正猛，李书福带着数千万元赶赴海南，但投资失败。跌倒之后重来，白手起家，创办了吉利集团。吉利集团是中国第一家生产轿车的民营企业。到 20 世纪末，吉利集团员工就已发展到近万人，总资产达 20

多亿元，年销售收入达 30 多亿元。2010 年 3 月 28 日，在瑞典的斯德哥尔摩，吉利汽车以 18 亿美元的价格收购瑞典汽车企业沃尔沃 100%的股权，成为汽车行业成功收购的典范。

像李书福这样具有专注执着精神的浙商在浙江大地俯拾皆是。发明“101 毛发再生精”的赵章光，他创业的经历则体现了百折不挠的精神。赵章光生于温州农村，中学还没念完便辍学回家务农，在民间郎中父亲的启蒙下开始接触中草药，并通过卫生系统组织的短期培训成了一名赤脚医生，自此便开始了一边从医一边自学钻研的艰难历程。他冒着变卖房子的风险在家搞研制，家中曾一度一贫如洗，致使岳父不得不逼着女儿与他离婚。经过 100 次的失败后，赵章光终于迎来了第 101 次的成功，调配出了自己的“独门偏方”——101 毛发再生精，获得了事业的成功。

### （三）吃苦耐劳、勤奋朴素

不少浙商是用自己的血汗掘到第一桶金的，“白天做老板，晚上睡地板”。他们许多都是“三无起步”“五低起飞”，即“无资金，无技术，无市场”“起点低，知名度低，文化程度低，企业组织形式低，产业层次低”，但是却凭借着肯吃苦、勤奋努力，以及极好地与环境和发展阶段相“匹配”，从而获得了成功。1978 年，17 岁的周晓光挑着货郎担上东北卖绣花样，仅靠借来的几十元钱，做起了“跑码头”生意。白天摆地摊做生意，晚上坐车赶路，6 年时间里她跑遍了大半个中国，赚了 2 万元，掘回第一桶金。如今周晓光已有了几十亿元资产，成为中国饰品行业的大姐大。

### （四）务实稳重、低调踏实

浙江传统文化中体现较多的务实和较少的虚骄成分。从微利开始，一分一角进行原始积累，在浙商身上体现得特别明显。一厘利润一根的吸管，二厘利润一只的塑料袋，一分利润一支的铅笔，100 根才赚 1 分钱的牙签，浙江人就是能在人们不起眼的针头线脑、打火机、牙签、吸管等类小商品中做生意，善于从小东西里挖出“金元宝”。发端于 20 世纪 70 年代的温州现代经济，就是从经营一颗纽扣、一枚徽章、一只开关开始的。他们慎于言而敏于行，喜欢多做而不尚空谈，“不以利小而不为”的经商理念成就了全世界特有的“小商品、大市场，小人物、赚大钱”的经商格局。

### （五）聪明机灵、善抓机遇

浙商的聪明机灵、善抓机遇的特征是出了名的，甚至可以抓住不是机会的机会，江南春就是典型的代表。一次乘电梯的经历，只是简单的十几秒便让江南春盯上了写字楼电梯口这个新目标，他十分敏锐地感觉到这里是一个绝佳的广告发布场所，从说服第一家酒店的经理让他在酒店的电梯口做媒体广告开始，江南春创立的分众传媒后来成就了商业楼宇液晶电视联播网的普及，创造了媒体广告的奇迹和神话。此外，2008 年的全球金融危机，在浙江人眼中是危机但更是机遇。金华青年集团董事局主席庞青年正是认识到危机是企业转型升级的最佳时机，利用土地、原材料价格降低的优势，大规模兴建厂房，取得规模优势。同时，为抢占国内客车市场，他宣布将原先售价200万元的车直接降价到90万元，做到占领市场，薄利多销。

### （六）有胆有识、敢为天下先

胆识是成功者与平庸者最大的差别。当别人正在迷茫的时候，他们已经知道该怎么做了；当别人还在观望的时候，他们已经开始行动了；当别人在为自己的胆小而后悔时，他们已经掘得了第一桶金。可以这么说，“有浙商的地方就有市场，有市场的地方就有浙商”。人们难以想象，浙江桐乡不出羊毛，却有全国最大的羊毛衫市场；浙江余姚不产塑料，却有全国最大的塑料市场；浙江海宁不产皮革，却有全国最大的皮革市场；浙江嘉善没有森林，却有全国最大的木业加工市场。而温州人的胆识更是出了名的。他们是农民，进不了城，就集资自建农贸城；城里的国有商场不卖温州货，他们就在全国各大城市租下5万多个柜台自己卖货；他们包“天”（飞机）、包“山”（雁荡山）、包“海”（南麂岛海域的开发使用权）、包“岛”（千岛湖）。可以说，浙商是全国人数最多、实力最强、分布最广、影响力最大的投资者和经营者群体，遍布中国东南西北各个角落。他们带去的是投资项目以及实干进取的企业家精神，留下的是为当地创造的就业机会和税收，而他们的观念和创业精神，则是对各地发展民营经济的一种推动力量，这也是浙商对全国的贡献。

### （七）善于学习、敢于创新

浙商懂得学习的重要性，敢于进行创新。被誉为“中国第一商人”的华立集团董事长汪力成，有超强的学习能力，从做临时工时就坚持自学，如今拥有管理哲学硕士学位，是包括北大在内的国内五所大学的客座教授，他希望退休后再去读一个社会学博士。林东是温州商人，极具创新精神。2005年12月12日，他的绿盛集团与做网络游戏的天畅科技结成战略联盟，将各自的产品直接嵌入对方的产品，进行互动营销，设计出一种“绿盛QQ能量枣”，把这个产品直接嵌入天畅的网络游戏“大唐风云”，从而形成双赢的格局。

## 第三节 浙江各地的商帮

### 一、湖州商帮

湖商，是继徽商、晋商之后，在近代中国涌现的具有强烈地域特征的商人群体。与潮州商帮、宁波商帮同时涌现，对近代中国的政治与经济影响深远。

南浔镇的丝商在清末迅速崛起，形成了以“四象、八牛、七十二条金狗”[1]为代表的中国近代最大的丝商团体。资本主义的兴起与较早的开埠，使以南浔丝商为代表的湖州商界接触到西方近代思潮，并加入了推翻清政府统治的革命运动之中。孙中山先生的革命经费绝大部分都由以张静江为主的湖州丝商筹集和捐赠。张静江出身于江南丝商巨贾之家，张家就是湖州南浔的“四象”之一。1905年8月，张静江与孙中山在赴法的轮船上相遇，之后便成为终身挚友，一直为孙中山的革命事业筹资助款，孙中山先生称他为“革命圣人”。后蒋介石建立南京国民政府，委任张静江主持建设委员会工作，蒋介石称他为“革命导师”。南浔的丝商成为支持后来作为民国财政支柱的江浙财团的中坚力量之一，也是蒋介石在财政上的主要支持力量。

微课

近代浙商的崛起

湖州人是在上海开埠后较早前往参与开发上海的人群。湖州的丝商在上海开办了大量的绸厂，并控制了码头和租界的大半房产，包括当时的远东第一高楼——国际饭店。1927年，上海工人三次武装起义的指挥处就设在湖州会馆。

张静江（1877—1950），浙江湖州南浔镇人，20世纪初江浙财团的四大亨之一、国民党“四大元老”之一。

大量的湖州商人还在当时陈其美的上海督军府任要职。出生于湖州的陈其美是近代民主革命志士，辛亥革命初期与黄兴同为孙中山的左右股肱，他与蒋介石关系密切，曾将蒋介石引荐给孙中山。1916年5月，陈其美被袁世凯指使的张宗昌派人暗杀，孙中山高度赞扬他是“革命首功之臣”。陈氏家族的后代，陈其美的侄子陈果夫、陈立夫，后来成为国民政府“四大家族”之一。

## 二、宁波商帮

宁波商帮是中国近代最大的商帮，也是最有代表性的商帮之一，为中国民族工商业的发展作出了贡献，推动了中国工商业的近代化。第一家近代意义的中资银行、第一家中资轮船航运公司、第一家中资机器厂等，都是宁波商人创办的。宁波商帮为清末大上海的崛起和第二次世界大战后香港的繁荣都作出了贡献。宁波商人遍布世界各地，其中不乏世界级的工商巨子。

在旧时的上海，宁波商帮中出现了许多在金融、工商业领域卓有成就的商人，如金融

① 民间传说一般以当时家财达百万两以上者称“象”，五十万两以上不足百万两者称“牛”，三十万两以上不足五十万两者称“狗”。

界的头面人物虞洽卿、五金大王叶澄衷、国货大王方液仙等。宁波商人还远涉重洋，将经商的足迹迈向日本、新加坡等地，日本鱼翅大王张尊三、日本关西财阀吴锦堂、南洋巨商胡嘉烈都是宁波商人的杰出代表。

邵逸夫（1907—2014），原名邵仁楞，浙江宁波镇海人，香港影业巨子。

第二次世界大战后，宁波商帮对香港的繁荣作出了巨大贡献，涌现了许多开创香港工商业发展新时代的宁波商人，如世界船王董浩云（上个世纪八十年代美国《纽约时报》评出“世界七大船王”，其中华人包玉刚和董浩云，分列前两位）、毛纺大王曹光彪、棉纱大王陈廷骅等。其中，在香港最著名的宁波商人当数世界船王包玉刚和影业巨子邵逸夫。包玉刚创立了环球航运集团，1976 年，被英国女王封为爵士。1978 年，包玉刚的海上王国达到了顶峰，稳坐世界七大船王的第一把交椅，成为香港十大财团之一。他热情支持祖国建设，除捐献巨资为家乡兴建兆龙学校、中兴中学、宁波大学外，还建造北京兆龙饭店、上海交通大学包兆龙图书馆，设立包兆龙、包玉刚留学生奖学金等，体现了爱国商人报效祖国的精神。另一位宁波商人的代表邵逸夫出生于 1907 年，是香港电视广播有限公司主席、著名的电影制作者、慈善家。1957 年，他在香港创办邵氏兄弟有限公司，致力于发展电影事业，于 1965 年投资创办 TVB。邵逸夫长期向内地捐助巨额慈善资金，多年来他为中国内地和香港的教育、医疗捐助超过几十亿港元的款项。为表彰邵逸夫的社会贡献，1990 年，中国政府将中国发现的 2899 号行星命名为“邵逸夫星”；1991 年，美国旧金山将每年的 9 月 8 日定为“邵逸夫日”；1998 年，邵逸夫获香港特别行政区政府颁发的大紫荆勋章（GBM）勋衔；2008 年，中华人民共和国民政部授予他“中华慈善奖终身荣誉奖”。

图 7－2　杭州邵逸夫医院外景

## 三、龙游商帮

龙游商帮是明清时期中国十大商帮之一，主要指今浙江境内金丽衢地区商人的集合，它以原衢州府龙游县为中心。龙游商帮于南宋初见端倪，明朝中叶最盛，清代走向衰弱。龙游商帮的商人主要经营书业、纸业、珠宝业等。明万历年间，它与徽商、晋商以及江西商人在商场中各霸一方，名重一时，故有“遍地龙游”之谚。

龙游商帮的兴起离不开龙游当时的经济社会环境。“四省通衢汇龙游”，历史上的龙游是古代重要的盐道饷道，南来北往的交通枢纽，且龙游自古多山林，盛产竹木茶粮，这些土特产品成为龙游商人最重要的外贸商品。

龙游商帮秉承“敢为天下先”的精神和“海纳百川”的胆量，深入西北、西南僻远的省份，开辟徽商、晋商通常不去的边远地区作为经商之地，开启了草根创业的辉煌，奠定了浙商精神的实质内涵，为浙商精神点燃了火种。

## 四、温州商人

温州商人是最为活跃的商人。温州早有经商传统，改革开放之后，温州商人更活跃于国内外商界。温州商人有遍布全国及海外的各级商会并建有温州街、温州商城等。温州商人以精明、吃苦耐劳、敢闯敢干、得风气之先著称，即使是在条件较为艰苦的非洲，也能够找到温州商人的身影。温州的产品几乎在世界各地都能见到，如著名的温州打火机。当代温州商人的代表人物有南存辉、胡成中、王振滔等。

微课

温州商人与温州模式

## 五、萧绍商人

史书记载：“越人，喜奔竞，善商贾。”萧绍地区即古代越文化的核心地区，萧绍商帮是指活跃在萧绍平原上的萧山、绍兴本土的企业家群体。萧山和绍兴是浙江经济发达的地区，是中国最大的纺织化纤制造基地。萧绍商人以“奔竞不息，勇立潮头，敢为天下先”的气魄闻名于世。当代萧绍商人的代表人物有鲁冠球、徐冠巨、宋卫平、陈妙林等。

## 六、台州商人

台州亦早有经商传统，改革开放之后，台州商人更活跃于国内外商界。新台商有遍布全国及海外的各级商会，并建有台州街、台州工业园、武汉汉正街、浙商新城等。台州商人亦以精明、吃苦耐劳、敢闯敢干而著称，在中国，只要有民营经济的地方就有台州商人的身影。

台州的产品几乎在世界各地都能见到，如著名的台州塑料制品。当代台州商人的代表人物有李书福、邱继宝等。

## 七、义乌商人

微课

义乌商人

义乌以制造、经营小商品闻名于世，其小商品行销全球。如今的义乌小商品市场是联合国和世界银行公认的世界最大的小商品集散地、交易中心。义乌商人以其“一分钱利润”的精神发家。义乌商人信奉这样一个原则：在自己赚钱的同时，想尽一切办法让合作对象也赚钱。义乌商人遍布世界各地，人称“蚂蚁商人”，包括中东、欧洲、非洲、南美洲等地区在内，基本上全世界都有义乌商人协会。图 7－3 为义乌早期商人形象。

图 7－3　义乌早期商人形象

# 第四节　新时代浙商精神的历史传承和与时俱进

改革开放以来，浙江在一缺陆域自然资源、二缺国家资金投入、三缺优惠政策的条件下，经济社会发展一路高歌猛进，实现追赶式、赶超式、跨越式的发展，创造了诸多举世瞩目的浙江现象、浙江模式、浙江经验、浙江样本，其深层次的原因在浙江文化和由浙江文化凝聚形成的浙江精神。新时代浙商精神概括为六句话：坚韧不拔的创业精神，敢为人先的创新精神，兴业报国的担当精神，开放大气的合作精神，诚信守法的法治精神，追求卓越的奋斗精神。

浙商离不开浙江，离不开浙江文化，离不开浙江大地发生重大事件的精神洗礼。新时代浙商精神既是对过去浙江精神、浙商精神、优秀企业家精神的传承，又拓展了新时代浙商发展的精神境界和更宽视野、更高追求。由此，在领悟践行新时代浙商精神中，应该也必须与改革开放以来浙江创造、总结、提炼和弘扬的重大精神提法统一起来，注意把握好以下几个精神契合。

第一，新时代浙商精神和红船精神是契合的。习近平同志将“红船精神”的内涵高度提炼为：“开天辟地、敢为人先的首创精神，坚定理想、百折不挠的奋斗精神，立党为公、忠诚为民的奉献精神。”新时代浙商精神继承了红船精神的精神“内核”，尤其是概括提及的敢为人先的首创精神、百折不挠的奋斗精神、忠诚为民的奉献精神，更是新时代浙商精神要刻入骨髓和弘扬光大的。

第二，新时代浙商精神和干在实处走在前列精神是契合的。改革开放以来，浙江形成了一个从省委到基层、从政府到企业、从干部到群众的重要精神，就是“干在实处、走在前列”。习近平同志来浙江省考察调研时强调，“干在实处永无止境，走在前列要谋新篇”，提出“秉承浙江精神，干在实处、走在前列，勇立潮头”。对新时代的浙商来说，更应该“干在实处、走在前列，勇立潮头”，争创“弄潮儿向涛头立，手把红旗旗不湿”的时代先锋。

第三，新时代浙商精神和与时俱进的浙江精神是契合的。浙商精神植根于浙江大地，植根于浙江深厚的文化底蕴。浙商文化形成于广大浙商的创造性实践，是支撑浙商开拓进取的精神动力。2000 年，浙江省总结提炼“自强不息、坚韧不拔、勇于创新、讲求实效”的浙江精神，这 16 个字不仅对浙江精神，也是对浙商精神、企业家精神的一个生动鲜活的描述。2005 年，根据改革开放的新形势和经济社会发展面临的新问题，进一步提炼为“求真务实、诚信和谐、开放图强”的与时俱进的浙江精神。这 12 个字立意更高，针对性更强，特别是对浙江推进科学发展、诚信发展、和谐发展、开放发展具有重要的引领作用。从 2011 年 10 月召开首次世界浙商大会开始，一直把“创业创新闯天下、合心合力强浙江”作为会议的主题和宗旨，体现了浙商精神的与时俱进。

第四，新时代浙商精神和“四千精神”“三板精神”“新四千精神”是契合的。浙江是改革开放的先行地区，是率先面向市场需求、利用机制配置资源的地区，也是企业家自发成长的地区。浙江企业家在自发成长中，创造了“走遍千山万水，吃尽千辛万苦，想尽千方百计，说尽千言万语”的“四千精神”和“白天风风光光当老板、晚上辛辛苦苦睡地板、还要孜孜以求看黑板”的“三板精神”。可以说，每个企业家的成长过程，都有一把辛酸泪，都是一部创业史，都是坚持不懈地艰苦奋斗、创业创新走到今天的。面对国际金融危机的严重冲击和推进浙江经济转型升级的日趋迫切，又提出了“千方百计提升品牌，千方百计保持市场，千方百计自主创新，千方百计改善管理”的“新四千精神”，丰富了浙江精神的内涵，为浙江经济社会发展提供可持续的动力。现在条件好了，时代变了，但艰苦奋斗、创业创新的精神没有变，这也是新时代推动经济高质量发展的必然要求。

第五，新时代浙商精神和浙江企业家精神是契合的。企业家是经济活动的重要主体，是一种稀缺的社会资源。浙江企业家既具有一般企业家的精神同质，又具有浙江的特质，学者郭占恒将这个特质概括为“知行合一，义利并举，创业创新，勇立潮头”这16个字，把浙江企业家精神与浙江先哲提出的知行合一的思想，与浙江先辈践行的义利并举的理念，与当前创业创新的“两创”精神，与勇立潮头的钱塘江弄潮儿气魄有机结合起来，展现了浙江企业家纵贯古今的精神传承与弘扬光大，而这也是新时代浙商精神的一种体现。

## 课堂活动：分析、比较当代浙商与近代浙商的文化特征

**背景资料：**搜集三位当代浙商的个人成长及其经营管理的企业的资料，分析其个人及企业成功或失败的原因。

**分析执行：**团队在搜集浙商资料的基础上，通过讨论确定拟分析的三位当代浙商及其经营管理的企业，分析三位浙商的成长经历、个人特点及其企业的发展历程，从中提炼出当代浙商的文化特征，并将之和近代浙商的文化特征进行比较，从而分析浙商文化的历史变迁。

**活动记录：**

表7-2　浙商文化比较分析

<table>
<tr><th colspan="2">当代浙商</th><th colspan="2">近代浙商</th></tr>
<tr><td rowspan="4">浙商1</td><td>经营管理的企业：</td><td>文化特征</td><td>文化特征</td></tr>
<tr><td>个人成长历程：</td><td rowspan="11"></td><td rowspan="11"></td></tr>
<tr><td>企业发展历程：</td></tr>
<tr><td>成功或失败的原因：</td></tr>
<tr><td rowspan="4">浙商2</td><td>经营管理的企业：</td></tr>
<tr><td>个人成长历程：</td></tr>
<tr><td>企业发展历程：</td></tr>
<tr><td>成功或失败的原因：</td></tr>
<tr><td rowspan="4">浙商3</td><td>经营管理的企业：</td></tr>
<tr><td>个人成长历程：</td></tr>
<tr><td>企业发展历程：</td></tr>
<tr><td>成功或失败的原因：</td></tr>
</table>

案例分析

## 《鸡毛飞上天》

《鸡毛飞上天》是由浙江省委宣传部策划、杭州佳平影业有限公司承制的浙商题材的电视剧。该剧通过义乌商人陈江河、骆玉珠白手起家、艰难创业的故事，讲述了三代人立足于义乌，放眼全球，既艰辛曲折又充满激情的创业史和感情史，时间跨度超过40年。

一群普通得不能再普通的农民，在有限的土地无法维持起码的温饱时，只能走上摇着拨浪鼓，吆喝着“鸡毛换糖”的游商之路。改革开放之后，他们穷极思变，从以物易物到设摊经营，从零售到批发，从国内到国际，逐步扩大规模，成为了有国际影响力的集团公司。从草根游商到活跃于国际贸易舞台的集团总裁、总经理，我们怎么能不感慨、钦佩，“鸡毛”真的是飞上天了！

鸡毛的平凡代表了义乌所有的经商者。该剧用鸡毛比喻关于实体经济与电商之间观念不同的辩论，预示着中国改革的今天进入了深水区，也为全面深化改革征程中“撸起袖子加油干”提供了精神力量。用浙商崛起的故事，真实反映出改革开放发生在年轻人身上出现的问题与困惑，展现了中华商业传奇和中国商人勇于开拓、善于创新、诚实守信的实干精神。作品如此精彩，更让我们看到了不忘初心，继续前行的力量，主人公陈江河，他身上一半是传统一半是现代，少年时靠吃苦拼搏，长大后靠智慧靠胸怀，年老后发现世界变化太快。他几乎踏遍了整个中国，从东到西，由南至北。他发现各地的风土人情不同，对不同商品的需求也不同，从中发现了不少的商机。但，商机面前，中华民族恪守诚信的品质，他永远没有改变！

资料来源：嘉兴文明网，http://jx.wenming.cn/.

**问题**

1. “鸡毛换糖”反映了义乌商人怎样的经商之路？
2. “鸡毛”如何才能“飞上天”并“越飞越高、越飞越远”？

## 自测题

### 一、判断题

1. “浙商”一词最早出现在北宋。（　　）
2. 浙江最有代表性的商帮是宁波商帮。（　　）
3. 浙商的特点是：舍得、和气、共赢、低调、敢闯。（　　）
4. 地域文化被认为是浙商大面积活跃的最主要的深层次文化基因。（　　）

### 二、单选题

1. 被称为“中国的犹太人”的商帮是（　　）。

A. 晋商　　B. 徽商　　C. 粤商　　D. 浙商

2. 中国第一家近代意义的中资银行、第一家中资轮船航运公司是由（　　）创办的。

A. 宁波商人　　B. 湖州商人　　C. 温州商人　　D. 杭州商人

3. “白天当老板，晚上睡地板”，反映了浙商（　　）的特征。

A. 专注执着，百折不挠　　B. 吃苦耐劳，勤奋朴素

C. 聪明机灵，善抓机遇　　D. 不甘贫穷，不甘平庸

## 三、简答题

1. 简述浙商的文化特征。

2. 列举浙江各地的商帮。

# 第八章　商业企业的营销伦理

## 素质目标

树立正确的义利观，具备法律意识，确立诚实守信、服务大众的社会责任意识。

## 知识目标

明确当代商业企业与商品生产者、消费者、竞争者之间的权利、义务，理解当代商业企业与商品生产者、消费者、竞争者之间存在的伦理矛盾，掌握当代商业企业应遵循的伦理规范。

## 能力目标

能分析企业营销活动中与利益相关者的各种行为，创新性地设计各类营销活动中应遵循的伦理规范。

## 大家来讨论

### 辛巴燕窝售假事件

在2020年的11月，辛巴（一名网红主播）在直播间售卖燕窝，但不久就有消费者质疑其所销售的燕窝成分不对，并发布视频到社交网站。在视频发布后，迅速在网络上面发酵传播，引起了社会的广泛关注。辛巴一开始在直播间称这是有人诽谤，于是大众一时之间对于燕窝事件的真假难辨。

后来有职业打假人王海发布了辛巴公司直播出售的该品牌燕窝检测报告，证明其组成成分主要是糖水，舆论才开始出现了不同的声音。有的网友觉得辛巴方出售假燕窝欺骗消费者实在不该，也有人为辛巴方开托，觉得他们只是受委托带货，不该对产品质量负责。

“假燕窝”事件被社会各界持续关注，后来《人民日报》都发表了关于这次事件的相关文章。央视也制作了以该事件为背景的专题新闻，并指出过分注重营销是长久不了的，不要让无序的直播带货给产业升级带来不好的影响。

2020 年 12 月 23 日下午，广州市场监管部门公布“辛巴直播带货即食燕窝”事件调查结果。广州市场监管部门表示，在此次燕窝销售过程中，辛巴涉事直播公司存在引人误解的商业宣传行为，其行为违反了《中华人民共和国反不正当竞争法》第八条第一款的规定。根据《中华人民共和国反不正当竞争法》的规定，市场监管部门拟对其作出责令停止违法行为、罚款 90 万元的行政处罚。

资料来源：根据百度百科（https://baike.baidu.com/item/辛巴燕窝事件/57036839?fromtitle=）相关资料改编。

**请思考：**

1. “假燕窝”事件出现的原因有哪些？
2. 作为直播带货的新业态，在营销中需要遵循怎样的商业伦理规范？

# 第一节 商业企业与商品生产者之间的伦理

## 一、商业企业与商品生产者的关系

商业是实现商品从生产领域到消费领域转移的职能部门，商业企业是商品流通的组织者，承担着商品流通过程中的购进、运输、贮存和销售的任务。组织商品流通是商业企业的基本营销活动。

商业企业是商品从生产过程进入消费过程的中介，商品的生产者通过商业企业对其商品的收购实现其商品的价值，并为下一轮的生产活动奠定基础。商业企业通过向商品生产者购进商品，为组织商品流通提供了物质基础。商业企业与商品生产者之间是一种相互依存的利益关系。

### （一）商品购进与商业活动的关系

商品购进是指商业企业在组织商品流通的过程中，向商品生产者收购商品的行为。商品购进是商业活动的开始，是商业经营活动的中心环节。在商品购进中产生的买卖关系有两个方面：一是商业企业购买工业产品时与工业产品生产者之间的经济利益关系，二是商业企业在购买农产品时与农民之间的经济利益关系。在商品购进中的这些经济关系应是一种相互合作、相互支援、共同促进的关系。

### 1. 商业企业解决了商品生产与消费者的需求在时空上的矛盾

在生产者实现其生产目的过程中，商品生产与消费者的需求在空间和时间上的矛盾，是由商业企业解决的。工业产品的生产过程是一个连续的过程，需要资金的流动，故要尽快出售商品，以实现商品的价值和使用价值，从而进行下一轮的生产。而消费者的需求并不一定与生产时间和数量合拍，这个矛盾就要由商业企业解决。工业生产是集中的大批量生产，而消费者的需求是分散的、零星的。生产与消费在空间上的种种矛盾也要由商业企业解决。同样，农业生产在其产品售出的过程中也离不开与商业企业的合作，农业产品生产的季节性与消费的连续性的矛盾，也要由商业企业来解决。

### 2. 商业企业要实现商业活动的目标，离不开生产者的支持

商业企业在其实现利润的过程中，同样离不开与生产者的合作。商品的购进是商业利润形成的基础，商业企业只有购进了品种、规格及价格都适销对路的商品才能将其销售出去，而购销的差价在扣除各种消耗、开支后就形成了商业利润，商业利润是与商业企业及商业职工的物质利益密切相关的。换句话说，商业利润的形成是以生产者提供能满足市场需求的产品为基础的。

商业企业与商品生产者之间的关系是一种相互依存的利益关系，由于受各自经济利益的影响，在这种经济利益关系中又存在诸多矛盾。在现代市场经济条件下，沟通和协调这些矛盾的是契约关系。

## （二）商业企业与商品生产者的契约关系

在高度发展的商品经济中，由于经济规模的宏大及经济活动方式的高度复杂化，商业企业与商品生产者在解决他们之间在利益上的矛盾时，往往采用契约的形式。契约关系是他们经济利益关系的主要表现形式。

### 1. 市场经济最本质的特征是经济关系的契约化

通过契约来建立经济关系和资源配置，是市场经济区别于计划经济的本质特征之一。市场经济作为一种契约经济，包含着与契约交换方式相适应的一系列复杂的经营机制和经济制度体系。市场契约是维系市场交换活动的基本力量和基本手段。在市场经济中，市场交换主要是市场主体通过自由平等的协商和订立契约来进行的，大至国际贸易、小至个体之间的商品交换，都可以运用缔结契约的方式进行。在现代市场经济中，契约成为经济交往的主要形式。离开了契约这种法律形式，市场经济就寸步难行。契约在市场经济中的作用是以法律对契约的原则、方式和结果的确认为前提的。

契约是商业企业与商品生产者通过交换实现双方利益的重要中介。在商品交换活动中，交换的双方希望通过交换来实现盈利的目的。期望从对方那里获得利益的交换的双方形成一种既对峙又相互信赖的利益关系，要想使交换活动得以完成，就必须寻求一种在功

能上能够体现市场交换主体的这种求利需要，在结构上能够对这一矛盾双方的需要给予适度满足和限制的解决方法。契约意味着一种建立某种利益关系的法律承诺，也意味着一种建立在自觉自愿基础上的彼此之间权利与义务的强制性约束，这种约束构成将商品交换导入规范的交易秩序，作为一种交换形式的市场契约就有了广阔的市场空间。

2. 契约关系也是商业法律与商业伦理的体现

契约关系的普遍化，不仅仅是契约条例、规则及其相应的商业法律或经济法的建立，从根本上来说更是一个与之相适应的商业伦理及个体的商业道德素质的培养和塑造的过程。契约关系是企业利益关系的法律形式。企业契约关系是企业利益关系的具体体现，既包括内部各种契约关系，也包括外部各种契约关系，是法权关系的一种。契约签订后，由于人的自利心和社会上不道德的违约现象十分普遍，在签约各方的面前就会有多种伦理性的选择：一是不管对方是否履约，我方是一定要履约的；二是边合作边看，如果对方好好履约，我方就好好履约，否则我方也不履约；三是不管对方是否履约，反正我方是不打算履约的。契约实行的过程本质上是签约各方所持伦理原则的实践，反映的是签约各方的道德水准，从这个意义上说，契约关系也是伦理关系。在商业企业与商品生产者之间也存在伦理关系，没有与契约经济相应的商业伦理，契约关系的普遍化就无从实现。

## 二、商业企业与商品生产者之间的伦理问题

### （一）商业企业与商品生产者相互拖欠债务的问题

企业之间相互拖欠债务，是困扰众多企业的一大难题，严重的债务问题已成为企业发展的障碍。特别是1994年以来，企业之间的拖欠问题日益严重，这使得企业生产经营难以为继，直接影响企业的生存与发展。拖欠债务的形式多种多样，在商业活动中主要是由于拖欠货款、恶意占用他人资金而形成的企业之间的非契约性负债，表现为彼此拖欠或赖账、不履行合同、收到货物不支付货款或骗取货款而不发货，这些导致了商品交易秩序的混乱和信用危机频繁出现的严重后果。

商业企业与商品生产者之间的债务拖欠情况严重，主要有两个原因：

1. 企业之间缺乏有效的信用关系

从个别企业的角度看，企业间债务取决于对负债方产品销售前景的预期与信任。在企业之间的交易中，卖方根据对买方产品销售前景的信任（这是企业信用关系的基础）对其实行一定时间内的“赊销”，即先发出商品，后收回货款。一般来说，每个企业都会有一个正常的应收应付的期限，依据产品的类型、特点、交货方式、运输条件、银行结算条件的不同而不同。这样的企业之间的应收应付关系通常并不构成严格意义上的债务关系，它只是临时的对资金的短期占用，是市场经济条件下普遍存在的一种信用关系。由于目前尚

缺乏对财产权（包括债权）的保护，不履行债务合约的行为不能得到应有的法律惩罚，导致违约方、债务方获益且任意拖欠，越拖欠越受益，还不会受损，债权方反倒处在被动的地位，因此商业信用无法正常维系，形成了不讲信用的“拖欠有理化”的不良之风。这一体制上的缺陷导致了企业间债务拖欠的恶性循环。

#### 2. 国有企业内部产权不明晰造成的弊端

（1）国有企业内部产权不明晰。从法律上说，国有企业是国家作为所有者和债务人的“无限责任公司”，只要国家“不破产”，企业的“信用等级”就总会好于其他企业，这是人们更愿意借钱给国有企业的原因。在相信国有企业不可能破产的基础上，其他企业总是抱着宁可赊账销售，也不能失去市场、失去用户的想法。

（2）国有企业产权制度改革的滞后，使得债务人并不能在事实上对自己的债务负责任，国有企业债务增加后，国家银行通常注入新的偿债基金以清偿债务，这更增强了人们对国有企业债务有国家作保证的预期。长此以往，债务问题越来越严重。

从上面的分析中不难发现，解决企业债务问题的关键在于：首先，从体制方面入手，改革企业产权制度，把企业的产权、债权和债务同利益关系联系起来；其次，进一步健全和完善法律制度，提高执法力度，逐步杜绝相互拖欠的恶习；最后，加强对企业的伦理道德教育，逐步建立商业企业与商品生产者之间的信誉关系。

### （二）回扣问题

回扣就是交易活动中的扣返，亦指在商品或劳务买卖中，由卖方从收到的价款中扣除一部分返还给买方代理人的款项，是建立经常性商业联系的一种优惠方式。《简明大不列颠百科全书》对“回扣”的解释是：在收到商品或劳务全部付款后退回其中的一部分款项。

#### 1. 现金回扣的方式在公平竞争上存在伦理问题

回扣，或者说佣金，在中国一直是一个极为敏感的问题。因为长期以来，在中国国民经济中占主要比重的是国有企业，国有企业中的员工一直被认为等同于国家工作人员。一旦他们收受回扣的话，就被视为收受贿赂，这是违法的行为，性质是极其严重的。中国在实行市场经济体制之后，大部分企业开始重视销售问题，使出各种手段大力进行销售。目前，许多企业普遍采用给回扣的方式来提高销售量，这种回扣一般都直接以现金的方式付给买方的经办人员。对卖方单位来说，为了达到提高销售量的目的，这种给予现金回扣的方式在公平竞争上存在伦理问题。对于买方单位的经办人员来说，也涉及以下伦理道德问题：一是这种回扣能不能收？二是收了以后如何处理？三是会不会因为收了回扣而购进质次价高的商品？这一系列的伦理问题直接关系到企业的经济效益，也关系到社会的风气。

#### 2. 现金回扣的方式败坏了社会风气

由于市场竞争的不规范和发展的不健全，回扣发展到了公开的地步。一方面，销售方为了提高销售量使出各种手段，频频进攻，用现金、实物、购货券等来支付回扣，以提高买方单位经办人员的购买积极性；另一方面，购买方对此问题防不胜防，不少企业领导明知本企业有人在采购中收受回扣，也只能睁一只眼闭一只眼，因为在收受回扣的过程中往往不留证据，所以有时很难查清。回扣风气在流通领域非常严重，不但严重侵害了消费者的利益，而且败坏了社会风气。

3. 回扣问题的解决应遵循伦理原则

有调查表明，大部分企业界人士对贿赂客户的行为在观念上是否定的，但在实际利益的驱动下，往往乐于采用这类方式，对这类非道德经营行为的批评，多着眼于指责他人，而在自律方面则宽以待己。回扣是一个十分现实也十分棘手的问题，在理想和现实发生冲突时，在不违背伦理原则的前提下，采取一种折中的办法也不失为一种过渡。根据对日本一些企业的了解，比较现实的办法是：商品生产者不直接向具体采购人员支付回扣，而是在价格上给予优惠，向买方单位让利。这样可能不利于调动采购人员的积极性，因此，另外一个办法就是，企业对此问题作出相应的明确规定，采购人员在收受回扣之后必须上交，否则以贪污论处。而企业在收到员工上缴的回扣之后，可考虑提取一部分作为对其的奖励。

### （三）商业企业与商品生产者之间关系的不平等

一般来说，商业企业的商品生产者不止一家，因此，商业企业在处理与这些厂商的关系时，不是以平等的姿态与之打交道，而是常常居高临下。商业企业作为购买者，往往会因处于买方地位而以不平等的态度对待商品供应者，如故意提高供货产品的质量标准，贬低对方商品的质量，甚至在市场发生变化时故意违约，尤其是在市场供大于求的状况下，表现得更为突出，如有的商业企业提高商品的入场费用，有的在价格上给生产厂商施加压力。这些情况造成了商业企业与商品生产者之间的关系紧张。对商业企业来讲，其经营离不开利益相关者的参与，商品的供应是商业企业组织商品流通的基础，只有商品生产者和商业企业在生产经营中都能取得合理的利润，互利互惠，商业企业与商品生产者的合作关系才能维持下去。

## 三、商业企业与商品生产者之间的伦理规范

### （一）平等

市场经济是主体地位平等的经济，市场经济中的主体是通过契约发生关系的，必须通过法律确认所有人的平等地位，承认所有的人平等地拥有享受权利和履行义务的地位，这种商品交换中彼此平等的原则是保证商品交换关系中伦理关系建立的起点和核心内容。在市场交换中，每一个契约主体的地位都是平等的，一个财大气粗的百万富翁和一个经济实力平平的普通商人在社会地位上可能存在巨大的鸿沟，但在商品流通过程中，商业企业与

商品生产者之间是一种契约关系。在这种契约关系中，契约主体是平等的，无论是商品的需求方还是供应方，无论是经济实力强大的大型企业还是经济实力弱小的个体企业，任何一方都可以理直气壮地进行商业谈判，而不必考虑经济实力和政治压力之类的外力作用。商品交换关系要求经济实力不平等的交易主体之间“经济人格”的平等，并要求法律保障这种平等地位。如果没有法律上的平等地位的保障，市场主体之间的平等就失去了前提。

### （二）自主自愿

市场经济是自主性的经济。在市场经济运行中要求承认和尊重所有市场主体的意志自主性，充分尊重和保护各类市场主体的意志自由。在商品交易活动中，商品交换主体的自主选择和对自己的企业决定自行负责的品质是基本的伦理要求。商业企业与商品生产者之间的交易是由交易双方自行决定的，尊重交易主体的自主选择的意愿，反对对商品交换主体施加任何如行政干预之类的外力强迫。在交易中，交易双方缔结什么样的契约内容，选择什么样的缔约方式，是否选择缔结契约，或选择在何时、何地缔结契约，完全出于自己的意愿。交易主体的意志自主性使得市场主体某甲可以选择与某乙缔结契约，也可以选择不与某乙而与某丙缔结契约，某乙反过来也是如此。相应地，这也要求商品流通主体具备对市场风险进行独立理性分析的能力，能够在对利弊得失进行充分权衡和考虑的基础上独立作出自主的商业决定。

### （三）诚信与合作

在社会生活中，人与人之间实际上就是一种合作关系，没有任何一个人能够完全离开别人而单独生活，也没有一个人可以做到完全不与别人合作。任何人只有将自己的需要带入别人的需要并融入社会的需要，才有可能实现自己的愿望。这就是市场交换中的经济合作，离开合作就不会有市场契约。市场契约是靠信誉来支撑的，信誉来源于签约双方的相互承诺，不管这种承诺是以文字还是口头的形式，都是一种责任，都需要签约双方履行契约，遵守信义。

# 第二节 商业企业与消费者之间的伦理

## 一、商业企业与消费者的关系

商业企业组织商品流通的目的是实现商品的价值和使用价值，实现生产，满足人们的需要。商品流通的最后环节是销售，商品的购进、贮存和运输都是为商品的销售作准备，商品的销售是流通过程的一个关键环节。商业企业能否生存，能够取得多大的利润，取决于消费者的认可，只有把商品销售给消费者，才能最终实现生产的目的，实现商业的利润。消费者的需求在多大程度上得到满足取决于商品销售的形式和内容。

### （一）商业企业与消费者之间的利益冲突

商业企业与消费者的关系涉及方方面面，是现代社会中最为广泛和典型的利益关系。在商业企业与消费者的关系中，如果商业企业是有组织的经营者，而另一方是相对分散的个人或组织，在交换过程中多数经营者就拥有天然的优势。另外，由于商业企业经营的目的与消费者的需求存在差异，因而两者之间也存在利益上的冲突。

#### 1. 信息不对称是商品交易活动中产生不道德行为的原因

在原始的物物交换关系下，消费者与生产者相互之间了解得较多，有关相互交换的商品和交换过程的信息比较公开、平等，生产者受到的道德约束力较强，产生的伦理问题较少。当货币成为交换的媒介，商业从生产领域分离出来后，交换双方对商品交换的信息的掌握出现了不对称的情况。在交易过程中，作为提供交易产品的商业企业往往握有充分信息并占有信息主动权；购买商品的消费者，大多只能从对方的介绍中获得相关信息，是信息的被动受众，他们获得的信息是否充分和真实，在很大程度上取决于商业企业和生产者。根据经济学家的研究，信息不对称恰恰是交易活动中产生不道德行为的原因。如商品交易中常见的弄虚作假、以次充好、掺假造假、哄抬物价、缺斤少两、短尺少寸等，都是占信息优势的商业企业有意向消费者隐瞒信息而表现出来的败德行为。近年来，由于广大消费者的自我保护意识日益增强，对各种商品信息的知晓要求日益强烈，对商业企业的信任判断越来越基于企业所提供的商业信息是否真实可靠，因此，商业企业能否向消费者提供真实和相对完整的信息成为道德化交易的关键。

#### 2. 商业企业应恰当处理与消费者之间的伦理问题

在消费者能力快步增长的情况下，消费者对产品和服务水平的要求在快速提高，消费者的自我保护意识也在迅速增强。消费者与商业企业的利益冲突带来的伦理问题日益突出，成为企业发展中的关键问题。怎样才能化解商业企业与消费者之间的利益冲突，调节双方的关系呢？一要靠法律，二要靠道德。对于严重的利益冲突，可以依据法律来规范双方的行为，但仅仅依靠法律是不够的，商业企业只有恰当处理与消费者之间的伦理问题，才能使其在市场竞争中立于不败之地。

### （二）商业企业与消费者的权利与责任

企业在向消费者提供产品和服务的同时，有权要求消费者按交易合同如期如数交付货款及有关费用。消费者在付出了一定的货币或实物代价后，有权要求获得价值相当的产品和服务。

### 1. 消费者享有的权利

企业在向消费者提供产品和服务的同时，有权要求消费者按交易合同如期如数交付货款及有关费用。消费者在付出了一定货币或实物代价后，有权要求获得价值相当的产品和服务，与此同时，消费者要求享有以下权利：

（1）安全权。消费者有权要求企业提供安全的、不会对人身造成伤害的产品。

（2）知情权。消费者有权要求企业对产品的生产日期、保质期、使用注意事项等情况作出明示。

（3）选择权。法律应当保护消费者自由选择购买产品种类的权利，并通过《中华人民共和国反不正当竞争法》等法律法规切实保障消费者在购买同一种产品时有选择的可能性。

（4）表达意见权。消费者在买到不满意的产品时有权向企业（制造商或零售商）投诉，要求退赔。

（5）环境保护的要求。人们意识到，企业在生产和提供有用物品的同时附带产生的污染很可能会造成无法挽回的伤害。这种对环境的破坏直接影响和降低人们的生活质量，如城市噪声、废水和废气对日常生活的影响。企业必须对此采取措施。

### 2. 企业的责任

相应地，企业有责任努力满足消费者上述五方面的权利和要求。因此企业应当做到：

（1）提供能达到安全标准的产品。

（2）向消费者提供产品信息时不用欺诈手段，对产品可能产生的伤害要明确告知消费者。

（3）在平等互利的基础上进行交易。

（4）倾听消费者的抱怨和投诉，并积极作出改进。

（5）最大限度地减少污染，最大限度地在企业内消化为了减少污染而上升的成本。

## 二、商业企业与消费者之间的伦理问题

### （一）产品的伦理问题

商业企业通过向消费者提供各种商品和各项服务来满足消费者的需要，并实现获取利润的目标。为广大消费者提供货真价实的优质产品和优质服务，是企业最基本的社会责任，如果违背这一原则，便会产生道德问题。然而在现实中，不少商业企业在经营的过程中与道德标准背道而驰。主要表现为：

#### 1. 产品质量安全问题

企业在经营中未向消费者披露与商品相关的价值、功能、用途和安全性方面的信息；

或是使用廉价代用品而未告知消费者商品质量已改变，在商品品质方面欺瞒消费者；或是产品包装和标签注明的内容同包装内的内容不相符；等等。产品的质量和安全是消费者在购买产品时首要考虑的问题，即消费者在产品的使用过程中，其生命和利益不受威胁，没有危险，不会遭受危害或损失。企业应对其生产和销售的产品负安全责任，如实向消费者披露与商品相关的功能、用途和安全性等情况。近年来我国食品、药品安全问题较为突出，“三聚氰胺”奶粉事件、长春长生生物疫苗案件让人触目惊心，很多消费者成为有毒奶粉、问题疫苗的受害者。

### 2. 假冒伪劣产品问题

假冒产品是指使用不真实的厂名、厂址、商标、产品名称、产品标识等，从而使客户、消费者误以为该产品就是正版的产品。伪劣产品是指质量低劣或者失去使用性能的产品。生产和销售假冒名牌或伪劣的产品都是欺诈消费者的行为。目前，市场上大量的假冒伪劣产品不仅损害了消费者的合法权益，还严重扰乱了正常的社会经济秩序，在现实生活中为广大消费者所深恶痛绝。一旦这些不道德的做法被公之于众，企业的信誉便一落千丈，形象和经营效益便会陷入一个极为狼狈的境地。

### 3. 商品的名称、包装等方面违背社会伦理

假冒伪劣产品还有一种比较隐蔽的或者说是不容易为人们所辨别的非道德的商品经营行为，即商品本身并非假冒伪劣，也未以次充好，但是在商品的名称、包装等方面采用了一些哗众取宠、违背社会伦理道德的做法。这种做法披上了“新创意”“促进销售”等外衣，不易为一般消费者所识别，但实质上却造成了恶劣的社会影响。如某省有家饭店，公然冠以“南霸天”的名称，不知来此消费的顾客从这一名称中会体会到什么，留下一个什么样的印象；又如某企业将自己生产的雪糕起名为“小蜜傍大款”，可想而知，这将对年幼的孩子产生什么样的影响，造成一种什么样的社会后果。另外，在我国市场上出现的“极品”现象，如标价100万元的意大利睡床、上万元的“黄金宴”，都反映了商业企业在经营中的伦理误区。在市场经济体制下，企业有权按照自己的意志和需要进行自主经营，如果仅作为一种营销手段，以一种标新立异的手法将企业和品牌打出去，从而提高产品销量，增强竞争实力，本无可厚非，但其行为所产生的伦理指向却是十分错误的。因为它们可能对正处于身心成长期的青少年产生误导，容易诱发他们的不良行为，损害他们的身心健康，助长社会的奢靡风气，这完全违背了社会主义精神文明原则和社会主义企业应有的伦理道德。

### 4. 双重标准

在一般的消费者心目中，大公司销售的产品都是质量上乘值得信赖的。然而，许多大公司在他国生产和销售的产品与其在母国生产和销售的产品是有区别的。一些跨国公司将许多在母国废弃、落后的技术转移到发展中国家继续用于生产，并且使用一些廉价的原材料，雇用低技术工人，以次充好，在母国与投资国之间推行双重标准，使得产品质量得

不到保障。例如，近年曝光的就有雀巢金牌成长奶粉碘超标、肯德基的部分产品含有苏丹红、博士伦润明护理液可能导致真菌感染等。当产品被发现有问题后，跨国公司在母国会迅速、主动地进行处理，如召回、赔偿、道歉等；但在发展中国家被发现，有些跨国公司会拒绝赔偿，推卸责任。这种事后的处置也存在双重标准，令当地的消费者难以接受。

跨国公司营销中的产品双重标准问题，还表现在产品的设计、包装和使用说明上。发达国家对产品的包装、使用说明等有着严格的规定，跨国公司在母国不敢有丝毫怠慢，因为一旦因没有详细说明使用方法和应注意的问题而导致消费者误用并受到伤害，那么，企业将支付数十万甚至上千万美元的高额赔偿。但是，在发展中国家，一些跨国公司利用相关法律的真空或模糊规定，出于节约成本等原因而简化包装，或者因担心在使用说明中列明一些潜在的危害而影响销售，从而不注明产品的成分或使用说明。这样的事情，在发展中国家时有发生。例如，近年来见诸报端的在我国销售的雀巢巧伴伴的食品包装上没有关于转基因成分的相关标识，葛兰素公司出品的治疗乙肝的药物贺普丁的中文说明书中没有关于药品的不良反应的警示语，等等。

### （二）定价中的伦理问题

商品价格是商品价值的表现，在市场经济条件下，价格是多种信息的承载体。价格的制定受多种因素的影响，也是企业和消费者在利益上冲突的焦点。从企业的角度来看，企业为产品或服务制定合适的价格是为了取得丰厚的利润，使企业利益最大化；从消费者角度看，一件商品或服务的价格应与其为消费者提供的利益和好处相当，否则，如果有其他替代品，消费者就不会购买该企业的产品。社会承认并鼓励企业赚取合理的利润，但企业应靠有效利用资源、调整定价、控制成本来实现利润。公众反对企业获得非法利润和暴利，反对企业通过定价上的欺诈行为获取不该得的利益。

在流通领域中，价格上的欺诈行为主要是价格欺诈、暴利行为和串谋定价，具体表现为：

#### 1. 以打折为陷阱的价格欺诈

降价销售商品是一种有效的促销措施，对于季节性强和有需求弹性的商品来说，价格的变动尤其是降价对消费者是有吸引力的。打折可以使消费者得到实惠，也可以使企业加快资金流动、减少库存，本是一件好事，但是，现在许多商业企业是先将价格提升上去然后再打折，甚至有的时候打了折的价格比原来的价格还要高，打折成了欺骗消费者的陷阱。

#### 2. 用无形产品的非正常溢价牟取暴利

暴利行为是商业企业通过向消费者索取超过所提供商品和服务合理价格的货币，获取超额利润的行为。暴利行为主要出现在服务业和一些具有品牌价值的商品上。服务和品牌是一种无形的商品，价格难以衡量，这就为某些商家提供了牟取暴利的机会。对于需要购买多种商品的消费者来说，他们无暇也无精力去了解每一种所需产品的价格情况，不一定知道折扣的内幕和秘密，也不一定知道企业竞争对手的产品也许价格更低、质量更好，很多时候他们往往无法说出企业定价有什么不合理的地方。但是，消费者是否永远不会知道这一切呢？一旦消费者得知实情，企业是否还能继续使用这些策略呢？从长远来看，这些价格欺诈带来的利润是有限的，而可能带来的信誉损失是无限的。

#### 3. 串谋定价获取高额利润

串谋定价是指生产者、经营者之间互相串通，订立价格协议或达成价格默契，以共同占领销售市场，获取高额利润。串谋定价的形式有：协议固定价格、交换价格信息、平行定价、价格领导等。从动机上加以考察，串谋定价无视当前世界普遍接受的公平竞争原则，故意制定垄断价格，意在通过价格联盟，安享高额垄断价格带来的利润。从道义上即可判断，这种价格垄断是不正当的行为，它具有强迫需求和愚弄消费者的嫌疑。从手段上看，企业间为了共同的利益而相互勾结或联盟的行为极为隐秘，一般不订立协议以逃避法律的指控，然而这也改变不了其不道德的本质，不公开的做法恰恰暴露了其败德的恐惧。从结果上看，串谋定价行为造成价格信号失真，破坏价值规律的正常运行，阻碍了社会经济发展。当前，我国市场上依然存在所谓的行业自律价这个颇受争议的价格行为。不仅如此，由于绝大部分串谋定价所制定的价格都比正常的市场价格要高，它还影响社会公正，损害消费者权益，因此，串谋定价的动机、手段、效果皆不正当，这类通过损害社会利益和他人利益以求利的行为，是一种不道德行为，也为法律所禁止。《中华人民共和国价格法》第 14 条第 1 款规定：经营者不得相互串通，操纵市场价格，损害其他经营者或消费者的合法权益。《中华人民共和国反不正当竞争法》第 15 条规定：投标者不得串通投标，抬高标价或者压低标价。

### （三）服务中的伦理问题

企业在经营中应秉承以客户需求为核心的价值理念，建立售前、售中和售后三者相互衔接的完整服务体系，在整个购买及使用过程中让用户充分感受到以人为本的关怀和专业的服务。服务包括伴随实体商品销售的售前、售中和售后服务和以劳务形式存在的服务。在服务中出现的伦理问题表现在两个方面：

#### 1. 在商品销售后不能兑现此前承诺的条件，如保修、上门服务等

在市场经济条件下，经济利益关系的双方往往以合同的形式约定双方的权利和义务，也就形成了合同关系。消费者在购买商品或接受服务时与企业发生合同关系，双方交易必须订立书面或口头合同，只有通过合同形式，才能实现交易行为。企业在签订合同、履行合同的整个过程中，应真诚待人，注重信誉，讲究信用。签订合同时应诚心诚意；履行合同时也应一丝不苟，不折不扣。在现代市场经济条件下，诚实守信是企业立业之基，重合

同、守信用的企业因得到市场的认可而在最后的竞争中获胜；失信的企业则会失去客户和市场，失去发展的机遇，最终在竞争中惨遭淘汰。

2. 以劳务形式存在的服务中的不平等格式条款

随着社会经济生活的变化和发展，商品品种和服务方式逐渐增多，尤其在服务时，消费者不可能就每一项服务与企业事先约定合同内容，经营者也不可能面对众多的消费者一一约定，于是产生了格式合同、通知、声明和店堂告示等方式（简称格式合同）。这些方式在消费领域是不可缺少的，是服务活动的一个主要方面，能够缩短交易过程，节约双方当事人的人力和时间。

由于格式条款是商业企业单方面制定的，而双方当事人的经济地位不平等，因此商业企业利用不公平、不合理的格式合同损害消费者权益的现象也就屡屡发生，这些不平等的格式合同被称为“霸王条款”。我国消费者协会在对格式合同进行调查中发现，不公平、不合理的“霸王条款”普遍存在。在这些条款中，有商业企业单方面制定的逃避法定义务、减免自身责任的条款，也有一些公用产品经营企业和依法具有独占地位的经营者制定的所谓行规和惯例。有的企业制定的硬性条款，剥夺了消费者的选择权；有的企业不兑现承诺，违约并剥夺了消费者的索赔权；还有的企业剥夺了消费者的知情权。较常见的如“最终解释权在商家”“降价商品不退换”等。这些不公平、不合理的格式合同在不同程度上损害了消费者的利益，侵犯了消费者的公平交易权，使得消费者不得不在不平等的条件下进行交易。这一类伦理问题产生的根源还是在于企业“眼光向内”，为保护自己的利益，不惜伤害消费者。

## （四）广告中的伦理问题

广告是一种影响广泛的商业行为，能够加强商业企业和消费者之间的联系，商业企业通过广告介绍和推销自己的商品，消费者则通过广告了解自己所需要的购物信息。广告的功能是促进商品销售，作为企业营销的一种手段或方法，广告本身并不存在是否道德的问题，但问题的关键是商业企业是否客观、真实、准确地向消费者传达了自己的信息，广告的表达方式、用语是否妥当，这些都涉及商业企业的伦理道德问题。存在伦理问题的广告是那些借用广告手段或方法传播虚假信息、误导和欺骗受众、损害消费者利益的广告行为，主要表现为以下几种：

（1）借用暗喻、明喻、夸张等手法夸大产品功能、服务项目，甚至更改和捏造使用效果、生产工艺、生产产地和日期的广告。例如媒体报道，宝洁旗下“潘婷”“海飞丝”“佳洁士”“舒肤佳”四大产品涉嫌虚假宣传，被宁波海曙工商分局鼓楼工商所调查，而同时宝洁公司的一款化妆品也因涉嫌虚假和夸大宣传而被江西一消费者告上法庭。

（2）根据商业企业自己的利益将信息割裂和肢解，或根本不披露不利于自身的信息，或将不利于自身的信息放在人们容易忽视的位置，达到误导受众目的的广告。例如，壳牌石油公司曾经有一则广告宣称，其生产的加了某种添加剂的超级壳牌汽油比不加这种添加剂的汽油能跑更多的路程，这一说法本身虽然是正确的，但是几乎所有的汽车用的汽油都含有这种添加剂，而消费者不知道这一情况，还误以为这是壳牌汽油所独有的。

（3）让广告受众在没有心理准备，不了解或不具备独立思考能力的情况下接受具有操纵和强迫性质的广告。这类广告主要是针对学龄前儿童的广告，这种广告行为之所以是不道德的，是因为它将不懂事的孩子当成了促进购买的工具。

## 三、商业企业与消费者之间的伦理规范

在商品经营的过程中，由于消费者和商业企业在行为目的上的差异，必然存在许多利益与道德的冲突，要解决这些矛盾和冲突，就需要商业企业在经营中正确处理与消费者的关系，自觉遵守商业企业与消费者之间的伦理规范。

### （一）恪守承诺

商业企业在为消费者提供商品和服务时，向消费者作出的并被消费者接受的承诺一经出台，就意味着商业企业在获得经济利益的基础上对消费者的义务以合约的形式宣告成立，消费者就享有合约所规定的各项权利。这就是人们通常所说的承诺制，它是对商业企业和消费者的双向约束、双向促进机制。承诺制的特点就在于它是一种使商业伦理规范具体化、现实化、实践化的带有准法律特征的商务操作制度。承诺制除了具有商业道德的内涵外，还具有制度、规范、机制方面的内容或实现方式。在承诺制中，商业伦理是一种内在机制，而商业制度、商业法规、商业活动方式或措施是机制运作或实现的外部方式。因此，承诺制不仅具有内在的道德上的约束力，而且具有外在的、硬性的、制度上的约束力。正是由于它的准法律的或制度性的特点，承诺制带有一定的强制性。

恪守承诺的具体要求是“有信必诺，有诺必践”，这是新时期所倡导的一项重要商业伦理规范，也是商业经营“以诚相待”道德规范的具体要求。它要求商业企业实事求是，根据自身的实际能力，有能力履行的，才向对方承诺，而不能随便、轻易地向客户许诺，绝不能向客户开“空头支票”，欺瞒对方。

### （二）讲求信誉

信誉是商业企业生存的根本，好的信誉是商家的一笔巨大的无形资产，它是市场经济条件下制胜的重要法宝。市场竞争不仅仅是产品质量之争，更是服务质量之争，能否在市场中占有一席之地，争得顾客，在产品质量一定的情况下，就要看谁的信誉好、服务好。在市场经济条件下，市场主体间最重要、最普遍的经济关系就是公平竞争和互利合作，竞争和合作的前提则是相互信任、讲究信誉。信誉可以起到降低交易双方成本的作用。一是消费者由于商家的信誉减少了对商品和服务的疑虑。信誉危机的直接后果是减少了消费者

的消费需求。由于商业欺诈在商品和服务领域广泛存在，消费者在正常消费时往往会心存疑虑，担心受到财产和健康方面的损失，不得不耗费许多时间和精力去了解商品和服务，结果延缓了消费。良好的信誉可以减少这种疑虑，从而降低成本。二是商品企业可以因良好的信誉降低争取消费者的成本。在市场经济条件下，商业信誉可以为经营者树立良好的形象，从心理上打动顾客、赢得顾客。良好的信誉是在商品经营过程中形成的，要求商业企业在从事经营活动中，实事求是，诚恳地对待顾客，真心真意地为顾客提供服务，绝不弄虚作假，欺骗对方。具体来说，要做到：第一，货真价实，绝不售假；第二，价格合理、质价相符、明码标价，童叟无欺、一视同仁；第三，在商品宣传和广告中实事求是，向消费者提供真实的、科学的、完整的信息。

#### （三）引导合理消费

商业企业在组织商品流通的过程中，会对消费者的消费行为产生深刻的影响。一方面消费者的消费依赖商业企业提供的商品，另一方面商业企业的广告宣传引导着消费者的消费行为、消费方式、消费观念。商业企业在满足消费者需求的同时，要引导消费者合理、科学地消费，反对奢侈的“炫耀性消费”，虽然后一种消费可能会为商业企业带来丰厚的利益，但商业企业不能为一时的利益而影响整个消费环境；要倡导文明消费，文明消费是任何社会对消费的基本要求，所以要特别关注消费者精神文化方面的消费；要倡导健康消费，不断地满足消费者在消费内容和方式上的健康需求，还要满足消费者对环境消费和生态消费的需求。

## 第三节　商业企业与竞争者之间的伦理

### 一、商业企业之间的竞争关系

商业企业的经营目的是在市场上占有较大的份额，获得较高的商业利润。而市场在一定的时间内，其空间是有限的，商业企业要想达到目的，就必须在服务、管理、劳动效率等诸多方面与其他经营者展开竞争。

#### （一）竞争的概念

竞争就是对立的双方为了获得他们共同需要的对象而展开的一种争夺和较量。竞争一般包括竞争主体（也称竞争者）、竞争的对象和竞争的场所三个基本要素。作为一般意义上的竞争，商业企业面临着多种竞争力量，如新竞争者的加入、替代品的出现、与卖方之间的较量、与买方之间的较量、与现有竞争者之间的竞争。在这里，我们所称的商业企业之间的竞争，是指提供相同或相似的商品和服务并面对同一市场的企业之间的竞争。

竞争是一种有目的的行为，其目的在于夺取竞争者共同需要的对象，因此，竞争的产生必须满足以下两个条件：一是参与竞争的各方有共同的需要；二是竞争对象的有限性（也称稀缺性），即竞争对象不是足够多，无法满足每一个人的需要，只有通过争夺、较量，才能得到有限的竞争对象，满足自己的需要。以上两个条件缺一不可，它们是产生竞争的必要条件。竞争对象对于竞争者的重要性和竞争对象的稀缺程度决定了竞争的激烈程度。

### （二）商业企业之间的竞争状态

商业企业之间的竞争关系以两种状态存在：

#### 1. 商品企业之间由于竞争而对立的关系

在市场经济体制下，每一个企业都感到了一种实实在在的竞争压力，因此，绝大多数企业都能在市场中主动出击，在企业制胜竞争对手、掠夺市场份额、大打品牌战、紧追供应商、锁住顾客群的同时，也出现了参与竞争的各方在资源、风险、市场等分配上为了自身的利益明争暗斗、互不相让，甚至牺牲整个行业的发展前景的恶性竞争关系。如一些连锁超市之间的价格大战，造成了竞争各方利益互损、相互对立的结果。

#### 2. 商业企业之间的竞争合作关系

企业之间的竞争合作关系要求改变传统竞争关系中非赢即输、针锋相对的关系，使企业之间的关系变成更具合作性、共同为谋求更大的利益而努力的关系。商业企业之间的竞争合作就是各组织之间通过合作，运用新的合作经营方式，协助企业提高获利能力和竞争能力的“双赢”模式。在市场经济条件下，竞争与合作是不可分割地联系在一起的。在近年来的经济理论研究中，一些学者提出了竞争合作的观点，提出在企业内部和企业之间不仅存在竞争关系而且存在合作关系；在现代经济条件下，只有倡导竞争合作精神，企业才能求得最佳的生存与发展机会，从而在市场上争取到最大的利益和份额。

### （三）商业企业之间竞争的伦理意义

#### 1. 竞争可以有效地改变人们传统的道德观念，全面提升人的素质

植根于社会经济之上的道德，随着一定的经济利益关系的产生而产生，随着经济利益关系的变化而变化。我国的国民经济是在几千年来的小生产方式的基础上发展而来的，自给自足的自然经济的“无为而治”和“与世无争”的中庸之道，以及“儒”“道”两家反对竞争的传统道德观念，深深地影响着人们的思想观念，致使竞争意识无法在人们的道德

观念中占有一席之地。而现代市场经济体制逐步建立后，企业为求得自身的生存和发展，就必须有意识、有目的地参与优胜劣汰的竞争。企业竞争成败的因素固然很多，但人的素质是关键。其中，除了人的科学技术素养、文化知识、管理水平外，人的道德素质、道德意识水平和道德观念的更新也起着十分重要的作用。而竞争机制的建立，又可以让人们冲破传统观念的束缚，适应改革开放的时代潮流，努力争取个人的正当利益，调动人们的主动性和创造性，使人的素质得以全面提升。

#### 2. 竞争源自人们相互关系发展的需要，并促进人们主体机能的发挥

在社会中生活，必然要产生个人与他人、个人与社会的关系，总要通过各种方式不断地发展和完善人们之间的相互关系。不同的利益主体和利益集团存在利害冲突，各方为着各自的利益通过较量来击败对手，以保存和发展自己。一旦把竞争引入人的利益关系，就能使人感到有压力，激发人的积极性和创造性，从而促进人的自主意识和独立人格的形成，以及人的个性的丰富与发展。竞争中实行优胜劣汰原则的一个重要原因，就在于人们有选择的自由。人的奋斗目标、行动决策、价值判断等，都少不了主体意识和独立人格的支撑，否则，人就没有选择的自由，也不敢投入竞争，在竞争中取胜也就无从谈起。这就意味着，竞争会促使人们的主体意识和独立意识形成并发展，有力地调动人们的主观能动性，自发地调节和推动人们主体机能的发挥。

#### 3. 竞争能较好地体现人与人之间的道德关系

从一定意义上讲，商业企业之间的竞争是商品经济条件下道德关系的一种表现形式。竞争双方的地位是否平等，竞争机会是否均等，竞争的动机、目的和手段是否正当，是否符合社会发展等，不仅具有道德意义，而且可以用来显示人们在处理人际关系时的思想倾向和态度。

#### 4. 竞争体现了道德关系的矛盾特殊性，即个人利益和整体利益的关系

事实上，作为人际能量比较的竞争本身，涉及人际关系中的各种矛盾。正常的竞争使优胜者的利益和价值先得到承认和肯定，显示出个人利益的不一致性，并显示出优胜劣汰的发展趋势。尽管由于每个利益相关者的性格、文化水平等存在差异，以及竞争的目的和手段不同，在竞争中不可避免地会出现个人利益和整体利益的矛盾，但这些矛盾从根本上说只有通过竞争即利用鼓励先进、提携后进的调节方式，才能得以解决。

## 二、商业企业竞争中的伦理问题

### （一）不正当的价格竞争

价格是企业参与市场竞争的重要手段，它与企业的生存和发展休戚相关。企业在制定价格时，除了考虑产品本身的成本外，还要综合考虑市场特性、供求状况、消费者的需求

状况和竞争对手的情况，以及国家或行业的政策法规等因素；不仅要考虑企业自身的利益，而且要遵守基本的价格竞争道德，考虑消费者和竞争对手的利益。

价格竞争讲究公平、公正、诚实信用的基本原则，一方面要求企业不能任意定价，哄抬物价，牟取暴利，要制定与市场需求和产品质量相符的价格，尽量为顾客提供物美价廉的产品；另一方面要求企业不能故意以低价倾销排挤竞争对手，大打“价格战”。在商业企业之间，有关价格的不正当竞争主要表现为低价倾销和利用行政手段干预价格。

#### 1. 低价倾销排挤竞争对手

低价倾销是指商业企业在销售商品时，在一定的时间和地域内以低于销售成本的价格出售商品的行为。低价倾销的目的是把竞争对手挤出市场，达到最终控制市场、获取超额利润的目的。实施这种行为的企业通常是具有市场竞争优势的企业，它们具有资金雄厚、品种繁多、经营规模大、市场占有率高和经营风险小等优越的竞争实力。低价倾销是一种非理性的竞争行为，破坏了正常的市场竞争秩序。首先，低价倾销使得市场信号失真，难以实现其调节市场资源配置的功能。在市场经济条件下，价格不仅仅是商品价值的外在表现，同时反映着市场上商品的供求状况，是资源稀缺程度的晴雨表，所以价格是调节市场状况和资源配置的主要信号。商品的低价倾销使商品的生产者、经营者的利润难以实现，而没有利润的价格信号是不正常的信号，是被扭曲的信号，以此来调节资源的供求，势必造成资源的浪费。其次，低价倾销形成垄断价格，形成虚假的供求信号，使供过于求的商品因垄断价格而不能正常降价，而真正有市场需求的商品又由于低价垄断难以刺激供给和扩大生产投入，从而误导企业的生产，扰乱正常的市场秩序。一方面，低价倾销造成整个行业商品销售价格过低，使得其他经营者在成本以上的合理价格难以实现，损害了同业竞争对手的利益；另一方面，低价倾销的方式多种多样，有些方式是比较隐蔽的，这使得市场交易的透明度降低，不利于进行公平、公开、公正的市场竞争。

#### 2. 以行政手段进行价格垄断排挤竞争对手

一些从事公用事业的企业，在经营的过程中利用行政的手段进行价格的垄断。如一些燃气公司规定用户必须到指定商店购买指定品牌的燃气具，而这些商品的价格甚至远远高于市场上同类商品的价格。还有一些企业借助政府的力量，实行地方保护主义，限制外地商品进入本地市场以维持市场垄断和垄断价格，结果造成劣质商品得以生存，落后的生产方式得到保护，最终影响市场经济的健康发展。

### （二）诋毁他人信誉

商业信誉是商业企业的生命，是商业企业在其组织商品流通过程中逐渐形成的，反映了社会对其商品、服务等多方面的综合评价。它的建立需要经过长时期的努力，而它的被诋毁则在转瞬之间。企业信誉被诋毁，会给企业造成极大的损失。有的企业在竞争中会故意损害竞争对手的声誉，常用的手段有：

（1）公开运用不道德的手段给竞争对手造成损失，如利用虚假信息、人为地制造流言来诋毁他人信誉，或利用比较广告宣传贬低竞争对手的商品或服务。

（2）采用暗喻的手法损害他人信誉，如在宣传时使用“特有”“独特”“唯一”等字眼，或是在一些影视作品中贬低竞争对手的产品。

### （三）侵犯商业秘密

商业秘密是指内容不公开，但被法律和道德规则允许并可以得到法律和道德规则保护的企业特有的信息和知识，一般是指那些不为公众所知悉、能给权利人带来经济效益、具有实用性并经权利人采取保密措施的技术信息和经营信息。商业秘密是企业的一种重要资源，获取竞争对手的经营信息会使竞争对手遭受巨大损失。侵犯商业秘密是指不正当地获取、披露、使用或允许他人使用权利人商业秘密的行为，这是一种不正当的竞争行为，会引发经济纠纷，破坏正常的社会经济秩序。在竞争中获取他人商业秘密的不正当手段主要有以下两种：

#### 1. 员工的非正常流动

通过员工的非正常流动，如“跳槽”“挖墙脚”等，把竞争对手企业的重要人才拉到自己的企业，不仅可以壮大自己的力量，而且可以掌握对手的专利、技术诀窍、客户关系、销售渠道以及其他与企业竞争有关的机密。

#### 2. 收买竞争对手的内部员工以获取商业秘密

收买竞争对手的内部员工是指企业通过一定的利益诱惑，包括给付物质利益或其他好处，收买竞争对手内部的重要员工，使其告知公司内部一些重要决策及技术信息，从而窃取竞争对手的商业秘密，并据此在市场上取得竞争优势。

## 三、商业企业竞争中的伦理规范

在商业企业的竞争中，伦理问题处处存在，不正当的竞争行为危害着市场经济秩序。因此，人们逐渐认识到正当竞争的必要性，进而运用法律和道德的手段规范企业竞争行为。法律是维护正常经济秩序的重要工具和手段，法律体现和维护着基本道德规范的要求，因此可以说，法律是道德最起码的要求。商业道德是千百年来，人们从亿万次商品交换和经济往来中总结出来的从事商品买卖和竞争所应该共同遵守的道德规范。它虽然没有固定成文，却存在于人们的头脑、思想中，体现于日常行为中，是长期形成、广泛适用的，深深植根于人们心中。公认的商业道德不仅是立法的基础与依据，而且是企业竞争道德的思想渊源。商业企业竞争中的伦理规范从法律和道德角度进行论述，主要包含以下原则：

### （一）平等

平等是自愿的基础，只有处于平等地位，竞争各方才能谈论自愿、公平等原则。如果地位不平等、权利不平等、机会不平等，就无法实现真正有效的竞争。平等原则体现在反对特权、反对以大欺小、等价交换以及童叟无欺等方面。竞争的平等包括竞争主体之间法权平等和机会平等。

（1）在市场经济中，法权平等是指任何一个竞争主体在法律上都是平等的，企业不论规模大小、地位如何，都有平等参与竞争的权利，且在市场经济活动中享受的权利和承担的义务都是平等的，任何一个竞争主体都不得享有或利用某种特权来参与竞争。法权平等是市场竞争最根本的道德原则。

（2）机会平等首先要求企业是自主经营、自负盈亏的相对独立的经济主体。企业有权自行安排有关原料采购、产品制造与销售、人员安排等事宜，有权自主决定关于企业长远发展的各项政策与战略。其次，企业有权充分发挥各自的聪明才智，接受市场优胜劣汰规律的公平检验。最后，这种机会的平等反对企业间的等级差别和特权，要求所有企业间实行等价交换，并要求技术资源、劳动力资源、原材料等资源自由流动以及负担公平的税负。

### （二）互惠互利

市场经济是一种交换经济，交换双方都要求通过交换实现自身利益的最大化，当其中任何一方认为交换并不能维持或增进其利益时，交换都将无法进行。交换只有在互惠互利的基础上才能进行，因此，互惠互利也成为市场经济条件下商品交易的基本原则。在市场经济中，企业与企业之间的竞争是一种相互依存的关系，双方都在为获得或维护自己的利益而相互较量，任何一种旨在削弱或剥夺竞争对手利益的行为都会遭到对方的强烈抵制或反对。可以说，商业企业之间的竞争是参与各方相互依存、相互制约、相互作用的过程，是自利和他利的结合。企业只有在自利和他利的平衡中，讲究竞争道德、实现有序竞争，才能保持生机与活力。因此，从自身利益出发，商业企业应遵守竞争道德，与竞争对手互惠互利。

### （三）公平竞争

公平是市场交易原则的核心标准，是商业竞争的根本道德原则。从某种意义上说，公平竞争原则与平等竞争原则有着重合之处。公平是一种特殊的平等，是利害相交换的平等。公平竞争是在公平规则下的竞争，它具有三个方面的含义：其一，建立在所有竞争主体都平等相处的理性认识基础上；其二，所有竞争主体都认可这是共同规则并能够按照这个规则参与竞争；其三，所有竞争主体按照共同规则所采取的行为都能够得到同样的评判。公平规则是社会伦理对企业竞争的环境支撑，是全社会平等互尊意识在企业竞争行为过程中的反映和保证，它要求竞争主体在市场活动中权利与义务相对应，在利益关系中保持机会均等和分配公正，在竞争活动中保持人格、权利、规则及制度面前的平等。竞争者都按同一合法规则进行竞争，若出现争议，以同一合法规则为依据进行评价和处理。

### （四）竞争与合作

市场经济是竞争经济，也是合作经济，企业之间的竞争是永恒的，但竞争并不一定意味着你死我活。在市场经济条件下，企业的竞争与合作不可分割地联系在一起，如果与竞争对手合作对企业更有利，就不排除合作的可能性。用博弈论的术语来说，一般竞争更多的是一种零和游戏，即彼之所得为我之所失，我之所得即彼之所失；而商业企业之间的竞争并不是完全的零和游戏，通过竞争者之间的合作，共同开发新市场，可以使双方受益。现在，越来越多的人认识到，商业活动既是战争又是和平，当大家在一起做蛋糕时，商业活动就是合作，而在分蛋糕时，商业活动就成了竞争。因此，商业企业间的竞争除了必须受法规的约束之外，也必须受到经营伦理的约束，以此来促成规范、有序的良性竞争。在当今不少发达国家，各行业都设有一些行业协会，其主要任务就是依据伦理规范而不是法律来调节和裁决同行间的竞争，引导同行间的合作，这也说明了伦理规范在竞争中的重要性。

## 课堂活动：分析企业在营销过程中与各主体间的行为及其影响

**背景资料：**在熟悉的行业中选择任一企业，了解企业的营销活动，分析在企业发展过程中与商品生产者、消费者、竞争者之间的市场行为及其带来的影响。

**分析执行：**首先根据行业确定所要分析的企业，然后通过平时的资料积累、网络渠道搜集的资料，分析企业在发展过程中与利益主体之间的行为，从而引申出企业应遵循的规范。

**活动记录：**

表 8-1　公司营销活动行为、影响及规范分析

<table>
<tr><th>营销活动的相关者</th><th>企业市场行为</th><th>影响</th><th>应遵循的规范</th></tr>
<tr><td rowspan="3">商品生产者</td><td></td><td></td><td rowspan="3"></td></tr>
<tr><td></td><td></td></tr>
<tr><td></td><td></td></tr>
<tr><td rowspan="3">消费者</td><td></td><td></td><td rowspan="3"></td></tr>
<tr><td></td><td></td></tr>
<tr><td></td><td></td></tr>
<tr><td>竞争者</td><td colspan="2"></td><td></td></tr>
</table>

## 案例分析 “双十一”闹剧真相：天猫“二选一”VS 京东“必选二”

2015 年“双十一”前夕，京东称阿里巴巴向商家表示如果参加天猫“双十一”主会场活动，就不允许参加其他平台“双十一”主会场活动，这是典型的店大欺客行为。京东就此向工商总局实名举报阿里巴巴扰乱电子商务市场秩序。阿里方面回应：让消费者选择。天猫与京东之战如图 8-1 所示。

**图 8-1　天猫与京东之战**

按照这样的说法，只要是参加了天猫的促销活动，就不能再去参加京东的活动，这触犯了国家工商总局的《网络商品和服务集中促销活动管理暂行规定》中的不能限制、排斥平台内网络集中促销经营者参加其他第三方交易平台组织的促销活动的规定。京东认为，天猫限制了在天猫平台内的商家参加京东的活动。

围绕“双十一”促销中的商家合作问题，天猫和京东展开了论战，但媒体、公关斗嘴的同时，却将当事人放到了一边，而整个事件的起因和关键点正是那家叫“木林森”的鞋店，因为该鞋店既参加了天猫组织的“双十一”促销活动，又参加了京东组织的类似活动。

据媒体报道：2015 年 10 月 29 日，京东发布公告称，将关闭木林森在京东的店铺，双方永久不再合作。京东发表的声明称，对于个别商家迫于压力临时停止正常经营或退出活动的行为，京东本着对所有平台商家负责任的态度，必须予以严肃对待和处理，对于严重影响消费者利益的，京东将永久终止与其合作。

10 月 30 日，木林森发出公开信三问京东：谁在实施霸权？谁在触及商业底线？谁在侵害消费者权益？

从整个事件来看，天猫施加压力是真的，但京东却实施“限制”行动，虽然京东是以

“商家迫于压力临时停止正常经营或退出活动”“严重影响消费者利益”的理由关店，但这种商家临时退出活动的行为是否构成关店的标准还有待讨论，至于“严重影响消费者利益”更是无法考证。从某种程度上看，应该是京东限制了与自己合作的商家参加天猫的活动，虽然没有实施“二选一”，但却实施了“必选二”的政策。实质上，逼着商家必须执行“二选一”或者“必选二”的政策，都是在限制商家的选择权。

资料来源：根据 http://tech.ifeng.com/a/20151031/41499482_0.shtml，http://tech.qq.com/zt2012/tmtdecode/313.htm，http://majihua.baijia.baidu.com/article/219455 等相关资料改编。

**问题**

1. 天猫与京东两大电商平台的竞争意义何在？天猫为什么会发动“二选一”平台大战？

2. 天猫与京东在竞争中通过限制商家的行为是否合理？企业在竞争中应遵循什么样的伦理规范？

3. 天猫与京东的竞争为政府部门提出了怎样的新命题？

## 自测题

### 一、判断题

1. 商业企业的营销伦理包括商业企业与商品生产者、消费者、竞争者之间的伦理关系。（　　）

2. 回扣问题只要双方默认允许，也就不会引发道德问题。（　　）

3. 某炸鸡店店名是“叫了个鸡”，点餐电话是“call 鸡热线”，菜单包含“鸡情运动”“撩情鸡肉条”等，其之所以被市场监管部门责令整改，整改通过前不得营业，是因为其产品名称违背了社会伦理关系。（　　）

4. 在电子商务中，由于交易过程的虚拟化，消费者事前无法看到商品的实样，往往会出现“货送上门面目全非”的现象，这属于信息安全问题。（　　）

### 二、单选题

1. 公平交易的实质是（　　）。

A. 等价交换　　B. 自愿　　C. 诚实无欺　　D. 互惠互利

2. 一个房地产代理商知道他代理的房子的邻居经常举行喧闹的宴会，但他从未把这一点告诉有意向购买的顾客，该行为（　　）。

A. 属于欺骗

B. 不属于欺骗

C. 若顾客表示希望居住在一个安静的环境中却没有被告知，则为欺骗

D. 以上答案都不对

3. 除涉及商业秘密外，一般商业交易活动都要在市场上公开进行，明码标价、禁止黑市交易，这属于（　　）原则。

A. 公平交易　　B. 公开交易　　C. 合同自愿　　D. 法律至上

## 三、简答题

1. 商业企业与商品生产者之间的伦理问题有哪些？

2. 简述商业企业与消费者之间的伦理规范。

# 第九章 企业管理中的伦理

## 素质目标

树立正确的义利观，具备法律意识，确立以人为本的理念，具有公平效率意识。

## 知识目标

熟悉商业企业管理伦理的含义与特点，理解企业管理中出现的伦理问题及其原因，领会企业管理中的决策伦理、组织伦理、控制伦理，掌握伦理化决策的方法。

## 能力目标

能剖析商业企业管理中的伦理问题，创新性地设计企业管理中符合伦理规范的决策、组织、控制方案。

## 大家来讨论

### “疯狂”的瑞幸咖啡

疯狂，是钉在瑞幸身上最顽固的标签。2017 年，瑞幸咖啡门店数量只有 9 家，2018 年年底猛增至 2 073 家，2019 年 5 月瑞幸咖啡赴美上市，到了当年 9 月底，已经开设了 3 680 家门店。瑞幸咖啡通过门店数量摊薄成本，快速做大，并在 2019 年第三季度实现了门店层面盈利，净营收总额取得接近 70%的增长。

瑞幸咖啡公告显示其造假数额是 22 亿元，而公司 2019 年前三个季度营业总收入为 29.3 亿元，造假比例高达 75%。另外，在浑水做空报告中，瑞幸咖啡每家门店每天的商品销量分别至少夸大了 69%和 88%。

在瑞幸咖啡于 2020 年 4 月 2 日自曝财务造假后，公司股价开盘暴跌，投资者损失惨重，4 月 7 日股票甚至停牌。这家创业公司曾挑战星巴克，以惊人的发展速度刷新纪录，成为世界上最快上市的公司，现在却因为财务造假陷入舆论旋涡，遭遇经营危机。

资料来源：根据搜狐网《瑞幸咖啡凉了，公司治理失衡之祸?》等资料改编。

**? 请思考：**

企业在经营管理中需要遵循怎样的伦理关系？

# 第一节 认识企业管理中的伦理

## 一、企业管理伦理的含义

“伦理”作为一个词，是指存在于人与人关系中的应有条理和合理秩序。它具有社会历史的客观规定性。正是这种客观规定性，衍生出了具体的道德要求和规范。管理活动必然涉及个人与个人、个人与社会、组织与组织、人与自然等各种关系，而伦理正是调节这些关系的行为规范。管理具有伦理价值，而伦理具有管理功能，两者具有内在的统一性。企业管理伦理是指企业在处理公共关系（包括企业与消费者、供应商、竞争者、政府、社会、自然环境、企业所有者、管理经营者、员工之间）时所应遵循的道德规范和准则，它贯穿于企业管理的决策、组织与控制之中。

一般而言，企业对内、对外的经济关系可表现为下述三种关系。首先是利益关系，这是企业经济关系的基础。主要有：一是内部利益关系，包括资本所有者或股东、经理人员和员工之间的关系；二是外部利益关系，包括企业与国家、企业与消费者，企业与竞争者等之间的关系。其次是契约关系，这是企业利益关系的法律形式。一是内部契约关系，二是外部契约关系。最后是责任关系，这是企业经济关系的最高层面，是企业与内外公众、企业与社会、企业与生态环境之间建立的一种主动的互动责任关系。因此，企业管理伦理要求企业管理者在处理这三种关系以及经营全过程的决策、组织与控制中，主动考虑社会公认的伦理道德规范，使其经营理念、管理制度、发展战略、职能权限设置等符合伦理道德要求，处理好企业与员工、股东、顾客、厂商、竞争者、政府、社会等利益相关者的关系，建立并维系合理、和谐的市场经济秩序。

就中国企业目前的现状来看，有些企业陷入伦理道德困境，义利对立的观念影响了企业管理的实践，导致了大量不道德经营行为的产生，严重危害了社会经济秩序的健康发展。因此，重新审视中国企业的伦理道德，构建适应社会主义市场经济体制需要的企业伦理准则和道德规范，无论在理论上还是在实践中都是非常迫切的重大问题。

## 二、企业管理伦理的特点

企业行为涉及多种相关人群之间的经济利益关系，比如消费者、员工、股东、供应商、竞争者、政府以及其他社会团体等，因而企业伦理管理的实质就是以符合社会文化的伦理道德标准为基础，正确处理这些利益相关者之间的经济利益关系。所以，企业伦理高于社会伦理，其具有自身的特点：

### （一）全方位性

企业管理伦理的全方位性体现在：对内企业要实行人本伦理管理，全方位地尊重员工的人权；对外在企业与消费者、企业与社会之间寻求和谐的伦理关系，实行全方位的质量伦理管理；在企业与自然之间要尊重自然，保护环境，实行全方位的生态伦理管理。从而做到：让消费者满意，满足消费者的一切合理要求；让员工满意，创建强有力的企业文化，尊重员工的基本人权，增强员工的向心力；让股东满意，消除渎职，减少挥霍，保证资产保值增值；让经营者满意，杜绝欺诈，加强信用，与相关企业建立良好关系；让社会满意，增进社会福利，承担社会责任；让世界满意，树立全球观念，尊重异邦文化，维护世界利益；让地球满意，尊重自然，减少污染，保护生态环境。

### （二）层次性

社会契约论认为企业是由社会各方按契约组成的一个利益共同体，因此，企业管理伦理包括普通伦理、民族伦理与职业伦理三个层次。

#### 1. 普通伦理

普通伦理是普遍适用于世界上所有人的最高伦理规范。它包括：核心的人权、尊重所有权的尊严的义务以及维持自然和社会可持续发展的义务。也就是说，企业必须通过普遍伦理管理，来尊重和维护人们的人身自由权、财产所有权、生存权、人身安全及健康权、政治参与权、知情权和发展权，保护环境，消除污染，维护和平。2014 年的“3·15”晚会曝光了杭州某食品公司因大量销售过期进口食品原料而损害了消费者的身体健康。企业销售及使用过期原料加工食品属严重违法行为，应严厉打击。

#### 2. 民族伦理

管理离不开一个国家或民族的文化背景和社会状况，管理必须和民族文化相结合，企业伦理管理更应如此。东西方文化存在很大的区别，其社会道德伦理也各有特点。立邦漆之前有一则广告，广告中有一个中国古典式样的亭子，两根立柱上分别盘旋了一条金龙，左边一条龙盘旋向上，而右边那条龙和柱子的颜色却很光亮，可是这条龙却从柱子上滑了下来。创意者显然是用广告来形容柱子和龙刷过立邦漆后都变得奇滑无比，以至于金龙从柱子上“滑”下来。然而这则广告却触动了中国人民那根最敏感的神经，人们不禁要问：作为一个在全世界享有盛名的企业滑倒“中国龙”，到底是创意还是挑衅？因此，企业伦理管理不能离开本国、本民族的国情、民族性和文化。

3. 职业伦理

伦理管理除了要符合其普遍性和民族性的要求外，还必须以职业道德为基础，实行职业伦理管理，以建立高于普遍伦理和民族伦理的具有企业自身文化特点的职业伦理。因此，职业伦理也称企业个性伦理。

### （三）恒久性

恒久性包括作用的深刻性、效益的长远性与实施的坚持性三个方面。

1. 作用的深刻性

伦理管理不同于经济管理，它直接指向人的精神世界，通过改变人的思想价值观念来控制、调节人的行为，从而控制、调节企业的行为。因此，它所解决的是企业深层次的问题，其作用也是深刻的：一方面，它使企业成为一个具有高度凝聚力的和谐的大家庭；另一方面，它为企业长期、持续的成长创造了一个和谐的外部生态伦理环境。

2. 效益的长远性

企业伦理管理的效益不能着眼于短期，而只能立足于长远。其效益指标已不再以货币来计算，而是以企业获得的信用、声誉和成长的可持续性来衡量。也就是说，实施伦理管理，企业短期内可能为此要付出昂贵的代价，但长期来看，其所换来的却是宝贵的信用、声誉和可持续性成长。

3. 实施的坚持性

要管好一个企业，就是要管好它的未来，企业伦理管理就是对企业未来的管理。因此，要使企业有可持续发展的未来，必须长久坚持伦理管理。企业伦理管理作用的深刻性和效益的长远性也决定了它实施的长久坚持性。

# 第二节 企业管理中的决策伦理

## 一、决策的含义与程序

决策是指为了达到一定的目标，采用一定的科学方法和手段，从两个以上的方案中选择一个满意方案的分析判断过程。从某种意义上说，管理就是决策，科学决策是现代管理的核心，是决定管理工作成败的关键。

决策的一般程序有：第一，发现问题；第二，确定目标，目标一般需要量化；第三，确立价值准则，包括有形价值与无形价值；第四，拟订方案；第五，分析评价；第六，方案选优；第七，方案实施；第八，追踪决策。

## 二、决策伦理的含义

决策伦理指的就是企业或组织在进行管理决策时所要遵循的准则和道德规范。决策同人类其他任何一种活动一样，都是一种涉及人与人的参与和协作的有组织的群体行为活动。只要存在人际关系活动，就存在某些协调人际关系活动的准则和行为规范。这些准则和行为规范无非来自两个方面：一是法律，二是道德。因此，组织或企业的决策者在进行决策时，应综合各方面要素，充分考虑伦理道德因素，从而使其对企业决策目标的实现起到积极的作用。伦理决策流程如图 9－1 所示。

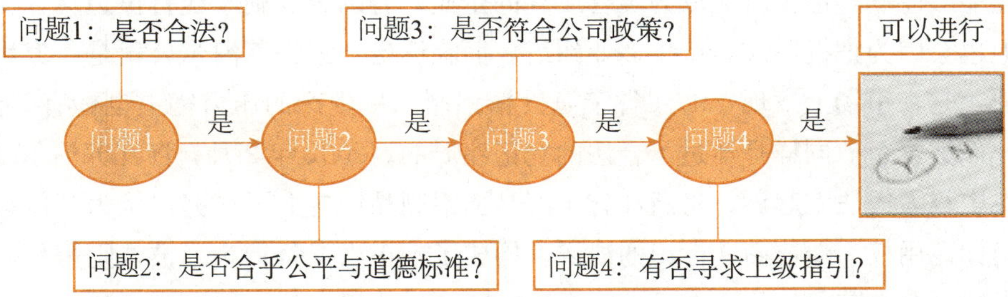


**图 9－1　伦理决策流程**

## 三、企业管理决策过程中的伦理问题

尽管人们在企业决策的技术方面取得了很大的成就，但是长久以来，企业决策者都不太关心企业决策与伦理道德的关系。许多人认为，企业决策与伦理道德无关，甚至出现了“无商不奸”的说法。由于没有考虑到企业的社会责任和企业决策中的伦理因素或者说对两者没有引起足够的重视，因此，企业在决策的过程中不可避免地存在一些缺陷，不仅给社会造成了很大的损失，也极大地危及企业自身的利益。2011 年台湾的“塑化剂风波”以及 2012 年浙江的“毒胶囊事件”就是其中典型的案例。企业管理决策过程中的伦理问题表现在如下方面：

### （一）只用企业的经济绩效来衡量决策方案的好坏，而对社会绩效考虑不够

一些企业在决策中只重视企业自身的经济利益，为了降低生产成本，获取最大的利

润，不惜牺牲消费者的利益，把生产经营活动看成纯经济活动。这种狭隘的决策观导致了许多不良的后果。由于一切以经济绩效为指标，企业决策者往往只注重短期的经济指标，一心只考虑经济效益，而且急功近利，甚至杀鸡取卵，其后果就是企业的长远利益和社会的整体利益都蒙受巨大的损失。如美国的博伊斯一帕耶特木材公司，1956 年，汉斯伯杰出任该公司总经理之后，丢掉了原来基础十分牢靠的木材加工这一主业，盲目进入那些一时利润很高，但风险很大的房地产业、游乐业等，大肆兼并这些行业的企业，大量投资这些行业的经营项目。由于汉斯伯杰仅仅着眼于追求利润的经营观念，在盲目从事房地产与游乐场开发的过程中严重破坏了生态环境，结果，公司不可避免地受到了社会的惩罚，致使企业受到重创。1969 年，该公司的股票价格为每股 75 美元，而到了 1972 年却狂跌到每股 9 美元，其公司的债务高达 9.16 亿美元。

### （二）在经营活动中采用不正当竞争手段

有的企业在进行品牌决策时，搭市场上知名商标的便车，注册与知名同类商品近似的商标，称为“傍名牌”，用以引起消费者的错觉，利用别人的名气，为自己牟利。这样的企业虽然能够盈利，但不可能成为美誉度高的企业，有的企业则干脆打擦边球，实行边缘政策，但也会因为把握不准，产生商业纠纷，面临诉讼。浙江苏泊尔公司是一家生产压力锅的企业，它在市场上发现，浙江省宁海县搪铝制品厂生产的压力锅上也标有“苏泊尔”三个字，而那家企业同样是经过了合法的登记注册的。2002 年 2 月，浙江苏泊尔公司向北京市第二中级人民法院起诉，将浙江省宁海县搪铝制品厂告上了法庭，认为其侵害了自己的注册商标专用权，造成商业标识的混淆，构成了不正当竞争行为。被告则辩称，自己生产的压力锅，是由苏泊尔集团（香港）有限公司的企业授权的，自己所做的不过是标注了授权方的企业名称而已，这样的行为不构成对原告的侵权。事件最后确认，原告浙江苏泊尔公司拥有的“苏泊尔”牌压力锅商标，确实是在国家商标局注册过的。而被告宁海县搪铝制品厂并没有否认在他们生产的压力锅的标注中包含有“苏泊尔”这三个字。2002 年 12 月，北京市第二中级人民法院对该案作出一审判决：被告的行为，构成了对原告的不正当竞争，应立即停止在压力锅的产品及包装上标注“苏泊尔集团（香港）有限公司”或“商标由苏泊尔集团（香港）有限公司授权使用”字样，并在《经济日报》上向原告刊登致歉声明，同时，被告向原告赔偿经济损失 197 万元人民币。这个案件的审理已经告一段落，但是它给我们带来了很有价值的启发：在市场竞争的过程中，一种具体的竞争行为究竟能不能做，是正当还是不正当，除了有关法律有了一些具体的规定之外，我们还必须遵守最基本的原则，比如公平原则、诚实信用原则和公认的商业道德等伦理。

### （三）考虑的只是企业自身的利益，而对外部利益相关者的利益考虑甚少

许多企业在决策时，由于巨大的市场潜力和丰厚的利润诱惑，往往只考虑自身利益，忽视了对消费者、社会环境以及外部利益相关者造成的不利影响。例如：20 世纪 70 年代

瑞士雀巢公司就曾卷入过一场道德争论。当时，雀巢公司的婴儿奶粉销售在第三世界国家居主导地位，而对它的指控主要集中在其销售婴儿奶粉时使用的非道德促销手段，在这些第三世界国家，雀巢公司极具进攻性的营销策略是鼓励妇女选择瓶装奶喂养，从而导致母乳喂养率的降低，而母乳喂养显然更安全、更健康。而且，由于卫生条件差、水质不纯、水供应不足及无法读懂说明书等原因，贫穷的母亲为了省钱而对奶粉过度稀释，结果导致婴儿营养不良。雀巢公司和批评者斗了数年，效果适得其反。随着第三世界国家政府、社会活动团体、联合国机构的卷入，其利益相关者的阵容越来越大。如果雀巢公司在作出决策时能从相关者的角度来看问题，考虑到企业的社会责任和企业伦理，它或许能免去其数年的不幸，避免其声誉的丧失。

### （四）决策只注重经济、技术的分析，而缺乏必要的伦理分析

某些企业的决策只从经济、技术方面入手，却有悖伦理，不仅伤害了消费者，甚至伤害了企业自身和企业员工。如 1992 年，美国著名的 Sears-Roebuck 公司陷入了大量的抱怨中，40 多个州的消费者和首席检察官指控该公司误导消费者。事情起因于，公司面对激烈的市场竞争和日益紧缩的市场份额提出了新的激励办法：为汽车修理工规定汽车零件的销售定额以及允许他们按一定的比例提取佣金，而达不到定额则会被调换工作或增加工作时间。但同时，管理层并没有明确的规定，什么是不必要的服务，什么是合理的预防性养护。在这种压力下，汽车修理工便利用消费者的不知情各行其是，随意解释公司的政策，结果导致了上述的指控。虽然 Sears-Roebuck 公司并非有意欺骗消费者，但为了消除指控，解决诉讼，它还是取消了该激励办法，并为某些消费者提供了优惠。除了名誉上的损失外，整个事件的费用高达 6 000 万美元。再比如同仁堂蜂蜜事件，2018 年 12 月 15 日，同仁堂蜂蜜的委托生产商盐城金蜂食品科技有限公司被媒体爆出，将大量过期、临近过期的蜂蜜回收回来送回原料库，以及更改蜂蜜的生产日期，违法延长产品“寿命”，涉事公司被所在地食品药品监管部门调查。2019 年 2 月 12 日，北京市纪委市监委发文称，北京同仁堂蜂蜜问题共问责处理 14 人。2 月 18 日，市场监管总局发函撤销同仁堂的中国质量奖称号，收回证书和奖杯。同仁堂是一家以“炮制虽繁必不敢省人工，品味虽贵必不敢减物力”为信条的企业，一家国人心中质量过硬的诚信典范企业，却被官方收回了奖杯，实在是商誉大损。以上这些案例都说明企业在决策时如果缺乏必要的伦理分析，往往会造成不良的后果。

## 四、如何作出伦理化的决策

现代管理已不是单纯依靠技术的管理，而是依靠技术、制度、伦理这“三驾马车”共同拉动的管理。因此，伦理化决策就应以关心、维护、保障利益相关者的权、利、义为导向，建立伦理价值观，力求让所有利益相关者成为知情者与参与者，从而使义与利即社会利益与企业利益达到平衡。

## （一）建立伦理价值观

### 1. 价值观、价值观体系与伦理价值观

价值观属于观念范畴，是指对周围的客观事物（包括人、事、物）的意义、重要性的总评价和总看法。而对诸事物的看法和评价在人们心目中的主次、轻重的排列次序，就是价值观体系。价值观和价值观体系是构成决策行为的心理基础。而企业决策的伦理应包括观念、规范、行为三个层次，规范是观念的文字表述，行为则受到观念的支配和规范的约束。由此可见，企业决策的伦理价值观是企业决策伦理的基础和核心。构建伦理价值观实质上是给企业决策者提供一种价值导向，对企业决策者的价值取舍和价值行为直接起到调控作用。这种价值导向直接体现先进抑制落后、积极抑制消极的性质，代表伦理价值观和社会发展的方向。

### 2. 企业决策伦理价值观的内容

（1）企业决策必须符合尊重人性的原则。人类最高的道德追求是人的全面发展，人类社会的发展不是以牺牲个人的自由、全面发展为代价的。成功的现代企业在作决策时都倾向于尊重人、成就人，把以人为中心作为第一重要的道德原则来遵循，切实做到平等公正地对待所有员工，坚持在机会均等的前提下通过公平竞争而使利益分配产生合理的差别，听取员工的意见，尊重员工的建议，改善员工的工作环境，维护员工的安全和身心健康，体现民主管理的原则。

（2）企业决策应坚持诚信经营的伦理原则。企业作为以营利为目的的经济组织，其首要职能就是为社会创造物质产品和增值资本，因此企业必须寻求利润最大化。然而，企业如果只追求利润最大化，往往就不一定符合道德准则，企业自由决策的道德前提应是在促进生产力发展的同时不损害社会和环境的整体利益。而诚信是人们在经济交往活动中历来应遵循的伦理道德基础，现代市场经济是法制经济，也是信用经济、道德经济，因此，企业应坚持以诚为本的具有信用与道德的管理决策。

（3）企业决策应符合承担社会责任的原则。企业的社会责任是指企业不能仅仅以最大限度地为股东赚钱作为自己的唯一目的，还应最大限度地增进股东经济利益以外的社会利益。企业社会责任是现代西方管理学界提出的与管理道德密切相关的概念，因现代企业在经营管理过程中产生的大量诸如损害社会公共利益、污染环境、侵害利益相关者的其他利益等社会问题而备受关注。

在市场经济的发展中，要使企业成为真正成熟的市场主体，必须解决的一个很大的问题就是企业社会责任的缺失。它在企业内部表现为损害利益相关者的利益，在企业外部表现为假冒伪劣产品的大量出现，产生信用危机，道德风险加剧，生态环境和自然资源遭到严重的破坏等，造成经济运行的正常秩序被扰乱、人与自然的和谐关系被破坏等严重后果。企业承担社会责任主要表现在企业对自己行为的结果负道德责任，同时履行对社会的义务。因此，只有企业行为的道德准则与道德判断力、道德行为的责任感在企业决策中得到体现和贯彻，才能提高企业在社会公众中的声望，维持自身的长远利益，承担起社会的

道德义务，树立良好的企业形象，减少政府的调节监管成本，维护责任与权利的平衡，保证公共资源的合理共享，营造一个更好的自然和社会的生态环境。

（4）企业决策必须符合可持续发展的原则。可持续发展指的是在不牺牲未来几代人需要的情况下，满足我们这一代人的需要，即在当今和未来的发展中，必须保持人与自然关系的和谐以及社会关系的和谐。

人与自然生态环境的可持续发展，反映的是一种生态伦理。“关爱自然就是关爱我们自己”这一点已经成为当今世界的普遍伦理原则。因此，作为社会组织的企业，应该关心自然、爱护自然，避免让自己的行为给自然生态环境带来灾难性的影响，应该在与自然生态的和谐关系中发展壮大。

社会关系和谐的关键是企业要赢得利害关系人和公众的良好评价，拥有融洽的公共关系、良好的道义形象和经营形象以及值得信赖的资信评价。因此，为了营造一个有利于企业可持续发展的社会环境，企业决策必须遵循道德要求原则，并有对规则、对契约、对契约规定所应尽的资产责任的虔诚和高度的责任感等。

### （二）确定和考虑利益相关者

从长远来看，如果企业要想获利，就得回应相关者，尊重其要求、权利，满足其各个方面的期望和需求。正是基于这一理由，在企业决策的具体实施过程中，确定和考虑利益相关者显得十分重要。

#### 1. 利益相关者的范围

任何一个企业的发展都离不开各种利益相关者的投入或参与，企业追求的是利益相关者的整体利益，而不仅仅是某个主体的利益。这些利益相关者包括企业的股东、债权人、雇员、消费者、供应商等交易伙伴，也包括政府部门、本地居民、当地社区、媒体、环境保护主义者等，甚至还包括自然环境、人类后代、非人物种等受到企业经营活动直接或间接影响的客体。这些利益相关者或对企业的生存和发展注入了一定的专用性投资，或分担了一定的企业经营风险，或为企业的经营活动付出了一定的代价。因此，企业的经营决策必须考虑他们的利益，并给予相应的报酬和补偿。企业的发展前景有赖于决策管理层对公众不断变化的期望的满足程度，也就是说有赖于企业决策管理层对利益相关者的利益要求的回应质量。企业管理决策者只有从利益相关者的角度来看待企业，才能获得可持续的健康的发展。利益相关者范围如图 9－2 所示。

#### 2. 如何考虑利益相关者

瑞士的雀巢公司在 20 世纪 70 年代因为没有考虑到利益相关者的利益，致使公司一度声誉扫地。无数的中外管理的实践已经证明，企业的成功离不开利益相关者，利益相关者也同样离不开企业，伦理决策是企业履行与利益相关者长期隐形契约的内在要求。企业必须认真处理好与利益相关者的关系，实行利益相关者管理。那种只为股东谋最大利润的思想会将自己束缚在一个急功近利的小圈子中，在决策中就难免会把员工当成赚钱的工具，

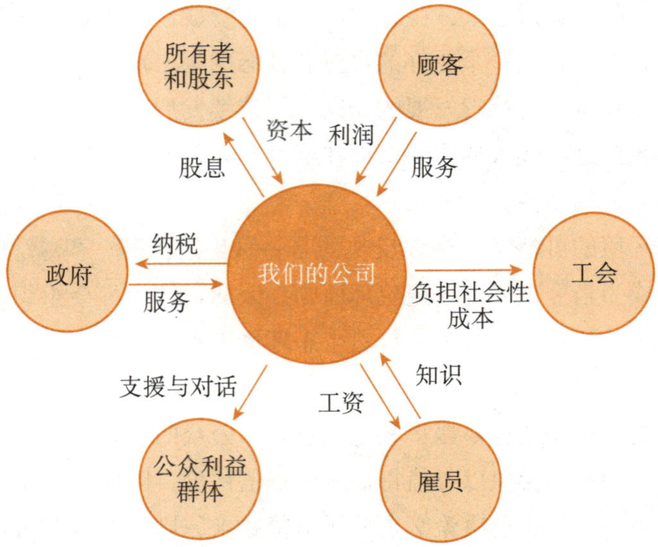


**图 9-2 利益相关者范围**

把消费者作为争夺市场份额的对象，把竞争对手看成冤家对头，把公众媒体视为祸害，把政府法令当成儿戏，把自然资源作为任意掠夺的对象。这种不考虑利益相关者要求的企业是无法保证自身的可持续发展的。

企业应该为股东、债权人、供应商在可能的情况下谋取最大的利润。其合法收入应及时地在他们之间进行合理分配，不拖不欠，形成良好的企业信誉。企业所作出的决策应该能够为其获取最大的合理利润。作为利益相关者的企业雇员，他们的地位、待遇、权利及满意度，企业决策者们也要予以高度重视。企业不应仅仅关注其“面包奶油”等基本生存条件问题，还要提供符合安全和卫生要求的工作场所，尊重雇员的工作权或不被无故解雇的权利，公平对待每一位雇员，尊重雇员的言论自由，为他们提供广阔的生存和发展空间，不搞任何形式的种族、性别和工种歧视。一项针对高级经理人员的调查表明，在众多的利益相关者中，消费者位列榜首。管理大师彼得·德鲁克强调了消费者的中心地位。他认为企业的有效定义即创造消费者。企业决策者要真正将消费者的满意作为企业销售产品的最高目标，绝不欺骗消费者。市场研究也表明：蒙骗或得罪了一个消费者，其现身说法所引起的连锁反应会影响 25～30 名消费者的购买决心，最终受损的还是企业自己。对待生产地、销售地的社区居民，企业在作决策时应考虑并尊重他们的生活习惯和生活规律；企业应和媒体保持良好的合作关系，要在力所能及的情况下积极从事慈善事业，回报社会，树立良好的公众形象；要积极维护生态平衡，注重可持续发展。

### （三）寻找义利平衡点

确定了利益相关者之后，在对直接利益相关者和间接利益相关者的利益要求进行综合评价以期达到社会福利最大化的同时，还要寻求义利的结合点与平衡点。

### 1. 义与利的含义

一般来说，义是指合于正义和公益的或公正合宜的道理及其举动；所谓利，即物质利益。可见，义和利的问题，就是道德原则与物质利益的关系问题。而组织的利表现为谋求自身正当利益最大化，谋求满足维护自身生存发展的需求；组织的义表现为组织在追求利益最大化时，承担相应的社会责任，帮助、支持其他组织和利益相关者实现他们的利益。这种义利并重对内表现为对依靠劳动创造价值的企业员工，应给予相应的报酬和保障；对外表现为对其他组织信守契约，共同维护公平、公正的市场环境。如何正确处理义利关系如图 9－3 所示。

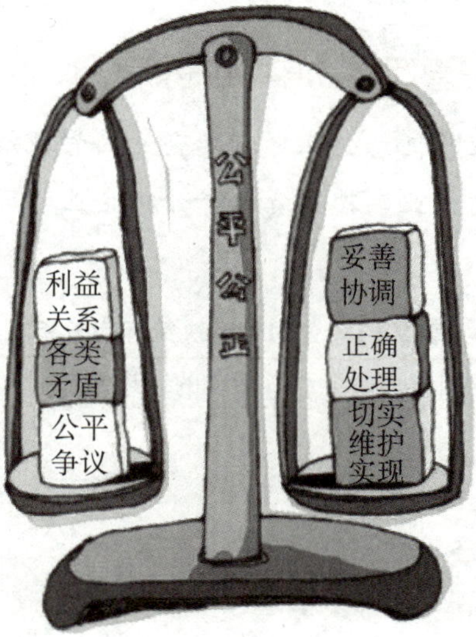


**图 9－3 正确处理义利关系**

### 2. 如何达到义利平衡

在现代企业决策伦理中，义与利的关系主要是社会利益与企业利益的关系，即社会整体利益与企业经济利益的关系。义与利既对立又统一。一般来说，讲求社会利益要求企业减少或牺牲自己的某些特殊经济利益，讲求企业自身的经济利益常常会忽视社会整体利益，有时甚至还会损害社会利益，二者是相互排斥、相互矛盾的。但同时义与利又是统一的，其基础在于局部（企业）寓于整体（社会）之中。企业利益的存在首先以对社会利益的确认为前提，而社会利益则以无数企业利益的总和为其现实的内容。

企业利益是社会利益的重要内容和基础，没有企业局部利益的增长和实现，社会整体利益也将受到损害；而社会利益是在企业需要和企业利益的基础上得以发展的，没有社会整体利益的存在，企业局部利益很难实现。深圳稳健医疗用品股份有限公司是中国医用敷料产品的龙头企业，在 2020 年疫情爆发的最初一个月内，就向全社会发货 1.089 亿只口罩。公司在 2020 年 1 月 10 日及 20 日先后取消了口罩、防护服等医疗产品生产线的员工休假，抢产防疫物资，而且对外承诺产品不加价。稳健医疗为武汉等一线医护人员的早期疫情阻击战起到重要的支持作用。据稳健医疗的公告，春节期间其所生产的口罩几乎 90%

供应给了医院，到2020年4月4日，稳健医疗为国内交了近3亿只口罩，300多万件防护服。同时，在2020年3月中旬，公司董事长李建全以中国医药保健品进出口商会医用敷料分会会长的身份，向领导建议，首先放开一定防疫物资的出口量，体现国际主义精神，其次必须管控质量，保证中国制造品牌。他认为，防护产品尤其要注意质量，“疫情就是战场，口罩就是武器”，当一个武器不符合质量要求时，那战士上战场就会送命。

一个理想的也是我们追求和提倡的目标就是寻找到企业利益的“利”与社会利益的“义”的结合点，企业应尽可能地在不断提高自身经济效益的同时，自觉地增强社会效益意识，促使社会效益与经济效益的同步提高，从而达到一种完美的均衡。

### 课堂活动：分析企业在管理活动中的决策行为

**背景资料：**选择熟悉行业的任意企业，搜集企业的管理活动的决策行为。

**分析执行：**确定拟分析的企业，搜集资料，分析企业管理决策的行为和影响。

**活动记录：**

**表9-1　公司管理决策行为分析**

| 企业活动 | 决策考虑的因素 | 活动的结果及影响 | 决策应遵循的规范 |
| --- | --- | --- | --- |
| 1. | | | |
| 2. | | | |
| 3. | | | |

## 第三节　企业管理中的组织伦理

### 一、组织的含义

组织，一般有两种含义，一种是动词，就是有目的、有系统地集合起来，如组织群众，这种组织是管理的一种职能；另一种是名词，是指按照一定的宗旨和目标建立起来的集体，如工厂、机关、学校、医院，各级政府部门、各个层次的经济实体、各个党派和政治团体等。从名词上说的组织可以按广义和狭义来划分。从广义上说，组织是指由诸多要素按照一定方式相互联系起来的系统；从狭义上说，组织就是指人们为实现一定的目标，互相协作结合而成的集体或团体，如党团组织、工会组织、企业、军事组织等。

我们所要讲的组织一般是指狭义的组织，它包含四种要素。第一，人，组织由两个或两个以上的人组成，这些人为了共同的目标走到了一起。第二，共同目标，这是前提要素。第三，结构，这是载体要素。他们有互相协调的手段，保证人们可以进行沟通、互动并交流各自的工作，由部门、岗位、职责、从属关系构成。第四，管理，这是维持要素。为了实现目的，他们拥有一套指导、控制、组织和协调的流程，以计划、执行、监督、控制等手段保证目标的实现。

在企业管理中，组织职能的实现一般会涉及组织结构和组织设计两个级别的概念。名词的组织即组织结构，动词的组织即组织设计，一个组织好比一座房子，组织结构是组织内各要素相互联结的框架，组织设计是管理人员对某一组织结构的设立或变革的活动。

## 二、组织伦理的含义

组织伦理是一种微观的道德文化，它以道德规范为内容和基础。一方面，组织伦理是一种善恶标准，可以通过舆论和教育方式，影响员工的心理和意识；另一方面，组织伦理是一种行为标准，可以通过规章、习惯等成文或不成文的形式，调解组织和员工的行为。它主要包括组织结构伦理与组织设计伦理。

## 三、企业的组织伦理规范

### （一）组织结构中的伦理规范

组织结构伦理是指静态的、相对稳定的组织结构中蕴含的伦理文化价值观，它是组织文化的核心构成，是组织伦理的重要内容。其应遵循的规范是：

#### 1. 组织应制定相关的企业伦理准则

伦理准则是企业对于伦理问题和社会事务的正式说明，包括公平原则、互利原则、平等原则、竞争原则、诚信原则、自主原则和协调发展原则等。它明确了企业的思想与行为，说明了处理具体伦理问题的方法。企业或组织应制定并推行有关伦理的规章、制度、政策，即制定一系列的伦理准则将一般道德原则运用到企业的工作中，让员工的行为更加符合伦理规范，使企业中的大多数人以一种新的方式，通过自己无论是作为个体还是作为群体成员来对企业、他人或消费者以及社会整体履行相应的义务，并对自己的使命进行思考，这样有助于向消费者、公众展示企业遵守伦理规范的决心，为公众提供衡量本企业履行相关承诺的尺度，使组织在谋求自身利益时，做到以不损害其他组织的利益和社会共同利益为底线。

### 2. 组织应以集体主义为道德原则

企业内部合作程度的高低、合作状态的好坏，决定着企业的存亡，决定着企业成员共同利益和个人利益的得失。贯彻集体主义原则，一是要以人道为前提，尊重组织中每个人的权益；二是要为每个人实现权益创造条件；三是要保证组织能真正代表大多数成员的利益。如谷歌公司的价值观及将诱人的企业福利回馈给大多数员工的做法就体现了这些。谷歌公司要求工程师们每周都花一天时间在个人感兴趣的项目上。这种近乎强制性的要求促成了"Google News"之类的新服务品种的出现。谷歌公司里的每一个人都充满了故事：与你共进午餐的人或许发明了你在使用的编程语言，坐在你隔壁的同事或许为你的研究生课程编写过教材，和你一起打台球的那个人或许开发过你的桌面浏览器。谷歌公司内部依然保持着当年".com 时代"的奢华待遇。谷歌公司为员工提供免费餐点，早餐、中餐、晚餐全包。若要往来于办公室之间，员工可骑乘赛格威电动滑板车，或者 Green Machine 车[①]。巧克力、懒人球[②]以及巨型积木随处可见，使这里更像是托儿所。谷歌公司里面设有牙医与家庭医师，请育婴假的员工可照领 75%的薪水，婴儿出生后两周内，公司每天补贴 50 美元作为员工的"坐月子"津贴。除此之外，公司还提供免费的班车和渡轮服务接送员工上下班，这些交通工具都有无线互联网服务，方便员工在上下班时也可以工作。谷歌公司的这些做法都成为许多高科技企业效仿的典范。

### 3. 组织应树立服务社会的道德价值观

组织要承担自身应有的社会责任，树立服务社会的价值观。许多企业都用实际行动告诉我们什么是公司责任，如何在利润与伦理、利益杠杆与社会责任之间寻找平衡点，从而更好地回馈社会。德国巴斯夫公司就是一个很好的案例，为其他企业树立了良好的榜样。巴斯夫是全球知名的化学公司，创建于 1865 年。它多次被《财富》杂志评选为最受赞赏的化学公司，被列入高度重视企业社会责任的 FTSFAgood 指数。巴斯夫在全球都有一个统一的标准，它在承担社会责任方面的表现令人称赞。2001 年，德国政府出台新节能法规，要求新建筑物的采暖能耗降至"7 升"，巴斯夫利用其资源和技术优势，将德国已有 70 年历史的老建筑物改成德国第一幢"3 升房"，采暖耗油量从 20 升降到 3 升，不仅为住户节约了大量采暖费用，并且环保效益十分显著，二氧化碳的排放量也降至原来的 1/7。由此，"3 升房"在德国得到大力推广。巴斯夫在公司责任方面的突出表现还在于其从不将经济利益凌驾于环保、安全和健康之上，在处理社会责任、环境责任和公司盈利之间的

① 一种适合于 11 岁儿童的玩具车。

② 一种开会用的座椅，呈球状。

关系方面表现得驾轻就熟，积极采取行动回报社会，获得了巨大成功。从环境方面看，巴斯夫十分注重“责任关怀”和“生态效益分析”。责任关怀表现在巴斯夫在全球首批建立可持续发展理事会，全面贯彻国际化工界的“责任关怀”运动。该运动是针对化工行业的特殊性而自发形成的一种自律行为，主要是指化工界在环保、安全和健康等方面进行的“改善行动”。巴斯夫早在 1992 年就提出“负责的行为”这一理念。在中国，巴斯夫的有关活动主要包括：对学校特别是大学的教育计划、社区顾问小组行动以及对诸如供应商和承包商等第三方的审计等。生态效益分析可以说是巴斯夫的首创，这一战略工具可以让我们在产品开发、优化工艺以及选择最具生态效益的解决方案的过程中兼顾经济因素和环境因素。从社会方面看，巴斯夫十分愿意承担与其业务活动相关的社会责任，这些活动包括与员工、客户、供应商以及当地社区的互动。巴斯夫在可持续发展方面付出的不懈努力终于获得了回报，特别是得到了公众和利益相关者的认可。

### （二）组织设计中的伦理规范

组织设计是有效管理的必备手段之一，组织设计伦理是指相对动态的，管理者将组织内各要素进行合理组合，在建立和实施一种特定组织结构的过程中所要遵循的准则与规范，是组织伦理的重要组成部分。其应遵循的规范是：

#### 1. 体现人本思想，关心员工，创造人性化的工作条件

组织设计对企业来说是一项十分重要的工作。它是在综合考虑了企业现有的人力资源状况以及企业未来几年对人力资源素质、数量等方面的需求之后进行的职权划分、部门设计和层次设计等工作，它涉及企业和员工的方方面面。因此，在组织设计的过程中务必以人为本，协调好企业与员工之间的关系，遵循尊重人的价值的原则，为员工提供人性化的岗位——健康、安全、舒适的工作环境和生活环境，尊重员工的需要和促进其价值的实现，并且通过岗位激励机制提高员工的工作激情和生产的积极性、主动性和创造性，并服从企业的统一指挥，忠诚于企业的整体利益，切忌拿所谓先进的框架往企业身上套，更不能因人设岗、因岗找事。

#### 2. 适度分工，进行适当的职权分配

社会和经济的发展必然导致社会分工，但是分工并非越细越好，分工即使很发达，也并不一定会导致企业规模越大。因此，企业在进行组织设计时就应当适度分工，进行适当的职权分配。适度分工的作用在于避免从一种工作转到另一种工作时发生损失，促进简化和节省劳动力的工具的发明，有利于提高经济效益，促进企业规范运行。适当的职权分配表现为：一是组织的职位等级设计必须清晰有序，二是组织相应的管理层次或等级的职责与权力分配应是对等的。职权分配应考虑的主要因素有以下几方面。一是管理模式与组织结构。在给定公司战略目标的情况下，应根据业务的特点、战略定位、成熟情况等因素，设计管理模式与组织结构。各层级之间的权限划分、关键岗位之间的大致职权范围既已确

定，则具体的职权分配必须在这个大框架下进行，再考虑个体的因素，进行相应的动态微调。二是员工的岗位胜任能力。三是员工对企业的忠诚度。四是员工与企业文化的相容性。

适当的职权分配有助于企业的良性运行，提高管理效率。但是过度分工以及过细的职权分配之后，岗位的单一性可能会导致单调乏味、疲劳、压力、忧虑、焦躁等情绪，对工作不利，并导致员工对企业真正的归属感不强。如富士康公司的分工，其基于“保密”而进行的精细分工最终导致员工丧失工作的兴趣乃至成为企业的附庸。很多在富士康工作的员工，无论是高级技术工程师还是生产线上的工人，都会有一种同样的感觉，即自己就是一个庞大机器上的螺丝钉，尽管每天忙碌不停，却并不知道为何忙碌。按照富士康的分工体系，由于员工除了会干某一项被分解的任务，别的什么都不会干，除非早生退意，否则随着时间的消逝，对组织的依附性会越来越强。因此，企业应真正重视员工的素质，适度分工，进行适当的职权分配，注重组织设计的伦理规范与完善。

3. 实行有效幅度原则，实现柔性管理

管理幅度与管理层次是组织结构的基本范畴。管理幅度与管理层次是影响组织结构的两个决定性因素。幅度构成组织的横向结构，层次构成组织的纵向结构，水平与垂直相结合构成组织的整体结构。在组织条件不变的情况下，管理幅度与管理层次通常成反比例关系，即管理幅度宽，则管理层次少，反之亦然。

企业组织设计实行有效幅度原则，一个基本思路就是使组织结构扁平化和网络化。即压平层级制，精简组织中不必要的中间环节，下放决策权力，让每个组织成员或下属单位获得独立处理问题的能力，发挥组织成员的创造性，提供人尽其才的组织机制。与此同时，组织结构的扁平化，使得纵向管理压缩，横向管理扩张，横向管理向全方位信息化沟通的进一步扩展，将形成网络型组织，团队或工作小组就是网络上的节点，大多数的节点相互之间是平等的、非刚性的，节点之间的信息沟通方便、快捷、灵活，使员工真正获得自身发展的动力和源泉。

组织设计过程中的柔性管理以人性化为标志，强调跳跃和变化、速度和反应、灵敏和弹性，它注重平等和尊重、创造和直觉、主动和企业精神、远见和价值控制，它依据信息共享、虚拟整合、竞争性合作、差异性互补、虚拟实践社团等，实现管理和运营知识由隐性到显性的转化，从而创造竞争优势。

柔性管理则以人为中心，对员工进行人格化管理。柔性管理的最大特点在于它主要不是依靠外力，如发号施令，而是依靠人性解放、权利平等、民主管理，从内心深处来激发每个员工的内在潜力、主动性和创造精神，使他们能真正做到心情舒畅、不遗余力地为企业开拓优良业绩，成为企业在全球激烈的市场竞争中取得竞争优势的力量源泉。柔性管理的特征在于，内在重于外在，心理重于物理，身教重于言教，肯定重于否定，激励重于控制，务实重于务虚。显然，在知识型企业管理柔性化之后，管理者更加看重的是员工的积极性和创造性，更加看重的是员工的主动精神和自我约束，从而实现企业人力资源伦理管理。

4. 实施公平、灵活的用人机制，形成和谐的人际关系

企业在组织设计过程中应贯彻公正、灵活的用人机制。通常公正原则包括分配公正、惩罚公正和补偿公正三方面。分配公正，即公正地分配社会利益和责任；惩罚公正，即行使了不公正行为的人应得到相应的惩罚；补偿公正，即对承受错误行为而遭受损失的人予以应得的补偿，这一原则从补偿利益相关者所受损失的角度体现了公正的要求，在实际生活中已得到人们的一致认可。灵活的用人机制则通常要求企业在进行组织设计时，根据环境的特征、具体的实际情况制定一系列有针对性和权变的招聘、培训、人力资源开发等方面的政策与措施。如海尔集团的用人机制，基于“人人是人才”的理念，张瑞敏在海尔集团营建了一个“赛马不相马”的用人机制，“你能翻多大的跟头，企业就给你搭多大的舞台”，让人人都有公平感，人人都有成就感。他在海尔集团营造了一个以人为本，一切以人为中心，尊重人、信任人、关心人、理解人的文化氛围，给员工设立了“海尔奖”和“海尔希望奖”，用员工的名字命名他们的“小发明”，如云燕镜子、晓铃扳手、启明焊枪等，鼓励职工自我设计、自我表现、自我制造，从而形成了和谐的人际关系氛围，也极大地提高了企业的效率。相反，掣肘的人际关系会阻碍企业的健康发展，对企业极其有害，甚至可能毁掉企业组织本身。

## 第四节　企业管理中的控制伦理

### 一、控制的含义与流程

#### （一）控制的含义

一般说来，管理中的控制职能，是指管理主体为了达到一定的组织目标，运用一定的控制机制和控制手段，对管理客体施加影响的过程。企业的控制过程是对决策过程、组织过程的再认识和再实践。在实际管理的过程中，按照不同的标准，可把控制分成多种类型。按照业务范围，可以将控制分为生产控制、质量控制、成本控制和资金控制等；按照控制对象的全面性，又可以将控制分为局部控制和全面控制；按照控制作用环节，还可以将控制分为现场控制、反馈控制和前馈控制等。各种不同类型的控制都有其不同的特点、功能与适应性。

### （二）控制的流程

控制是企业管理的主要职能之一，它通过对决策实施过程中的反馈信息与既定计划、决策、标准和方法进行对比，发现偏差，分析原因，进行纠正，以确保管理目标的实现。控制主要包括以下三个基本流程：

1. 建立标准

标准是评定工作成绩的尺度，是用以衡量实际成果与预计状况之偏差的依据和基础。建立标准应先明确能体现目标特性及影响目标实现的对象或要素，然后根据计划的需要建立专门的标准。

2. 衡量绩效

衡量绩效就是管理者按照控制标准，对受控系统的资源配置、运行情况、工作成果等进行监测，并把计划执行结果与计划预想目标进行比较，从而确定是否存在偏差，以便提供纠正措施所需的最适当的根据。

3. 纠正偏差

纠正偏差是控制的关键。偏差包括已发生的和将要发生的两种。在实际工作中，人们对已发生的偏差，根据其不同的原因而采取不同的纠正措施。矫正性措施是一种着眼于消除偏差发生的根源，从而使偏差得以纠正的措施；预防性措施着眼于消除未来可能出现的偏差。

由此可见，控制职能需要实现的条件：一是有明确的执行标准，如数量、定额、指标、规章制度、政策等；二是及时获得发生偏差的信息，如报表、简报、原始记录、口头汇报等；三是采取纠正偏差的有效措施。缺少任何一个条件，管理活动便会失去控制。

## 二、控制伦理的含义

控制是促使组织的活动按照计划规定的要求展开的过程，即按照既定的目标、计划和标准，对组织活动各方面的实际情况进行检查和考察，发现差距，分析原因，采取措施，予以纠正，使工作能按原计划进行，或根据客观情况的变化，对计划作适当的调整，使其更符合实际。而在控制过程中，控制的主体和控制对象是人或群体，这就涉及伦理问题。控制伦理指的就是企业进行管理控制活动过程中所要遵循的道德要求和准则，其在实施控制的过程中应充分考虑道德伦理要素。

## 三、企业的控制伦理规范

1. 以人为本，尊重权利

企业控制活动包括制定各种控制标准；检查工作是否按计划进行，是否符合既定的标准；若工作发生偏差要及时发出信号，然后分析偏差产生的原因，纠正偏差或制订新的计划，以确保实现组织目标。在这些过程中，必然会涉及员工和相关人员的隐私权、健康权以及人格与人身安全等，这就要求企业以关心人、爱护人的人本主义思想为导向，充分重视人的因素，尊重人的权利，消除身份、性别、种族歧视，统一标准，做到良好地管理控制伦理规范。

### 2. 上下协调，以德服人

控制有四种方式：一是以德服人，这是最高境界；二是以理服人，即用道理来说服人，使人心服口服；三是以法服人，即运用制度、法律，强迫人们服从；四是以力服人，即用权势、武力等强制手段使人服从。企业应根据情况采取相应的控制方式，同时注重控制过程的灵活性，因为在控制过程中会遭遇各种不确定性因素的干扰，出现难以预料的新情况、新问题，管理主体必须根据情况的变化，适时调整，以保证控制的准确、有效，并符合伦理道德要求。

### 3. 实事求是，准确控制，把握信息的准确性

企业应根据实际情况对控制过程的活动进行合理准确地控制，制定切实可行的各种规范，做到有令必行、令行禁止。另外，任何控制过程都是对信息的收集、加工和处理的过程，一旦信息不准确、干扰因素太多，控制系统就会失灵。因此，在信息大爆炸时代，对信息的筛选很重要，需要运用客观、准确的信息对管理活动进行控制和调节。

### 4. 做好质量控制，有选择地进行重点控制

质量控制是控制内容中的重点，要予以重视，企业应寻求自身与消费者和社会之间和谐的伦理关系，实行全方位的质量伦理管理。在全面质量管理中，管理围绕质量展开，不断改进，人人都参与其间，注重全面质量就是对自己、员工、消费者和外部利益相关者负责。如武汉东风冲压件有限公司，是 20 世纪 90 年代新建的冲压件专业生产企业，该公司一直以来都把产品质量作为企业的生存和发展的重大问题来抓，更是通过不断的努力通过了 ISO9002/QS9000、TS16949、EAQF94 等一系列国际机构制定的质量体系的认证。由于神龙公司对汽车生产各个环节的质量都加大了管理监控的力度，对供应商的供货产品质量控制也比以往更加严格，为了进一步提高自身管理水平，东风冲压件公司作为神龙公司的供应商，进行了研究改进和提高公司质量管理工作效率方法的工作，设计了一套应用质量管理工作的信息系统，实现了公司日常质量信息集中化与共享；建立了可追溯的质量体系，能快速及时地反映质量的变化趋势；通过质量信息的及时反馈，迅速地制订了缺陷纠正和预防计划，缩短了编制计划的时间，提高了计划的准确性，加快了对质量问题的反应速度；提高了顾客投诉问题处理的工作效率，并使跟踪处理情况透明化，提高了服务质量；各项过程管理权限得以明确，建立了合理的内部控制体系与审批体系；提高了质量信息的采集、交换和使用频率，在提高管理人员工作效率和管理水平的同时，实现了管理工作的科学化、规范化。

此外，质量控制应有重点地进行，要抓大放小。企业应控制那些对组织行为有战略性影响的因素，如组织中关键性的活动、作业和事业，将重点放在容易出现偏差或偏差会造成很大危害的地方，做好控制规范。

5. 做好事前控制，防患于未然

控制有三种形式：事前控制、事中控制、事后控制。事前控制是指在实际活动前便制定绩效标准及偏差预警系统，在问题发生以前即进行控制程序以防范未来可能发生的困难；事中控制是指问题发生时立即采取相应的对策纠正偏差的一种控制，也称实时控制或现场控制；事后控制是指待问题偏差发生之后，才采取控制程序纠正问题偏差，因此又称回馈控制或反馈控制。一般认为，事前控制最好，但需要及时、准确的信息和对未来的合理估计；事中控制可以让活动程序规范化，但需要迅速的行动和准确的判断；事后控制可以衡量计划是否合理，可以增强员工的积极性，让员工认识到差距，但往往亡羊补牢，为时已晚。因此，企业的控制伦理规范强调事前控制，不做好事前控制，甚至会毁掉整个企业。如英国巴林银行的破产事件。1995 年 2 月 27 日，英国中央银行宣布，伦敦城内历史最悠久、名声显赫的商业银行集团，1994 年税前利润还高达 1.5 亿美元的巴林银行因经营失误而倒闭。消息传出，立即在亚洲、欧洲和美洲地区的金融界引起一连串强烈的波动。东京股市英镑对马克的汇率跌至近两年来的最低点，伦敦股市也出现暴跌，纽约道琼斯指数下降了 29 个百分点。事件的主要原因是该银行的一位高级员工尼克·里森因为一己私利进行了一次金融投机活动，彻底毁灭了整个银行。里森是巴林银行新加坡分行的负责人，年仅 28 岁，在未经授权的情况下，他以银行的名义认购了价值 70 亿美元的日本股票指数期货，并以买空的做法在日本期货市场买进了价值 200 亿美元的短期利率债券。如果这几笔交易成功，里森将会从中获得巨大的收益，但阪神大地震后，日本债券市场一直下跌。据不完全统计，巴林银行因此而损失 10 多亿美元，这一数字已经超过了该行当时 8.6 亿美元的总价值，因此巴林银行不得不宣布倒闭。这家有着 230 多年历史，在英国曾发挥过重要作用的银行换了新主。整个事件最后给人的反思就是：为什么这么一个大型的金融机构没有一种监督和约束机制来进行事前的控制和防范预警，从而因一个个体出于私利而令整个企业破产？由此来看，建立企业的控制伦理规范尤为重要。

案例分析

## 汉堡王事件

2020 年“3·15”晚会中曝光的采访片段显示，在南昌市汉堡王红谷滩天虹店，媒体记者发现在制作汉堡包的过程中，员工煞费心机地操作，就为了少放一片西红柿或者一片芝士。随着调查的深入，记者的发现更加令人震惊。当班经理发现面包到期后，很自然地吩咐员工更换标签。员工于是将过期面包上旧的标签撕掉，换上了新的标签。第二天记者发现，这批过了保质期的面包被陆续拿出来，做成汉堡包卖给了顾客。即便到了食物容易发霉变质的夏天，保质期照改不误。记者随后又对南昌市其他几家汉堡王餐厅进行了调查。在汉堡王南昌王府井店，不仅仅是过期面包被重新修改保质期再销售，过期的南美风味鸡腿排同样被要求修改标签，延长保质期。南昌市多家汉堡王餐厅的员工们已经见怪不怪。

随后，江西省南昌市市场监管局发布官博通报了对南昌汉堡王餐厅查处情况，对南昌市鑫凯餐饮有限公司 6 家门店罚款 91 万元；对其法定代表人处以顶格罚款，主要负责人、直接负责的主管人员等处以相应罚款，罚款合计 281 万元。

资料来源：根据百度百科（https://baijia hao. baidu. com/s? id=1672511575335240089&wfr=spider&for=PC）相关资料改编。

**问题**

1. 汉堡王门店在运营中存在的问题有哪些？
2. 如何在企业管理中强化伦理的作用？

## 自测题

### 一、判断题

1. 伦理是指人与自然之间的应有条理和合理秩序。（　　）
2. 企业管理依靠技术和制度就能应对复杂多变的环境。（　　）
3. 企业控制伦理规范时，应强调人的主体地位，要做到以人为本。（　　）

### 二、单选题

1. 企业具有保持其持续竞争优势的资源是（　　）。

A. 雄厚的资金　　B. 先进的技术　　C. 优良的设备　　D. 良好的信誉

2. 企业管理伦理的特点不包括（　　）。

A. 全方位性　　B. 层次性　　C. 多样性　　D. 恒久性

3. 企业决策过程中，需要考虑的诉求是（　　）。

A. 为股东利益服务　　B. 为公司员工服务

C. 为高层管理者服务　　D. 为所有利益相关者服务

### 三、简答题

1. 简述决策的一般流程。
2. 简述组织设计过程中应遵循的伦理规范。

# 参考文献


1. 刘爱军、钟尉．商业伦理学［M］．北京：机械工业出版社，2016.

2. 张岱年，方克立．中国文化概论［M］．北京：北京师范大学出版社，2004.

3. 陈勇勤．小农经济［M］．郑州：河南人民出版社，2008.

4. 杨继平．晋商文化概论［M］．北京：首都经济贸易大学出版社，2018.

5. 纪良纲．商业伦理学［M］．北京：中国人民大学出版社，2005.

6. 施祖军．当代中国商业伦理精神的三个基本来源［J］．湖南社会科学，2004（5）．

7. 陈婕．中国商业伦理的当代构建［D］．上海：复旦大学，2010.

8. 周建宋、章金萍．中国金融文化［M］．北京：高等教育出版社，2017.

9. 白丽萍．论儒家以义制利观及其对商业伦理构建的现实意义［J］．商业文化，2010（3）．

10. 陈荣耀．企业伦理［M］．北京：科学出版社，2006.

11. 杨宗元．社会主义市场经济条件下义与利的冲突与协调［J］．郑州大学学报（社会科学版），2002（11）．

12. 宋家正．沧浪酒魂张弼士［M］．济南：山东文艺出版社，2002.

13. 易开刚．营销伦理学［M］．杭州：浙江工商大学出版社，2010.

14. 潘小平．徽商：正说明清中国第一商帮［M］．北京：中国广播电视出版社，2010.

15. 郑佳节，高岭．魅力徽商［M］．北京：北京工业大学出版社，2007.

16. 陶水木．论近代浙商精神［J］．商业经济与管理，2001（1）.

17. 杨轶清．浙商制造（草根版 MBA）［M］．杭州：浙江人民出版社，2003.

18. 杨宏建．浙商是怎样炼成的［M］．北京：北京工业大学出版社，2006.

19. 章剑鸣．刍议浙商文化的内涵特征［J］．商业时代，2007（3）.

20. 毛祖棠．百年浙商［M］．贵阳：贵州人民出版社，2012.

21. 王中天．变通之神［M］．武汉：华中科技大学出版社，2012.

22. 张俊杰．粤商模式［M］．北京：中国经济出版社，2005.

23. 邓可斌，丁重．粤商经营之道：多元化与专业化的抉择［M］．北京：经济科学出版社，2009.

24. 张祥斌．李嘉诚商道全书［M］．长春：吉林大学出版社，2010.

25. 周兆晴．新粤商［M］．北京：北京大学出版社，2007.

26. 周祖城．企业伦理精品案例［M］．上海：上海交通大学出版社，2010.

27. 王孝通．中国商业史［M］．北京：团结出版社，2007.

28. 余鑫炎．简明中国商业史［M］．北京：中国人民大学出版社，2009.

29. 周利国，王永光．商业伦理学［M］．北京：中国商务出版社，2005.

30. 信德俭．明清晋商管理思想［M］．北京：中国社会出版社，2008.

31. 刘光明．新商业伦理学［M］．北京：经济管理出版社，2008.

32. 周祖城．企业伦理学［M］．北京：清华大学出版社，2005.

33. 李铁红．新商业伦理学九大商帮：当代中国商业的领跑者［M］．北京：中国三峡出版社，2009.

34. 陈宏辉，贾生华．利益相关者理论与企业伦理管理的新发展［J］．社会科学，2002（6）.

35. 汤正华，韩玉启．管理的伦理价值与伦理的管理功能［J］．江苏社会科学，2003（4）.

36. 万君宝，袁红林．管理伦理［M］．上海：上海财经大学出版社，2005.

37. 梁喜书，张洁．企业伦理与企业效益［J］．兰州学刊，2005（3）.

38. 张应杭．管理伦理［M］．杭州：浙江大学出版社，2006.

39. 曾萍．企业伦理与社会责任［M］．北京：机械工业出版社，2011.

**图书在版编目（CIP）数据**

商业文化伦理/章金萍主编. --3版. --北京：
中国人民大学出版社，2022.1
新编21世纪高等职业教育精品教材. 市场营销系列
ISBN 978-7-300-30184-6

Ⅰ.①商… Ⅱ.①章… Ⅲ.①商业道德-高等职业教
育-教材 Ⅳ.①F718

中国版本图书馆CIP数据核字（2022）第010470号

新编21世纪高等职业教育精品教材・市场营销系列
浙江省高职院校“十四五”重点立项建设教材
中国特色高水平高职学校建设项目成果
教育部骨干专业配套教材
浙江省重点建设高职院校成果
浙江省高职高专市场营销优势专业建设成果

**商业文化伦理（第3版）**

主　编　章金萍
副主编　陈　亮
Shangye Wenhua Lunli

| | | | |
|---|---|---|---|
| **出版发行** | 中国人民大学出版社 | | |
| **社　　址** | 北京中关村大街31号 | **邮政编码** | 100080 |
| **电　　话** | 010－62511242（总编室） | | 010－62511770（质管部） |
| | 010－82501766（邮购部） | | 010－62514148（门市部） |
| | 010－62515195（发行公司） | | 010－62515275（盗版举报） |
| **网　　址** | http://www.crup.com.cn | | |
| **经　　销** | 新华书店 | | |
| **印　　刷** | 天津鑫丰华印务有限公司 | **版　　次** | 2013年6月第1版 |
| **开　　本** | 787 mm×1092 mm　1/16 | | 2022年1月第3版 |
| **印　　张** | 12 插页1 | **印　　次** | 2024年6月第3次印刷 |
| **字　　数** | 244 000 | **定　　价** | 35.00元 |